ソーラー
無限のチャンス!

ソーラー
無限のチャンス！

エネルギー問題への
ベストソリューション
そして、絶好の投資チャンス

トニー・セバ
松尾正人監修
SVIF有志翻訳
(Silicon Valley Innovation Forum)

First Edition: Japanese v1.0

目次

「成功は多くの父親を持っている。しかし失敗は孤児である。」
―ジョン・F・ケネディ大統領

日本語版への謝辞

　　　私は九州大学松尾正人教授のこのプロジェクトに対する莫大な貢献に感謝したい。このSolar　Trillionsの日本語版は彼なくしては絶対に出来なかったことは間違いなく言える。最初にこの本を読んだ直後から、彼はこの本が伝える内容が日本の将来にとって如何に重要なものであるかを深く理解していた。大変厳しいスケジュールにもかかわらず、彼はこの本の翻訳、監修、デザイン、そして一般的にこの本が日本の読者にとって役に立つものであることを確かめるために、最大限の時間を使ってくれた。彼が深夜を過ぎても多くのメールをくれたことからも私はそのように信じている。多くの感謝を述べたい。私も彼も、この本が日本に与えるインパクトが十分大きくて、私どもの努力が報われることを祈っている。

　　　また、この本の翻訳に喜んで力を尽くしてくれたシリコンバレー・イノベーション・フォーラムの１０人の皆さんに心から感謝したい。最後にAkemi KodaとScott Ellmanにもその努力に感謝したい。

原版への謝辞

　　最初に、Utility Scale Solar, Inc.（USS）のピーター・チルダースとジョナサン・ブリッツに感謝したい。彼らが最初に太陽熱のスタートアップ会社を設立することを助けてくれと言ってきたときに、我々の誰もがこのような旅を始めるとは考えてもいなかった。起業家精神とイノベーションは経済成長の基本であるが、ＵＳＳチームはそれを両方とも多く持っている。最後には彼らは、私が彼らの人生を変えたと同じくらい、私の人生を変えた。次に、私と辛抱強く同席して、彼らの知識、情熱、知恵を分けてくれた全ての起業家、エクゼクティブ、教育者、投資家、科学者、エンジニア、そしてアナリストの皆さんに感謝したい。全てを書ききれないが、以下の皆さんである。バレリオ・フェルナンデス、イザベル・デ・ハロ、レイナー・アリングホフ、ベン・シャイマン、アリ・サージェント、マーガレット・クーニー、マーゴ・ゲリチェン、マーコ・デミロツ、ギャーリ・ジーフ、ラヤン・キャセティ、ジャニス・クーパー、デービッド・アルフィン、アレクシス・リングワルト、ホセ・ルイス・コルデイロ、マット・レカー、アンドレス・ワイドラー、リチャード・ギル、マリー・ハッター、ジョン・オドネル、マーク・ファウラー、ゼン・キシモト。

　　私にエネルギーを理解させてくれ、クリーンエネルギーを現実のものにしてきた多くの巨人たちの肩に私は乗っている。それは、ネーザン・ルイス、フランツ・トリーブ、ダニエル・ノセラ、マーク・ジャコブソン、そのほか多くの人々である。彼らは、この本がよって立ち、この本が行った分析を可能にした、基本となるエネルギーの科学的研究を行なった人々である。私は私だけでなく世界に代わってこれらの人々にお礼を申し上げたい。

　　私は、この本のベースになっている「クリーンエネルギーとその市場機会」という講義をとってくれたスタンフォード大学の学

生達にも感謝したい。世界を正しい方向に変えようとしている起業家と革新を起こす人々のことを教えることが出来たことに感謝している。私は彼らを教育し鼓舞することに最善を尽くしたが、多くの場合彼らが私を鼓舞してくれた。USSの共同設立者であるピート・チルダースは以前に私がスタンフォードで教えた学生である。私の「クリーンエネルギー」コースをとった起業家たちがUSSのような会社を立ち上げ、財産を作り、経済を成長させ、世界を救うことに役立つことを心から願っている。また、スタンフォードで教える機会を与えてくれ、この本を書くきっかけを与えてくれたハル・ロウチハイムにも感謝したい。私はスタンフォードで4つのコースを作り教えたが、ハルは常に私の活動を支援してくれた。

　私の編集者であるアダム・コーンフォードにも感謝したい。最初にこの本をレビューした人は以下の二つのことを言った。(1)世界が早くこの本を読むことが必要である、(2)良い編集者を見つけなさい。私はすばらしい編集者を見つけたのだ。アダムは彼の心と魂をこの本に注いでくれた。彼は私のビジョンと私の述べたいことを理解してくれ、この分野のことをよく知っており、もしわからないことがあると自分で調べた。何よりもこの本の成功に深くコミットしてくれた。彼の支援を深く感謝している。

　サンフランシスコのジャバ・ビーチ・カフェとサウス・ビーチ・カフェにいる私のスタッフにも感謝したい。彼らのクールでフレンドリーな雰囲気作り、すばらしい食べ物、多くのコーヒー、そしてもちろん無料のインターネット接続がさらに二杯目のコーヒーへとつながった(ある人はそれは最初のコーヒーだというが)。

　最後にこの不安定な年を支えてくれた私の友人達にお礼を申し上げたい。

Solar Trillions日本語版への序文

　２０１２年５月２５日の晴れた午後、ドイツの太陽発電は２２ギガワットの発電を達成した。これは国全体の電力需要の３分の１に相当する世界記録である[1]。その次の日の午後、ドイツの太陽発電は電力需要の５０％を発電して、またも世界記録を更新した。それと同時に太陽発電は２０１２年のドイツの電力卸価格を、２００８年比で４０％下げたのである[2]。電力会社がすべての削減効果を消費者に戻したと仮定すると、消費者にとって全体で５０億ユーロ（６７億ドル、または６７００億円、ここでは１ユーロを１.３４ドル、１ドルを１００円で計算する、以下同じ）のコスト節約となっている[3]。これらの事実をみると、電力会社が熱心に伝えてきた神話と間違った情報が完全に覆されたことがわかる。すなわち、太陽発電は高価で、そのわずかな割合しかグリッドに乗せることが出来ないし、大きくすることも出来ない、という神話である。

　３年前に私の書いた"Solar Trillions"が米国で最初に出版されてから、エネルギーの世界では多くのことが起こった。日本人の読者にとってもっとも重要な事件は、間違いなく福島第一原子力発電所で起こって、いまだに継続している事故の影響である。この原子力発電の事故によってこの本を読むことの重要性は一層高くなっている。だから我々はこの本のeBook版を無料で提供しているのだ。この本を読んだ方はぜひ友達にこの本のことを知らせてほしい。この本の電子コピーを自由に友達に送ってほしい。

太陽発電は急速に成長している

　世界の太陽発電の設置量は年間５０％の急速なペースで成長し続けている。米国では太陽発電設置量は過去３年間毎年２倍になっている。

　ドイツは世界一の太陽発電国である。２０１２年１０月の時点で、ドイツでは３１ギガワットの太陽発電をグリッドに繋げている[4]。これはピーク時供給ベースで３１個の原子力発電所に相当する。この国の従来型の方法による最大発電量は月当り５０－６５ギガワットである[5]。２０１２年７月の時点で太陽発電は国の全電力需要の２０－３５％を満たすのがかなり当たり前となったと考えられている[6]。

　ヨーロッパはクリーンエネルギーへの傾斜を続けている。２０１１年に作られた新しい発電所の４８％が太陽発電であったし、２１％が風力であった。スペインは２０１１年７月に世界で初めてのベースロードになる（２４／７運転の）太陽発電所を完成した。この１７メガワットの太陽発電所は１５時間の溶融塩の貯蔵が出来、1日のうちいつでも、午後１１時でも午前１時でも３時でも、発電することが出来る。著者はこのプラントが操業開始したすぐ後にそこにいた。私のブログを読みビデオを見てほしい。http://bit.ly/W9es7w[7]

　米国では、太陽熱（ＣＳＰ）と太陽光（ＰＶ）を用いた大規模の発電インフラが建設されつつある。現在合わせて４２００メガワットを超えるプロジェクトが建設中であり、そのほかに２３０００メガワットが開発中である[8]。これは１メガワット以上の計画だけを集めたものであり、それ以下の住宅用や商業用の設備は含まれていない。シリコンバレーの新しいソーラー会社、SolarCity,SunRun,やSungevityなどは家庭や商業用に数十万件の太陽発電を供給している。SolarCityは最近上場したが市場価値は１０億ドル（１０００億円）に達し、その後も上昇している。

　今年、２０１３年、にはネバダ州に世界最大のベースロード太陽発電所（１１０メガワット)が出来るし（これはラスベガスの夜に至るまでの電力を供給する）、カリフォルニア州に世界最大（３９２メガワット)の太陽発電所が出来る。また、バークシャイア・ハサウエイ社(Berkshire Hathaway)の子会社であるミッドアメ

リカンエネルギー社（MidAmerican Energy）は、２０１５年の完成時には世界最大といわれる（５７９メガワット）このプラントを買収した。この会社は、おそらくアメリカでもっとも成功した投資家として知られるワーレン・バフェット氏（Warren　Buffet）が所有しているので、アメリカの主流が太陽発電を受け入れたというシグナルになるであろう。

　ところで、太陽発電のコストは急激に下がり続けている。２０１１年だけでもＰＶパネルは５０％下がったが、２０１２年にはさらに２０％下がった。太陽発電は世界の１０数箇所の市場において一般の消費者が支払っている電気代をすでに下回っている。ＰＶパネルの市場価格はワット当り７０セント（７０円）以下である。ある人は市場は「安定化」し、価格は上昇すると思っているようだ。しかし、あるビジネスプランでは来年はワット当り５０セント（５０円）以下で計算されているのを見たことがある。電力会社レベルのサイズの太陽発電の建設コストはワット当り２ドル（２００円）以下に下がっている。ゲルリヒャー・ソーラー社（Gerlicher Solar）社は２５０メガワットの太陽発電プラントを政府の支援なしでスペインに作るとアナウンスしている[9]。スペインの大部分においては、太陽発電はすでにグリッドの電力源よりも安いので、この会社は政府の支援がなくても競争できると考えている。

　サウジアラビアは１０９０億ドル（１０.９兆円）のコストで、４１０００メガワットの太陽発電所（ピーク時相当で４１基の原子力発電所と同等）を作ると発表した[10]。なぜだろう？彼らは海水淡水化などに使う電気を作るために石油を燃やしている。市場でバレル当り１００ドル以上で販売できる石油を燃やす代わりに、バレル当り２０ドル以下相当という著しくコストの低い太陽発電を使おうとしているのである。

　２０１５年までには、政府の支援を受けない太陽発電がアメリカの３分の２以上の消費者にグリッドの電力より安い電力を供給するであろう。ということは４千万世帯以上の家庭が、汚いガスや石炭や原子力を用いて作った電力に高いコストを払うか、太陽発電に安いコストを払うかの選択を迫られることになろう。この選択はグリーンかどうかということではなくて、グリーンのアメリカ紙幣を節約するかどうかということである。この一般消費者に対するこの市場だけでも１兆ドル（１トリリオンズ）に達する（だから

Solar Trillionsという）。米国の商業用太陽発電市場はもっと大きいであろう。世界中を合わせると数兆ドルの市場が待っているのである。

福島第一原子力プラントの事故

　言うまでもないことだが、日本国は福島第一原子力プラントの悲劇的事故を背負ってこれまで生きてきた。このタイプの悲劇に対してあまり積極的なことを言う余地はないが、原子力は危険で、高価で、そして汚いものだということを証明したといえるであろう。そして、日本国は原子力発電なしでも生きていけるのである。

　日本国民はこの事故による生命や健康に対する損害を蒙っただけではなく、財布からもかなり出費している。汚染をクリーンする費用だけでも公式には１０００億ドル（１０兆円）かかっており[11]、このコストは今後数１０年間に数倍に達するであろう。

　今回、日本の納税者達は原子力発電産業にかける保険を自分らで負担せねばならないことを学んだ。なぜならば、原子力発電には保険をかけられないからである。保険会社はニューヨーク市のワールドトレードセンター跡地に建てられた新しいフリーダムタワー（Freedom Tower）に保険をかけるし、ハリケーンや飛行機事故のリスクに対しても保険をかけてくれる。しかし原子力発電には決してかけない。なぜだろう？原子力発電の過去６０年間以上ものデーターから、彼らはリスクを良く知っているからである。どの保険会社でも原子力発電事故の全コストに保険をかけようと申し出たところはない。日本でも、米国でも、ドイツでも同じである。リスクが高すぎるということを知っているからである。

　ドイツの政府が調べたところによると、もし私企業が原子力プラントに保険をかけるとすると、それはキロワット時当り０．１３９ユーロ（１８．６セント、１８．６円））から２．３６ユーロ（３．１６ドル、３１６円）に達するだろうという[12]。これだと発電するより高い保険代となる。ドイツ政府のレポートはさらに以下のことを結論として述べている。

1. ひとつの１ギガワット原子力発電所に保険をかけるには１
   ９６億ユーロ（２６３億ドル、２．６３兆円）かかるだろう。

2. もしもドイツで原子力発電事故が起こったら予想される被
   害の大きさは５．７５６兆ユーロ（７．７１兆ドル、７７１
   兆円）となろう。

これを２０１１年のドイツのＧＤＰ、３．５７兆ドル（３５
７兆円）、と比較してみよう。ひとつの原子力発電所の事故が起こ
ったら、ドイツの全経済の価値よりも多い金額を２年続けて払う
ということである。言い換えると原子力発電事故は世界でも最も
大きい経済国のひとつを破産させるということである。

　このような厳しいデーターに直面して、福島以後、ドイツ政
府は８基の原子力発電所を閉鎖し、２０２２年までに全原子力
産業を停止する決断を下した。ヨーロッパのほとんどの国は、１
９８６年のチェルノブイリの事故以後にスタートした原子力発電
の段階的廃止プロセスを一層加速している。イタリヤは２０１１
年に国民投票を行ったが、９４％の人が原子力発電を拒否した[1]
[3]。

　原子力発電には保険をかけることは出来ない。しかし、保
険は別にしても、原子力発電は安いのではなかったか。そうでは
ないのだ。電力会社が原子力発電は"安い"といい、１キロワット
時当り６－９セントで発電できる、あるいはそのほかのどんな魔
法の数字を持ち出しても、それは１９７０あるいは１９８０年
代に作られたプラントのことで、すでに償却されているプラントを
ベースにしている（福島第一プラントは１９７１年に作られた）。
過去３０－４０年の間に原子力発電のコストは継続的に上昇し
ている。その頃に比べると原子力発電所の建設コストは５－１０
倍になっているといえる。新しい原子力発電所は１キロワット時
当り２５から３０セント（２５円から３０円）で発電することにな
ろう[14]。これに対して、新しい太陽発電所は（政府の資金援助なし
で）、サイズ、技術、太陽光の強さ、利子の大きさにもよるが、キロワ
ット時当り１０－１４セントで発電できる[15]。ソーラーパネルは
あなたの自宅の屋根に短時間で設置することが出来るが、原子力
発電所は少なくとも１０年はかかる。

ということから以下の４点のことが言える。

1. 新しい原子力発電所の建設費は太陽発電所（あるいは風力発電所）の全コストよりもほとんど２倍高いということである。これには保険は入っていない（納税者が自分で別に払わねばならないのである）。

2. 原子力発電所に保険をかける費用は太陽発電所（または風力発電所）建設の全コストよりも高い。

3. プラントのコストに保険を加えると原子力発電は太陽発電よりも１０倍高いものとなる。

4. 原子力発電は毎年高くなるが、太陽発電は毎年安くなっている。

　　政治家やエネルギー会社の要人が「原子力発電は安い」あるいは「太陽発電は高価につく」というときは、おそらく彼らはあなたのポケットに手を突っ込んでいるに違いない―そうでなければそのうちにそうするだろう。

　　ドイツでは太陽発電はすでにグリッドによる電気よりも安くなっている。日本はドイツよりも日照時間が平均して長いので太陽発電のコストはドイツよりも安いであろう。ブルームバーグ・ニューエネルギー・ファイナンス誌によると[16]、２０１３年には日本の太陽発電コストは、多くの消費者が電力会社に払っている値段よりもすでに低くなっているという。太陽発電は更に安くなっているので２年以内にすべての日本の地域で今電力会社に払っているコストより安くなっているだろう。

　　スタンフォードの私のクリーンエルギーのクラスで話したことだが、シリコンバレーの太陽発電の設置会社Sungivity社の社長であるダニー・ケネディ氏（Danny Kennedy）は、この会社の顧客の７８％は、設置の第１日目からコスト節約が始まっている、といっている。その後、コストは更に２０％以上下がっているのである。

　　私が教えているスタンフォード大学の隣にあるパロアルト市は、最近キロワット時当り７．７セント（７．７円）で購入する２５年の契約を結んだという。この数字をあなたの電力会社が太陽発電のコストとしてあげている数字と比較してほしい。確かにパロアルトは日本のどの地域よりも太陽が多いが、太陽発電は安い

ので投資金額が電気料金の値段のほとんどを占めている。そして日本での利子は米国よりも著しく安いのである。たとえパロアルトが払っているコストを2倍してもあなたが払っている電気代よりも安いはずだ。なぜ汚い電気に対してそんなに高い電気代を払うのかと電力会社に聞いてみると良い。

　太陽発電に切り替えるタイミングは今だ。太陽発電は将来のエネルギーではない。今のエネルギーなのだ。このことをこの本で学んで、みなに広げてほしい。

　もっと詳しい情報やビデオや最近のニュースについては私のブログを見てほしい（tonyseba.com）。そしてツイッターで私をフォローし（tonyseba）、Solar Trillionsのフェースブックに参加してほしい。

「１時間に地球表面に到着する太陽エネルギーは世界が必要と
するエネルギーの１年分を十分賄える」
――ＭＩＴ学長スーザン・ホックフィールド
(Susan Hockfield, President MIT)

「私は太陽と太陽エネルギーに金を賭けたい。なんと言うパワー
の源なのだろう。望むうくは我々がそれを利用できるようになる
前に石油や石炭がなくならないことを」
――トーマス・エジソン、１９３１年(Thomas Edison)

「我々は科学と技術に大きく依存している社会に住んでいるが、
ほとんど誰も科学と技術について何も知らないのだ」
――カール・セーガン(Carl Sagan)

第一章
神話と秘密と
太陽発電インフラブーム

エネルギーの世界におけるもっともよく守られている小さ
な秘密の一つが、カリフォルニア、クレマージャンクション
(Cramer Junction)に存在する、モハベ(Mojave)砂漠の照りつ
ける太陽の下に点在する９つの発電プラントである。これらは２
０年以上も、静かに太陽熱で電力を作り出してきた。これらはフロ
リダパワーアンドライト（Florida Power and Light, FPL)とゴール
ドマンサックス(Goldman Sachs)が所有し運営しており、太陽エネ
ルギー発電システム(Solar Energy Generating Systems, SEGS)
として知られている。ＳＥＧＳは３５４メガワットの能力があり、
これまでの２０年間に１４テラワット時もの電力を作り出してき
た。[17]これは２００７年にサンフランシスコの家庭が必要とした
全電力の約１０倍にあたる。[18]

　　　ＳＥＧＳプラントは１キロワット時あたり９〜１２セントのコストで電力を作り出している。これは大半のアメリカ国民が電気代として払っている額とほぼ同じである。そして天然ガスでの発電コストとも同じだ。ディーゼルや原子力を用いた発電よりも遥かに安い。太陽が出ている間は、ＳＥＧＳは９３％以上の稼働率である。これはあらゆるタイプの公益発電プラントとも対抗しうる数字である。[19] １９８０年中ごろからの操業の間、ＦＰＬは常に効率を向上させてきた。米国の国立再生可能エネルギー研究所（National Renewable Energy Labs., NREL)）によると、太陽発電のコストは１９８０年以降、約９０％以上安くなり、今後もさらに低下していくことが予想されている。

どうして太陽発電は
石油、天然ガス、石炭よりも安くなるのか？

　　　発電プラントの資金調達は住宅のそれと非常に似ている。つまり全コストの数パーセントを頭金として支払い、残りを銀行から借りる。電力会社が発電プラントの建設費用を借入金で調達（これは市場中心経済においては最もよく用いられる）する際、発電コストの大部分は設備、建設費用の金利などにあてられる。ほかの主な発電コストとしては、燃料および操業・メンテナンスの費用があげられる。

　　　天然ガスのエネルギーコストは毎分異なるが、最近では１キロワット時あたり約８セントである。同時期の石炭での発電コストは１キロワット時あたり約５〜６セントである。エネルギーコストは、額にかかわらずプラントのある限りなくならない。もしこれらのコストが上昇した場合は、エンドユーザーの負担となる。プラントの操業者がこれらのコスト負担をユーザーにつけ代えるからである。

　　　太陽は無料の燃料原料である。そのため太陽発電の実質コストは操業・メンテナンス費用だけとなる。設備投資費用（我々の言葉で言えば住宅ローン）が完済さえすれば、太陽発電では発電コストが激減し、これはプラントが存在する限り続く。そうなると太陽発電プラントの全コストは１キロワット時あたり約１セントとなる。これは米国の平均電気価格の１０分の１、天然ガス発電の８

分の１以下、そして石炭を用いた火力発電の６分の１以下だ。この価格の差があなたにとって何を意味するのだろうか。

- 米国家庭は平均して毎月、９３６キロワット時使う。キロワット時あたり１セントと言うことは、月額の電気代が９９．７ドルから９．３６ドルになるということだ。

- テスラのようなバッテリータイプの乗用車は５３キロワット時（ガソリン３０リットル分）で３２０キロメートル走ることができる。これは５３セントに過ぎない。[20]

- ヤフー・データセンターの１億ドルの電気代が、約１０００万ドル近くになる。

　　言い換えると、家庭と企業の双方が、太陽発電を用いればコストを約１０分の１に節約できるということだ。
　　さらに、世界の大部分の人が、米国本土よりも多くのお金をエネルギー代として払っている。ヨーロッパでの住宅の電気代は平均して１キロワット時あたり約１５セントだ。対して米国は１０．７セント（ハワイは３０セント以上）。発展途上国では、２０億人以上が灯油ランプやディーゼル発電を使っており、そのコストは１キロワット時あたり１〜２ドルである。
　　太陽発電の信頼度、有効度は今日用いられている化石燃料と同等、またはそれを上回る。これはメディアでは報じられていない。また、化石燃料の発電コストは上昇してきており、さらに今後もその傾向にある。米国エネルギー情報局（US Energy Information Agency, EIA）によると、米国の電力コストはここ５０年で４４６％上昇している。１９６０年には1キロワット時あたり１.８セントだったものが、２００８年には９.８２セントになったのだ。

　　私はここにチャンスの匂いを感じる。

電気のコスト 1960-2008 ¢/ｋＷｈ

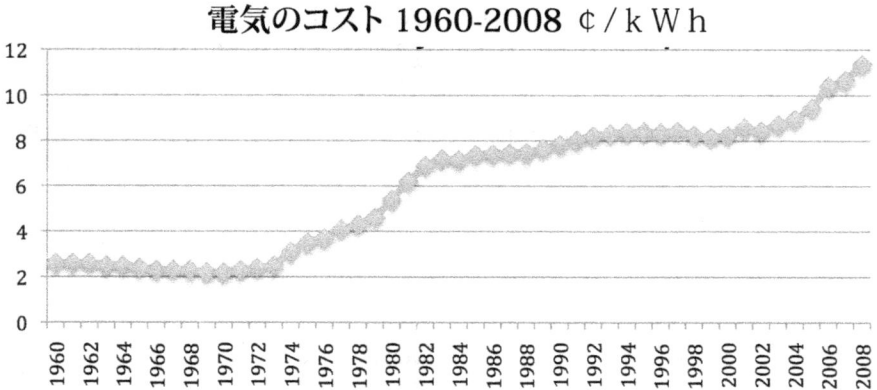

図１.１　米国における電気のコスト（引用文献　ＥＩＡ[21]）

ソーラーラッシュは既に始まっている

　　ＳＥＧＳプラントは２５億ドル以上の利益を投資家のために作り出してきた。これは元々の投資額の２倍にあたる。

　　ウォール街の投資銀行、ゴールドマンサックスは、最近２つのＳＥＧＳプラントをコジェントリックス（Cogentrix）[22]のエネルギー子会社を介して手に入れた。ゴールドマンサックスは環境にやさしいグリーン投資をする企業として知られているわけではない。財政的にグリーンな投資をする企業として知られているのだ。ゴールドマンは昨今のウォール街の陥落から生き残り、繁栄を続ける数少ない投資銀行だ。２００８年、ゴールドマンは南カリフォルニア、モハベ砂漠の主要な太陽発電プラントを買い上げたと言われている。

　　シリコンバレーで極めて有能なベンチャーキャピタル（ＶＣ）ファンドはひそかに投資対象をＩＴからクリーンエネルギー、またクリーンテクノロジーにシフトしてきた。２００８年には、クリーンテクノロジーはＶＣ投資の対象で２番目に巨大なものとなっており８４億ドルを記録している　　。これはヘルスケアー部門（バイオテクノロジーおよび医療機器）に次ぐ大きなものである。クリーンテクノロジーセクター内で、太陽光はその４０％を占める。「投資のパイ」[23]のなかで最も大きい一切れだ。２００１年にはＶＣは太陽光関連の事業にたった５００万ドルしか投資をしていなかったのである。

　　２００８年９月に始まったウォール街の暴落で、太陽プラントの資金調達プロジェクトはすっかり干上がってしまった。**ブライトソース(BrightSource)**やイー・ソーラー(E-Solar)のように、ベンチャーファンドで数億ドルを作り出し、ウォール街と強いつながりを持ち、巨大なユーティリティ企業と数十億ドルの太陽プラント建設の契約を結んできた企業ですら、発電プラント建設の資金調達に苦労していた。しかし、多くの企業が信用収縮で苦しんでいるなか、スペインのアベンゴアソーラー（Abengoa Solar）は米国で最大の太陽熱プラントの開発に乗り出していた。これは２８０ＭＷのプラントでソラナ(Solana)と呼ばれる。これはアリゾナ州、フェニックスの９６キコメートル南、ギラベンド（Gila Bend）に位置し、７０，０００世帯の家庭に電力を供給している。ソラナは４０億ドルの利益を生み出すと予想されている。これはアリゾナ州公共サービス（ＡＰＳ）との３０年契約によるものだ。[24]

　　利益が増大しているだけではない。これと同等のサイズの天然ガスプラントは年間４０万トンの炭酸ガスを排出する。同様な石炭発電プラントでは２００万トンの炭酸ガスと７万トンの灰、１０．８万トンのスラッジ、４３キログラムの水銀、５７キログラムのヒ素を毎年発生させている。[25]今後ずっとだ。

図１．２　スペインのセビルにおいてパラボラトラフの前でトニー・セバ
（写真　トニー・セバ）

　ＳＥＧＳプラントが２０年間にわたり使ってきた技術で、ソラナがアリゾナですべての太陽エネルギーを作り出すであろう技術は「パラボラトラフ（Parabolic Trough）」と呼ばれるものだ。これはアメリカ人のフランク・シューマン（Frank Shuman）により１９１２年に開発され、初めて商用化された。この技術が約１世紀にわたり存在していたのだ。エジプトが綿の生産で世界一だったとき、シューマンはマーディ（Maadi）に太陽熱発電プラントを設計し、資金調達し、建設した。マーディでは毎分２３キロリットルものナイル川の水をくみ上げ、綿耕地の灌漑を行っていた。シューマンが作り出したトラフ式太陽熱発電のソーラーコレクターを見ればすぐにわかるように、１９８９年にＳＥＧＳで使われた技術、また２００９年にアベンゴアソーラーにより作られた技術と大差はない（図１.２）。

図１.３　　１９１２年ごろのエジプトのマーディにおけるシューマンのパラボラトラフ集光装置(引用文献Egyptian Gazette[26])

　シューマンがエジプトに赴く以前に、彼はフロリダとカリフォルニアが最初の工業スケールでの太陽熱発電プラントにふさわしいと考えていた。しかし、それらプラントの資金調達してくれる投資家や電力を購入してくれる相手は見つからなかった。アフリカ北部において、イギリス人の投資家と電力を買ってくれる相手を見つけた結果、マーディにプラントを建設することになった。第一次世界大戦と「安価な」石炭・石油の登場がシューマンの太陽熱発電の夢の実現を遅らせることとなった。「安価な」とかぎ括弧をつけたのには意味がある。化石燃料が帳簿上で「安価」といわれるのは、化石燃料の重要なコストが従来のバランスシートか

ら外されているという、それだけの理由なのだ。このことについて
は少し後に触れる。

化石燃料の世紀

　２０世紀は化石燃料が燃料源となった時代だった。主に石
油と石炭である。米国で消費されるエネルギーの８０％以上、交
通に使われるものに関しては９７％にもあたる燃料が、依然化石
燃料でまかなわれている。化石燃料は世界の８６％のエネルギ
ーを供給している。

　化石燃料産業に関連した産業（採掘、コンバージョン、流
通、サービス、テクノロジー、実用化など）の起業家と投資家は想
像しがたいほどの巨万の富を築いた。１９５９年当時のダウ優
良株を構成する３０社の中の１４社は化石燃料と関連してい
る。スタンダード石油、ジェネラルモーターズ、ジェネラルエレクト
リック、グッドイヤーなどである。[27]自動車産業のように化石燃料を
製品に用いる企業は数兆ドルをその収入と市場価値の形で手に
入れた。これらの企業は世界の経済を圧倒した「アメリカの世紀」
の産業基礎を作った。

　世界が農業から工業経済にシフトしていくにつれ、化石燃
料関連産業における技術競争を先導し勝利を収めた国（主に米
国、ドイツ、日本）は、いまだに世界でも最も裕福な国として存在
できるインフラを作り上げている。１９００年に米国における農
業セクター従事者は人口の４３．５％だったが、２０００年には
全雇用の中で僅か２．５％となってしまった。[28]それにもかかわら
ず、米国の食糧生産量は過去最高を示している。人口の大部分が
農業セクターに従事している国々は、２０世紀では経済的に遅れ
をとっている。

　単に比較のためだが、世界の食料小売産業は３．２兆ドル
の価値があると推定される。世界がエネルギーに使うお金の約半
分が食料に使われているということだ。

２００８年：ルールが変わった年

　　しかし、ルールは変わり、この世界は新たな岐路に差し掛かっている。

　　経済を扱う歴史家が今から４０年後に２００８年を振り返ったとき、彼らはこの年が世界的なエネルギー意識が変化した年であることに同意するだろう。ロシアは２度もヨーロッパを人質にとって天然ガスを輸出し、石油価格は市場最高値を付け（バレル当り＄１４７）、中東における戦争が米国や他の化石燃料ネット輸入国にとって数兆ドルのコストアップとなった。エネルギー価格が２倍、３倍になると、一部の国は石油、あるいは国民の基礎食料購入のための外貨までも使い果たしてしまった。そしてこの世代での初めての食糧暴動を見ることになった。

　　このように、変化の年は２００７年１２月から始まった。これは米国の前副大統領、アル・ゴア氏が地球温暖化の危険を訴えた不断の努力でノーベル賞を受賞したときだ。彼の映画「不都合な真実」はオスカーのベスト記録映画賞を受賞した。さらにその音声ヴァージョンは後にエミー賞を受賞した。

　　そうした２００８年は、バラク・オバマの米国大統領当選で幕が下ろされた。オバマ大統領はクリーンエネルギーをサポートするために早急に断固として行動した。オバマ大統領は、２００９年１月の大統領就任演説で温暖化の危険性について語り、その１ヵ月後の最初の一般教書演説でクリーンエネルギーを政策のトップのひとつに掲げた。

　　新大統領は、２０２５年までに米国の電力の２５％を再生可能なエネルギーに転換することを目標と掲げ、最初の刺激策の中に数百億ドルをクリーンエネルギーのグラントや研究開発のために割り当てた。　エネルギー省だけでも、エネルギー貯蔵、太陽発電、風力発電、地熱発電、そしてスマートグリッドなどへの投資のために２００億ドルを超える予算が与えられた。オバマ大統領はまた、地球温暖化を誘発する温室効果ガス排出量を１９９０年の水準まで削減するという京都議定書の新ラウンドをリードすることを示唆した。（京都議定書はへの同意は彼の前任者によって否認されていた。）

　　太陽熱エネルギーを採用する上での最大の障害は、砂漠に太陽熱発電プラントを建設するための官僚的プロセスだ。連邦

および州政府の様々な官僚的条件をクリアするためには何年も
かかるし、南西部の数百万エーカーの砂漠地帯を管理する米国
土地管理局（Bureau of Land Management, BLM）の場合、それ
を取り扱うプロセスすらないのである。新たな内務省のトップとな
ったケン・サラザー（Ken Salazar）はすぐさま、BLMは太陽エネ
ルギーの開発を優先し、そのために投資をすることを指示した。さ
らに彼は、太陽熱発電プラントの建設に適した場所を見つけるた
めに、BLMは２２００万ドルを使って南西部の１０００平方
マイルの土地を評価するべきであると述べた。一般的に、「太陽熱
発電プラントに適した場所」とは直射日光があたり、緩やかな斜
面があり、道路や送電網がそばにあり、環境への影響が少ない場
所である。サラザール氏は、そのような地域は１０万メガワット近
くの電力を作り出すことができると推定している。[29]

　　　その間、過去の栄光とも言える米国のビッグ３（GM、フォ
ード、クライスラー）は倒産の危機に瀕していた。２００８から２
００９年の冬、ビッグ３の株価は最低まで落ち込んでいた。GM
の時価総額は１０億ドル、フォードは３７．７億ドルとなった。ク
ライスラーは、ダイムラー・ベンツが売却して、投資家集団に保有
されることとなったため、時価総額は入手できないが、おそらくG
Mを下回っていたであろう。ビッグ３がなんとか生き延びたのは、
２００９年初めに米国政府が救援策の一部として税金から数百
億ドルを手渡したからに過ぎない。同じ時期に、太陽光（PV）発電
市場の先駆者であるファーストソーラー（First Solar）は１００億
ドル以上の市場価値があるとされた。これは以前のビッグ３をあ
わせた市場価値と同等、もしくはそれを上回る額である。

　　　こうした事件やアイデアや技術的進歩が次々に起こってい
るのを見ると、これまで「安価」といわれてきた化石燃料の使用が
高くつくことがわかる。例えば「石炭は安い」と誰かが言うときに、
その値段には社会や納税者が払っているすべてのコストが含ま
れていないことを知るべきである。

　　　２００８年１２月２２日（月曜日）、TVA（Tennessee
Valley Authority）のキングストン化石燃料プラントにある８４エ
ーカー（０．３４平方キロメートル）の固体廃棄物貯蔵池の防堤
が切れ、「米国史上最悪の環境汚染」とされる５００万トンもの石
炭廃棄物が流出した。[30]この地域の住民の健康に対する損害、そ
して当該地域やその下流域に対する給水の損害、その他の環境

への損害額は少なくとも１２億ドルにのぼるとされる。しかし、今日の我々の経済法則によると、これらをクリーンする巨大な費用はあなたや私が払い、石炭産業ではないのである。

　　　最近のニューヨーク・タイムズによると、政府機関の科学者が国内２９１の河川にすむ魚の水銀含有量を検査したところ、検査対象すべての魚に水銀が発見されたという。[31]石炭発電プラントが米国で最も多量の水銀の排出者なのである。この汚染の代償は誰が払うのだろうか。だれが毎年数千人の水銀の毒が原因で肉体的・精神的な異常（乳児・幼児の今後の一生に影響を与える神経性・発達性の障害を含む）を起こす患者の費用を支払うのだろうか。誰が新鮮な水を失った代償を払うのだろうか。それはあなたなのだ。

　　　私はこの章の冒頭で、今から４０年後、経済学者は、２００８年を米国の化石燃料時代の象徴的な終わりという変化の瞬間と捉えるであろう、と述べた。１００年後には、経済学者だけでなくすべての人が、私たちはどうやってこんなに汚くて、ローテクで、廃棄物を多く出す、高価なエネルギーで生活していたのかと不思議に思うであろう。

　　　私たちが現在注目しているのは、太陽光や風力のような、長期的にみて本当の意味で安価なクリーンエネルギーだ。最近、太陽光への投資をしているゴールドマンサックスからの提案にもあるように、太陽光のようなクリーンエネルギーへのシフトは環境にやさしいだけでなく、経済的にもやさしいものなのだ。

　　　ＩＥＡ（International Energy Agency）の計算によると、今後４０年に代替エネルギーの技術開発には４５兆ドルの投資が必要である。[32]１年間で平均１兆ドル超がかかる計算になる。

> **"今後４０年に代替エネルギーの技術開発には４５兆ドルの投資である。"**

　　　このような多額の投資の恩恵は誰でも手に入れることができるのだ。米国の億万長者、テッド・ターナー(Ted Turner)とＴ・ブーン・ピッケンス(T. Boone Pickens)は、「世界的なクリーンエネルギー経済への転換はおそらく２１世紀最大の経済的チャンスであろう」[33]といっている。この競争に勝つ起業家、企業、産業界は莫大な新しい富を得ることになるであろう。そして、起業

家たちが新たなクリーンエネルギー競争においてリードすること
を可能にした国は２１世紀の勝利者となるだろう。
　　　誰がこの恩恵を手にするのだろうか。誰もが参加したいと
思っているが、その多くは見せかけ、いわゆるグリーンウォッシン
グ(Greenwashing)に過ぎない。多くの企業は自社の製品を「グリ
ーン」、「代替可能」、「クリーン」エネルギーだと再定義するだろう。
既存製品を持っている企業は、政府の規制、予算、減税について
ロビイ活動を通して、自分の好む方向に向けようとするであろう。
石油や石炭の企業ですら今や自分らは「クリーン」なのだといって
いる。しかし、彼らを信じる必要はないし、信じているかのように
振舞い、投資することも必要ないのである。
　　　２０世紀初頭に起こったように、そして２１世紀の初めに
起こり始めたように、このゲームのルールが変わるとき、大規模な
経済的、政治的、社会的な混乱が次々に起こることは間違いない
だろう。既存の化石燃料企業はこれらの混乱を、太陽光やほかの
クリーンエネルギーが高価すぎるという「証拠」であると指摘する
であろう。恐れ、不確実性、疑い(Fear, Uncertainty, Doubt, FUD)
は、社会から利益を得てきた一部の利益団体により数世代に渡り
うまく利用されてきた。しかしＦＵＤは、遅かれ早かれ、現実性と
物質的な利益があるので議論に勝つことはできないであろう。過
去を未来と見せかけたり、未来への恐れで我々を脅かすなどを交
互におこなって過去が継続するのはそんなに長くはないのであ
る。

新たなエネルギーのルール

　　　太陽エネルギーのコストは２０２０年には１キロワット時
あたり３．５セントほどまで安くなると予測されている。つまり、助成
金なしのクリーンな太陽光エネルギーのコストは、石油・石炭とい
った汚い、助成金つきの化石燃料のコストよりも安くなるのである。
太陽発電の経済学は疑いもなく優れている。

図ES-1―平準化電力コスト

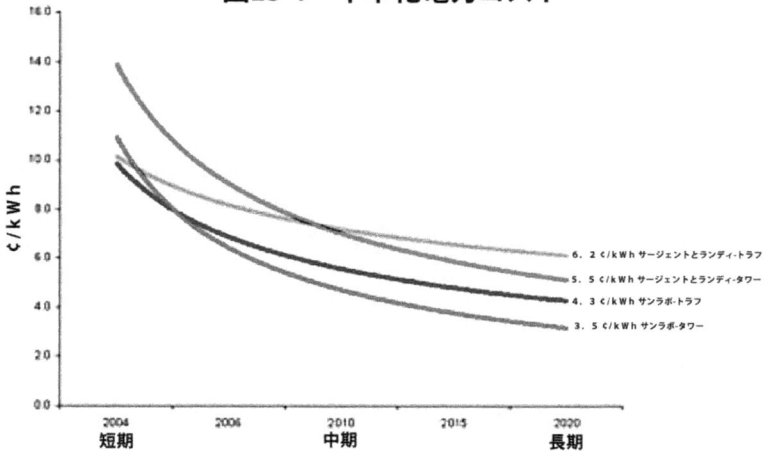

図1.4　　２０２０年までのパラボラトラフとパワータワーによる
太陽熱発電のコスト
（引用文献　Sargent and Lundy[34]）

　　太陽や風力発電の燃料コストはゼロだ。もし世界がこれら
のエネルギー源に切り替えたら、私たちはもはや石炭、石油、ガ
スの代金を払う必要はなくなる。化石燃料の採掘、抽出、輸送、貯
蔵、燃焼、さらには環境汚染の浄化コストも支払わなくてよくなる。
　　太陽光や風力のようなクリーンエネルギーに切り替えるこ
とにより、世界全体で毎年５兆ドル以上の化石燃料コストが節約
できる。これらのエネルギーに切り替えることで、米国は毎年１兆
ドル以上を節約することができるのだ。この節約額は２０５０年
までに、毎年２〜３兆ドルほどに増えるだろう。
　　クリーンエネルギーへ転換する国々は２１世紀の強力な
国となるだろう。こうした国々は、
自国の工業、農業、運輸、商業、さ
らには家庭まで、基本的に無料の
燃料で動かすことができるであろ
う。その結果、それらの諸国は未
来に投資するための余分の資金
を手にいれることができるのだ。
　　米国なら、この年間１〜３
兆ドルの余剰資金を何に使うだ

"これらのエネルギー
に切り替えることで、米
国は毎年１兆ドル以上
を節約することができ
るのだ。この節約額は
２０５０年までに、毎
年２〜３兆ドルほどに
増えるだろう。"

ろうか。世界では年間３～６兆ドルの余剰資金を何に使うだろう
か。米国の場合、誰もが使える無料のヘルスケアーサービス、社会
保障、教育、研究、新技術への投資、さらには現在よりも高い生活
水準のために使うことができる。また、この数兆ドルを使って、今ま
で私たちが石油輸入のために国際市場から借りてきた債務を完
済することができる。

　　本書は、我々がこれからの４０年間にクリーンエネルギー
と太陽発電のインフラを作ることで開かれるであろう大きな未来
像を通して、読者を導こうとしているのである。

エネルギーの現在と未来

　　今日、世界は約１４テラワット（ＴＷ）あるいは１４兆ワッ
トのエネルギーインフラ能力を有している。

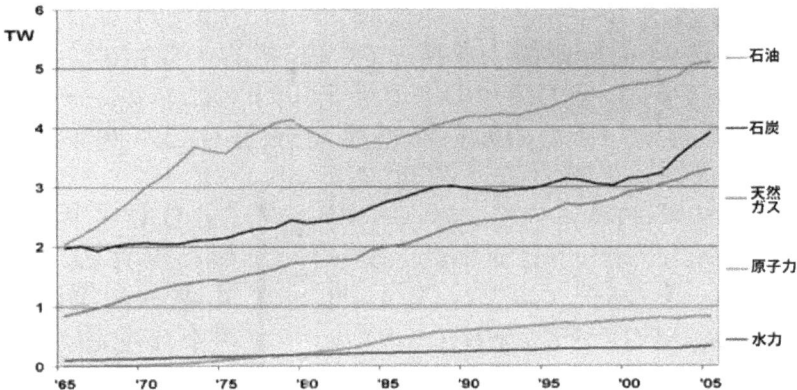

図１.５　　世界のエネルギー消費
（引用文献　　Frank Mierlo, Wikipedia[35]）

　　こうした既存の世界中のエネルギーインフラの大部分は更
新される必要がある。国連によると、世界の発電容量の４０％は
今後５～１０年で取り替えられなければならない。[36]残りの能力
の多くは、今後４０年間に取り替える必要がある。

　　世界のエネルギー需要増加速度が現在の米国のそれと同
じ水準だと仮定するならば、２０５０年には１０２テラワットの
インフラが必要となるだろう。ヨーロッパの増加速度で考えるなら

ば４５テラワット[37]である。世界のほかの国々も同様だが、米国も
ヨーロッパもエネルギー消費量は増え続けるだろう。
　　　すべての有意義なエネルギー節減対策が実用化されたと
仮定する。すなわち、老朽化した建物や発電所を修理し、すべて
の新しい建物や工場をできるだけ効率的なものに変え、そして同
じことを輸送や電化製品に対しても行い、古い発電グリッドを修
理すると仮定すれば、２０５０年までの世界のエネルギーインフ
ラ必要量は２８〜３５テラワットほどとなるであろう。[38]科学者は
予測には特定の数値よりも範囲を好んで使うが、私は単純化のた
めに、２０５０年に世界が必要とする能力として３０テラワット
を使うことにしたい。
　　　この事実が意味するのは、１４テラワット以上の改造が必
要なエネルギー能力と、今後４０年で１４〜１６テラワットの新
たなエネルギー能力をもつ設備を建設する必要があるということ
だ。このインフラの多くはクリーンエネルギーを基本とすることが
必要だ。
　　　注　エネルギーと電力を混同すべきではない。米国は現在
約１テラワットの発電能力を持っている。世界の発電能力は約３
テラワットである。そのほかの１１テラワットのエネルギーは輸送
（エンジンを動かすための石油燃料）と加熱・冷却（商業・工業・
住宅用の石油、天然ガス、バイオマス
など）に用いられる。
　　　スタンフォードビジネススクー
ルのロバート・バーゲルマン（Robert
Burgelman）教授やアンドリュー・グル
ーヴ（Andrew Grove）、デボラ・シッフ
ァー（Debra Schiffer）などによると、２
００７年における世界のエネルギー
産業は６兆ドルを超える収益を計上
していた。[39]その約半分の３兆ドルは
石油産業によるものである。これは原
油価格が倍増した２００８年以前の話だ。

> "２００７年にお
> ける世界のエネ
> ルギー産業は６
> 兆ドルを超える収
> 益を計上してい
> た。これは原油価
> 格が倍増した
> ２００８年以前
> の話だ。"

エネルギー産業の収入, 2007

石油:	3 兆ドル
天然ガス・消耗燃料:	2.57 兆ドル
石炭:	2490 億ドル
原子力:	2000 億ドル
再生燃料の合計: バイオ燃料/風力/太陽光/燃料電池/水力:	2460 億ドル
合計:	**6.27 兆ドル**

図1.6　世界のエネルギー産業の収入[40]

　　２０５０年までに、エネルギー需要は少なくとも倍になると予測されている。２００９年から２０５０年まで、エネルギー需要が毎年１.７２５％増えていくと仮定すると、エネルギー産業全体の収益は、この４０年間で驚くべき３８２兆ドルとなる。これはあくまで単純計算だ。しかし世界で最大の産業がどれだけの衝撃をもたらすのかは一目瞭然だろう。

> "２００９年から２０５０年まで、エネルギー需要が３８２兆ドルとなる。"

　　さらに、コーポレート・ライブラリー誌(Corporate Library)によると、２００８年に米国で最も高給取りであったＣＥＯのトップ１０人は石油企業の幹部だ。かれらの平均年収は１億２７００万ドルである。[41]経済危機の年にしては悪くないではないか。彼らにこのキャッシュの流れを変えるつもりがあるとは、極めて考えにくい。石炭、石油や天然ガスのロビイストは、それに抵抗する政治家やメディアに影響力を持つ人々に比べてあまりにも豊かであり、あまりにも強力である。クリーンテク産業の財政力や成果が大きくなるにつけ、その力が弱くなることは確かにありえるのだが…。化石燃料の巨人たちに、黙って斜陽へと向かう気はない。

　　たとえ政治的に可能であったとしても、変化は一夜では起こりえないというのもまた事実である。化石燃料インフラは大量にある。世界中に精製所が存在し、パイプラインは大陸中を行き交い、幾千の石炭プラント、数万のガソリンスタンドがある。ＰＣの嵐が世界中に吹きかった際でもメインフレームコンピュータの産

業が死ななかったように、化石燃料エネルギー産業もなくならないのだ。事実上、エネルギー需要が拡大するにつれ、これらのインフラ整備のためこの産業は巨大な金を費やしているのである。

　　これらの理由などもあって、クリーンエネルギーを用いた将来を計画することは、依然としてクリーンな対話とはならない。いままでも、エネルギー政策は科学や技術のデータに基づくよりも、特定の利益・支援者団体により作られて来た。この分野ではかなりの量の科学やテクノロジー研究がなされて来ている。国連開発計画（United Nation Development Program）、スタンフォード大学、カリフォルニア工科大学（Caltech）、マサチューセッツ工科大学（MIT）、ドイツ航空宇宙研究所(German Aerospace Institute, DLR)、その他にも多くの組織が、エネルギーの科学と技術、そして未来のエネルギーについて研究してきた。しかしながら、ウォール街および農業や石油関連のロビイスト達の発言力は、「代替エネルギー」については科学団体よりも大きいのである。

　　そこで、これらの圧力団体があまりに強力で、現状を変えるのが困難で、現存するインフラを取り替えることも難しいと仮定してみよう。そして、化石燃料や原子力が依然今から４０年たっても１４テラワットを発電し続けていると仮定してみよう。つまり、既存の能力が増えも減りもしないでフラットであるということだ。それでも依然として　１６テラワットの新しいエネルギー能力が２０５０年までに必要なのだ。

　　１６テラワットの容量を用意するには、複数の電力源が必要である。しかし、各々どれだけ電力を作り出すことができるのだろうか。原子力の割合はどれだけなのか。風力、地熱、そして太陽光はどれだけなのか。

　　これらの質問に対し科学的研究が明らかな方向性を示している。つまり、太陽エネルギーがクリーンエネルギーの将来の最大の希望だということである。他の方法には太陽光に近いものすらない。

　　しかし、この選択をする前に、太陽エネルギーにまつわる神話を見ておこう。

> "これらの質問に対し科学的研究が明らかな方向性を示している。つまり、太陽エネルギーがクリーンエネルギーの将来の最大の希望だということである。他の方法には太陽光に近いものすらない。"

太陽エネルギーにまつわる神話

　化石燃料の圧力団体や政治を別にして、太陽光やクリーンエネルギーを導入する際の大きな障壁として理解不足が挙げられる。エネルギーや新しいクリーンエネルギー技術に関しては、排除したほうがよい神話が数多く存在する（化石燃料の圧力団体はこういうことには支援してくれない）。

　まず、世界で最大の電力消費国である米国について述べてみよう。２００７年、米国は約４兆キロワット時の電力を消費した。[42]ここには車を走らせ（石油）、料理や冬場の暖房に使うエネルギー（天然ガス）は含まれていない。

　しかし、アリゾナ州、ネバタ州、ニューメキシコ州、カリフォルニア州南部、テキサス州にある砂漠では、世界でも最高レベルの直射日光を得ることができる。カリフォルニア工科大学のデイビッド・ルトレッジ（David Rutledge）教授によると、都市から離れている砂漠地帯の１１６００平方マイルを利用すれば、米国での消費される電力の全てをまかなうことができるという。これは一辺１０８マイル（１７４キロ）だ。同教授はラスベガス南西部３５マイルに位置するアシオナ（Acciona）社が建設、運営をしている太陽熱発電プラントであるネバダソーラーワン（Nevada Solar One）が実際に作り出している電力量に基づき計算した。

　この１０８×１０８マイルの砂漠は年間を通し米国が必要とする電力を全て供給できる。メイン州からサンディエゴに至るまでの全ての電球、エアコン、電子オーブンを動かすことができる。シアトルからマイアミに亘って現在使われているすべての冷蔵庫、テレビ、ラップトップコンピュータを、米国南西部砂漠地帯の０.１％の面積の太陽熱発電でまかなうことができるのである。

　興味を持っていただけただろうか。

　私たちは文字通り、世界中のあらゆる場所で最も重要なエネルギー源を持っているにもかかわらず、その利点を生かせていないのだ。

ソーラーエネルギーに関する質問と回答

　　　私が国中を講演して回っていると、多くの面白い質問に出会うが、いくつかの感想や質問は繰り返されている。これらの感想や質問は、太陽光発電にまつわる神話と大変理解と分別のある関心事の両方がある。それらをここに載せてみよう。

　　　質問　多くの土地が必要ではないか？

　　　回答　確かにそうだ。しかし比較論ではそうでない。また、どこにその土地があるのか、何に使えるのか、環境問題はあるのか、ということも問題である。アメリカ合衆国下院によると、石油ガス産業は採掘のために、４，７５０万エーカー（７４，２１９平方マイル）の土地を土地管理局（Bureau of Land Management）からリースを受けている。また、それとは別に、沖合の４，４００万エーカー（６８，７５０平方マイル）の土地も借りている。[43]

つまり、石油ガス産業は１４３，０００平方マイルを米政府から借りていることになる。この土地はロスアンジェルス中心部のすぐ隣のサンタバーバラ海岸沖にあり、さらには環境的に破壊されやすい原始的なアラスカにもある（これには個人で所有したり、第三者から借りた土地は含まれていない）。これら全ての公共の土地や水

> "太陽光発電が必要とするのは、石油・ガス産業が全電力をまかなうために必要な土地の１０分の１以下である。"

域（１４３，０００平方マイル）が米国の石油消費の約３分の１を作り出すために使われているのだ。莫大な土地を使っているにも関わらず、今日の私たちは、３０年前よりも更に石油輸入への依存度を高めているし、バレルあたりの価格も遥かに高い。

　　　それに対し、太陽光発電が必要とするのは、石油・ガス産業が全電力をまかなうために必要な土地の１０分の１（正確には８．１％）以下である。太陽光であれば、サンタバーバラ沖やアラスカの原始的な地域を採掘する必要はない。更に、これらの数字は既存の技術を基として計算されている。太陽光のコスト及び効

率は毎年２０％ずつ向上しており、今後も続くことが予想されている。

質問　夜はどうするのか？

　　回答　日中作られた太陽光エネルギーを、単純なエネルギー貯蔵技術を用いて貯め、それを需要がピークとなる夜間に電気として放出することができる。この技術は「溶融塩エネルギー貯蔵法」と呼ばれ、天然に存在するナトリウムやカリウムの硝酸塩を利用し、夜間に熱エネルギーを貯めるのである（エネルギー貯蔵に関しては第８章に詳しく述べる）。
　　溶融塩エネルギー貯蔵法は、携帯電話でつかわれている電池サイクルとは逆のものだ。携帯電話の電池は夜に充電し日中に利用する。太陽は日中に溶融塩電池を充電し、プラントが夜に放出する。だから夜に携帯電話が充電できるのだ。
　　スペインのグラナダ近くにある５０メガワットのアンダソール１（Andasol-1）太陽熱発電プラントは、７．５時間の「電池」を持っている。これが午後の太陽からの熱を蓄積し、家族が帰宅し午後７時にエアコンにスイッチを入れ９時にテレビをみるときに電気を作り出す。アリゾナの２８０メガワットのソラナ（Solana）プラントにも７時間の溶融塩電池がある。スペインのジェマソーラー（Gemasolar）プラントには１５時間の溶融塩電池がある。
　　太陽に休みはない。おそらくジェマソーラーに世界最初の一日２４時間、週７日いつでも発電できる太陽熱発電プラントになるだろう。

質問　ニューヨークではどうするのか。フェニックスから長い道のりだが、送電線でほとんどの電力がなくなってしまわないか。

　　回答　この国の既存の送電線インフラはボロボロだ。これはエジソンの開発した電球をつけるため１世紀も前に作られた代物であり、いまやグーグルのウォールマートサイズのコンピュータデータセンターを稼動させなくてはならないのである。我々が世界レベルの産業・経済力を保つためには、新たなグリッドを建設する必要ある。しかしどうやって？

新しい送電技術がある。これは高電圧直流（HVDC）と呼ばれる技術で、６２０マイル（１０００キロメートル）でたった３％しか電力を失わない。このタイプの電線はすでに中国のスリー・ゴージダム（Three Gorge Dam）と上海および広東省の工業センターの間で使われている。広東省の場合は９７５キロ（６０６マイル）の距離にわたるもので、３２ヶ月かかって建設された。[44]（送電グリッドについての詳細は第９章参照）。

　フェニックスからニューヨークまでは３５００キロ（２２００マイル）あるが、これはアリゾナの太陽熱発電プラントからニューヨークの消費者に届くまで電線で失う電力はたったの１１％に過ぎないということだ。

質問　でもソーラーパネルは高いのでは。

　回答　太陽エネルギーを集め、太陽電池パネルを使わないで発電する一連の技術がある。これらの技術はまとめて太陽熱発電、または集光型太陽発電（Concentrating Solar Power　ＣＳＰ）と呼ばれている。ＣＳＰの集光器は鏡、スチール、セメント、アルミニウムでできており、あまりハイテクとはいえない。しかし、２１世紀型技術と洗練されたコンピュータソフトウエアによって、日中に太陽を追跡し、エネルギー効率を最大にする方法も使われている。ＣＳＰの発電部分は基本的に今のガスや石炭プラントと同じスチームタービンを使っている。そこには突出した技術開発は必要ないのである。

　１９９０年代初頭までの間、世界で作られてきた太陽発電の９０％が、太陽光電池（PV）パネルよりむしろ、砂漠地帯の集光型太陽発電（CSP）で作られている。このＣＳＰの割合は減少してきたし、太陽エネルギーの採用の多様性によりこれからも減少し続けるであろう。しかし、太陽発電の大部分が商業用スケールの太陽熱発電プラントになることはかなり可能性が高いであろう。

　太陽発電協会（Solar Electric Power Association, SEPA）によると、米国のトップ公益発電事業会社が、２００９年中ごろに７５２１メガワット相当の太陽発電プロジェクトとを発表するということだ。その中で太陽熱発電は５０４２ＭＷ（６７％）であるのに対して、太陽光電池パネルは２３７９ＭＷ（３３％）ほどになる。[45]確かにこの数字は国内における最大の公益発電事業会社

のものであって、多くの住宅や商業用の太陽光電池（PV）の設備は含まれていない。ここでのポイントは、メディアの太陽光に関する説明は、いままで太陽光電池（PV）に関するものに限定されていて、太陽発電全体ではなかった。集光型太陽熱発電は、これまでずっと、大衆の会話の中では無視され続けていたが、実際は太陽発電のエネルギーの主たるメカニズムなのである。特に、電力を比較的大きく動かせる公益発電事業会社のメカニズムであった。

図1.7　ＰＳ１Ｃのヘリオスタットフィールドは７５，０００平米（８０万平方フィート）の鏡で占められている。ＰＶのパネルは１枚もない。
（写真　トニー・セバ）

　　　質問　他のクリーンエネルギー源はどうなのか。風力、地熱、波力その他のエネルギー源はどうなのか。

　　　回答　よく聞いてくれた。今からそれを選ぶところだ。太陽光に関して多くの神話、嘘、誤解があるのと同じように、「再利用できる」、「持続可能性がある」、「クリーンな」エネルギーに関しては一層多くの神話、嘘、誤解が存在している。

　　次章で本当の選択肢を見てみよう。

「新しいことを先頭に立って始めることは、どんな挑戦をするより
も難しく、どんな行動をすることよりも危険で、どんな成功が見え
ないものよりも不確定である」

—ジーン・ジャクウ・ルソー(Jean-Jacques Rousseau)

「我々は月に行くことを決めた。それは容易であるからではなく難
しいからである。そのチャレンジをあえて受け入れたいからであ
り、先延ばしをしたくないからであり、それで勝利を収めたいから
である。」

—ジョン・F・ケネディ(John F. Kennedy)

「ある時代が暗いといわれるのは、光が射さないからではない。
人々がそれを見ようとしないからである。」

—ジェームス・ミヘナー(James Michener)

第二章

エネルギーの選択：再生可能で
クリーンな代替エネルギー

2009年7月8日付のウォールストリート
(Wall Street Journal, WSJ)紙に、金融市場と景気後退
についてのよくみられる、人を不安にさせるような(シュトルム・ウ
ント・ドラング風の)記事が掲載されていた。WSJ紙ではよく民
主党政府の財政支出に関する批判的な記事を掲載するのだが、
ここで槍玉に上がっているのはコスト削減―特にオバマ政権が
石油と天然ガスの採掘に19億ドルの補助金を支出していること
について異論を唱えている。補助金自体は、補助される産業が必
要で大事なものであれば特に問題はないし、特に新しいことでは
ない。

　ところが、同紙の４ページ目にある６段の記事「ウッドペレットが再生可能資源として注目を浴びる」に目がとまった。[46]ええっ、ウッドペレット？

　ウッドペレットを作るためには、木は「破砕機で砕かれ、乾燥された後ハンマーで粉末化され、最後に高圧でペレット状に固められる」と記されている。ベトナム、南アフリカ、アルゼンチンなどの国はウッドペットを輸出しており、ペレットはアムステルダムエネルギー市場において取引されるグローバルな商品となっている。[47]

　一体いつから森林伐採が「再生可能」なこととして認められるようになったのだろう？ブラジルやインドネシア、マレーシアにある熱帯雨林を全部伐採したら何が起こるのだろうか？それは自分で「再生する」のだろうか？アマゾンは再生可能なのだろうか？太平洋岸北西部は再生可能だろうか？「再生可能エネルギー」とは一体何だろう？　この言葉は、定義のはっきりした言葉のようにやりとりされている。実際のところ、この言葉は、更なる政府援助や税制優遇、有利な法律、取り決め、規制などをクライアント企業のために引き出そうとしているロビイストや利益集団のマーケティング部門が決めた言葉のように思うことが多い。

　あるエネルギー源は、「汚い」石油資源よりももっと多くの二酸化炭素を排出したり、より多くの原料資源を消費しているというのに、「再生可能」なエネルギー振興のための補助金を受けている。また、汚い化石燃料産業界が、これから１０年か２０年後にほんの少しの、本当に僅かな環境浄化を約束すれば、何十億ドルもの資金援助を受けることができているように見える。なんということだ。

　しかし、ノーベル物理学賞受賞者のリチャード・フェインマン（Richard Fyenman）が言ったように、「自分自身をだますことはできても、自然をだますことはできない」のである。

　石炭あるいは原子力発電所の寿命は４０年程度とされている。つまり今存在している石炭あるいは原子力発電所は我々と共に４０年間共存するわけである。もっと長いかもしれない。我々の子供や孫は、今我々の下す選択の結果を背負って生きていくことになる。そして、エネルギーは地球規模の影響を与えうる地球規模の産業なのである。今日中国でスタートした石炭発電所が、サンフランシスコやシドニーで過ごす子供達に影響を与えるので

ある。テキサスやブラジルに住む子供達は、エタノールを製造するため我々がアメリカ西部やアマゾン川流域で何百万エーカーものとうもろこし栽培を始めた、という我々の決断の結果を受けて生きてゆかねばならないのである。

　我々が社会としてある種の決断をするためには、これから４０年後、西暦２０５０年、の世界のエネルギー地図を明確にしなければならない。この章はそこから始まるのである。

　このシナリオをはじめるために、著者は米国の最新の科学的情報を集めた。そして米国のトップの大学や研究機関が作ったモデルやデータや研究成果を使用した。代表的なものを以下にあげる。

- 世界的なエネルギー研究者であるカリフォルニア工科大学（Caltech）のネーザン・ルイス（Nathan Lewis）教授とMITのダニー・ノセラ(Danie Nocera)教授が作った決断の枠組、

- スタンフォードのマーク・ジェイコブソン（Mark Jacobson）教授の研究、

- ドイツ航空宇宙センターのフランツ・トリーブ(Franz Trieb)博士およびデザーテック(Desertech)のゲルハルト・ニース(Gerhard Knies)博士などが開発したモデル、

- 米国エネルギー省が数十年に亘って収集したデーター。

　著者はクリーンエネルギー選択のための簡単な決断モデルを作った。それは単純な「大きな課題」から始まり、各潜在エネルギー源のチェックリストについて３つの基準を作ることから成っている。

大きな課題

　この章における「大きな課題」とは、「２０５０年までに１６テラワットというエネルギーを現実的に付け加えることができるクリーンエネルギー源とは何であるか」ということである。ここで

少し、エネルギー単位のことを話しておきたい。１ワットとは１アンペアの電流を１ボルトの電圧で流したときに生成される電力である。桁を上げて行くと下記のようになる。

単位	量	略記号
キロワット	１千(10^3)ワット	kW
メガワット	１百万(10^6)ワット	MW
ギガワット	10億(10^9)ワット	GW
テラワット	1兆(10^{12})ワット	TW

　　２０５０年には世界全体で２８から３５テラワットのエネルギー需要があるとされている―現在の需要の約１４テラワットからの増加である。言い換えると２８兆と３５兆ワットの間となる。

　このエネルギー需要予測には、世界中で省エネルギー技術開発と投資が行われているという状況が織り込まれている。精密な予測をしようとすると前提条件次第で、変動要素が大きくなるため結論を導き出すことが非常に難しくなる。エネルギー需要予測についても同様である。例えば、今後我々が、どんな具合に人類の食を満たし、何を買い、何を節約した生活をするのかといったことが重要な変動要素となる。エネルギーの効率的利用をまったく考えなければ、２０５０年のエネルギー需要はなんと１０２テラワットとなる―そんな量は現在知られているエネルギー源をどんな風に組み合わせても持続的に供給することはかなわない。

　本書ではクリーンエネルギー源として何を選択するのがよいかを解き明かすための最もシンプルな方法を試みた。けっして第Ｎ桁まで一致させようという精密さは求めていない。現在利用可能な科学技術情報は現実的選択をするうえで客観性の高いものであり、それらの中から、以下に示す仮定を抽出した。

- 将来の世界需要として３０テラワット（２８～３５テラワットの中間値）を設定する。今後４０年間は石油、天然ガス、石炭などの化石燃料が枯渇することはないとする。

- 現在のエネルギー産業（石油、石炭、天然ガスといった化石

燃料や原子力や水力を一部含む)は、その規模(現在6～
7兆ドル)を維持する。

- つまり、最初の14テラワット分は、現在のエネルギー生
産、すなわち石油、石炭、天然ガス、原子力、水力の組み合
わせによってもたらされる。

- これから増加するエネルギー需要はクリーンエネルギーに
よってもたらされるとする。つまり、石油、石炭、天然ガスを
使った発電所は新設されたとしても、現在ある同規模の発
電施設を置き換えるに過ぎないということである。

- ということは、今後40年間に開発される地球が必要とす
るエネルギー能力の16テラワットは、クリーンエネルギ
ーで賄わなければならない。

　上記のいずれのポイントも私が好むシナリオを皆さんに押
し付けようとするものではない。これはよりよい議論をするための
出発点に過ぎない。もっと正確な計算方法は後に示すこととする。

本当のコストを計算する：
ただ乗りと「外部要因」

　コスト計算においてキイとなる問題は、いわゆる「ただ乗
り」問題である。
　我々の社会は、もっとも貴重な資源のひとつである空気や
水に対して値段設定や保護を行なってこなかった。その結果、多
くの企業や産業が、空気や水は「ただ」のものだと仮定して利用し
てきた。我々の大気は「ただ」の排気口であった。だから工業全体
が炭酸ガスや窒素酸化物といった毒性物質を、あたかも永久にコ
ストを払わずにできるものとして大気中に放出してきた。経済学
者はこれらを「外部要因」環境コストとしてそのままの形で取り扱
ってきた。
　私たちの森林もまた基本的に「ただ」である。ウッドペレット
が欲しければ、ブルドーザーをアマゾンの森林にもって行き、木

を切り倒せばよい。エタノールを作るのに何１０億立方メートル
もの水が必要なら、オガララ帯水層（Ogallala Aquifier）の水を「
ただ」で使うことができる。帯水層の上にある土地を買えば、その
下にある新鮮な水は無料でついてくる。アマゾン川も「ただ」なの
だ。必要なら水をくみ出せばよい。水銀を処理したいなら、川に棄
てればよい。森林や水、空気、その他の資源は我々の社会が所有
しているのに、彼らはエネルギーコストを計算するときにそれを
取り入れていない。

　　　水がなくなるにつれて、この計算方法は変わり始めている。
何年もの間水飢饉が起こっている南オーストラリアやこの本を書
いている現在それが起こっているテキサスを見るとよい。水は突
如として貴重な資源となるのである。（第８章を参照）

　　　あなたが水のことをどう思うかは別にしても、極めて明快な
ことは、社会の資源に「ただ乗り」するのはいつまでも続くことでは
ない、ということである。例えば、バイオエネルギーの生産のため
に大量の水を使うことは、結局、水危機を引き起こすことになる。
**それは起こるかどうかということではなく、いつ起こるかということ
である。**有害物質の大気中への排出については大気汚染規制や
気候変動に関する著述に多くの記載があるので、ここでは再度触
れない。これら文献が私どもに伝えていることは、炭酸ガス、メタ
ン、窒素酸化物、硫黄酸化物、その他汚染物の排気場所として大
気を使い過ぎており、それがすでに我々に害を与えているという
ことである。

　　　このようなやりかたをいつまでも行うことはできない。短期
間の近道は許されるかもしれないが、長期的には自然を欺くこと
はできない。

クリーンで持続可能なエネルギーのための
３つの基準チェックリスト

　　　何が適切なクリーンエネルギー源であるかを考えるため
に、可能性のあるそれぞれのエネルギー源を３つの基準を使っ
て検証した。

1. このエネルギー源はクリーンで持続可能か？

クリーンの意味は、そのエネルギー源が副産物として大気中に炭酸ガス、窒素酸化物、硫黄酸化物などのような大気汚染をもたらすものを排出せず、私たちの土地や川を汚染する石炭灰、水銀、プルトニウム、トリウムのような固体廃棄物を出さず、もしくは未来の世代が浄化せざるを得ないような埋め立てをしないことである。経済学者の言葉で言うと、公害の著しい「外部要因」を生み出さないというである。持続可能の意味は、過去何百年もの間人類がやってきたことをやり続けることができるということである。期間は５００年でも１０００年かまわない。これから５００年もの間、これまでと同じように石油をくみ上げ、石炭を掘り続け、環境を汚染し続けるといった行為を我々は継続できるだろうか？バイオ燃料の製造のために、５００年間も継続して水を使うことができるだろうか？もしも答えがノーであれば、それは持続性がないことを意味する。では、これから５００年もの間、太陽は輝き続け、風は吹き続けるだろうか？それは信じるべきであろう。

2. このエネルギー源は拡大可能か？

対象となるエネルギー源は**テラワット級の能力にスケールアップできるものであり、年間数テラワット時の生産ができる**ものでなければならない。さらに基準１に示したように、クリーンかつ持続可能なエネルギー生成が必須である。過剰な資源消費をせず、「外部要因」を産まない、すなわち、水、空気、森林や農耕地といった社会資源にただ乗りしないことも必要である。

3. このエネルギー源は経済的に成立するか？

もし、ある資源を使って新たな発電所建設を計画したときに、それが経済的に成立するであろうか。そのエネルギー源が（原子力のような）成熟した産業であっても、それは今

日経済的に成立するであろうか？もし、それが（風力や太陽光のような）黎明期の産業であれば、それらが成熟産業となった時に経済的に成立するようになるであろうか？ここにいう経済的に成立するかどうかということは、「外部要因」をすべてコストに組み込み、政府の財政補助や法律・法令・規制上の優遇措置を受けず、会計上の特別な処置を受けないことを仮定している。外部要因としては、完全な人件費、汚染にかかわるコスト、さらにこれまで産業界が支払ってこなかった社会的、環境的コストを含む。現在、電力産業において知られる主要な経済的成立可能性の主要な指標に、平準化電力コスト（Levelized Cost of Electricity, LCOE）がある。これは、電力生産の会計上のコストである。このコストには、装置やサービス（電力設備の運行や保守等）のみならず、資本のコストや利息に加え、もちろん**燃料**コストも含んでいる。

　これら3つの基準が与えられたら、ほとんどすべてのエネルギー関連問題に対する答えはこの「大きな課題」に対する答えから自然に導き出されるであろう。例えば、

- クリーンエネルギーに関する研究開発費用は現在どのように配分されているか？

- どのクリーンエネルギー産業を支持するべきなのか？

- 自分（あるいは大学生の子供は）はどのクリーンエネルギー産業に従事したらよいか？

- 国はバイオ燃料、風力発電、それとも地熱発電、太陽発電、のどれに投資すべきなのか？

- **自分**が起業家として臨むなら、一体どこに注目すればよいか？どこに投資すればよいか？

　候補となるエネルギー源として、本書では以下のものを挙げ検討することとする。

1. 風力
2. 地熱
3. 水力
4. バイオ燃料
5. 「グリーン」原子
6. 「クリーン」石炭
7. 太陽光

　１６テラワット分のエネルギー総量を１枚のパイに見立てたら、それぞれのエネルギー源をどんな風に当てはめることができるだろうか。これからその数字を検討してみよう。

選択肢１　風力エネルギー

　風は安価で無尽蔵、そしてクリーンである。

　各国の年間エネルギー生産に占める風力の割合は、２００７年時点で、デンマークの約２０％を筆頭に、スペイン１０％弱、ドイツ約７％と続く。[48]現在（２００９年）、風力発電総量は世界総計で１２１ギガワットに達しており、年間約２５％の増加を続けている。[49]
　風力を「世界的なエネルギー源」とするすべての要因は揃っている。クリーンなエネルギー源であり、年々安くなっており、確立された技術であり、最も重要なことは政府や自治体からの援助・補助があるからである。政府、ＮＧＯ、教育や研究機関や銀行などは風力をよく理解しており、風力を重要なエネルギー源にするという考えを取り入れている。
　ヨーロッパ諸国が１９９０年初頭以来、風力発電の技術開発とその配置に大きくコミットしてきたことにより、風力発電コストは着々と減少してきている。

風力-世界の合計装置能力(MW)

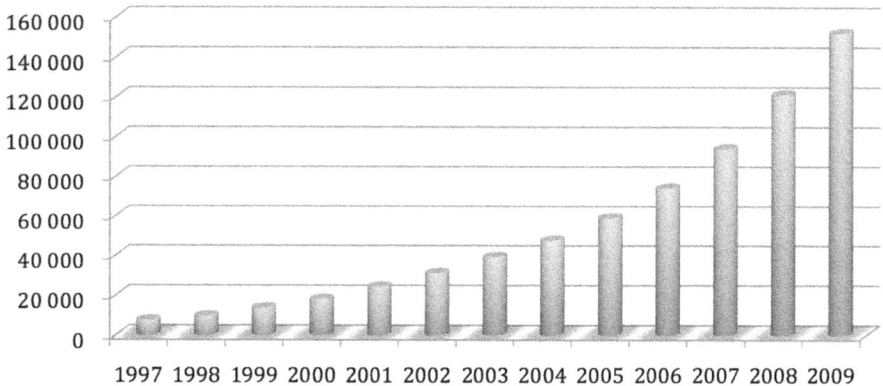

図２.１　世界の風力エネルギー能力とその成長予想
（引用文献　World Wind Energy Association）

チェックリスト　風力はクリーンか？

　　風力発電は文字通り極めてクリーンであり、そのことに異論を唱える人は誰もいない。炭酸ガスも放射能も石炭灰も、いかなる形の有害物質も排出しない。さらにエネルギー生産に全く水を使う必要がない。

　　風力発電にまつわる主たる苦情は、ブレードから発生する騒音、そしてそのブレードによって鳥が死ぬこと、また、とくに発電に最適の場所である崖や丘の上にあるので、不体裁な風力発電施設の外観がある。

　　しかし、考えてみよう。風力発電は鳥を救うだけではなくて人の生命をも救ってもいるのである。スタンフォード大学のマーク・ジャコブソン（Mark Jacobson）教授はこう述べている。「世界中のエネルギーが風力で賄われたと仮定しても、風力発電で犠牲となる鳥の数は、アメリカの通信塔で失われる年間５千万羽の中の１５％以下程度に過ぎない。むしろ、化石燃料の消費を減らすことによって８０万人もの人の生命が救われることに注目すべきだ」[50]

チェックリスト　風力は経済的に見合うか？

　　風力発電により生産された電力は現在供給可能な電力の中でも最安価な部類に入る。

　　そのコストはキロワット時あたり５セントを下回るレベルにまで達しており、天然ガス発電のそれよりも安く、石炭発電のコストにほぼ匹敵する。もちろん、コストはタービンの大きさや風速、能力（１日の稼動時間など）等、様々な要素に依存している。しかし風力発電はコストの面ではうまくできており、クリーンエネルギーの世界では最大の経済的な成功物語となっている。

チェックリスト　風力は拡張可能か？

　　世界風力エネルギー協会の推算によると、２０２０年までに合計１．５テラワットの風力発電施設が設置される予定になっている。[51] ２０５０年までこの勢いで風力発電は伸びていくだろうか。データから見ると、風力から得られるエネルギーには上限があるようだ。まず最初に、風力発電の初歩知識から始めよう。

　　あなたが風車や風力発電施設を作ろうと考えたらどうするだろうか？まず、専門家を呼び寄せ、予定地の「風力クラス」、「風力密度」を調べてもらうことになる。風力は、一定の地上高でどのくらいの速度で風が吹くのかにより７つのクラスに分けられる。この風力クラスを用いることで、風力密度（ワット／平方メートル（W/m²））を計算することができる。

　　現在はクラス４以上の風が大規模風力発電施設設置に必要とされている。クラス４は最低地上高１０メートル（約３０フィート）の位置で年間平均５．６〜６．０メートル／秒（１２．５〜１３．４マイル／時）の風を指す。この風力では４００〜５００ワット／平方米の電力生産が可能である。近年では、クラス３（地上高１０メートル以上の位置で、５．１メートル／秒（１２マイル／時））でも風亘を稼動させることができるようになってきた。[52]

　　クラス３もしくはそれ以上のすべての場所に風力発電施設を設置したとすると、（送電ロスを考慮にいれなければ）２．１テラワットのエネルギーを賄うことができると、カリフォルニア工科大学のネーザン・ルイス（Nathan Lewis）教授とMITのダニエル・ノ

セラ(Daniel Nocera)教授は試算している。このように、テラワット
級のエネルギー生産を行うことができることから、クリーンエネル
ギーとして勘定にいれることができる。

　　　ただ、この２．１テラワットは理論限界であることに注意す
ることが必要である。現実には発電所から送電される間に起こる
電力ロスがあり、これよりは少ないエネルギー生産にとどまる。

　　　技術開発の余地としては高高度での風力発電の可能性が
ある。高高度に行けばいくほど風は強くなるため、常に高い位置
に風車を作り、より強い風を掴まえて発電量を高めることができ
るはずである。

　　　現在、大規模な風車施設は、そのような考え方に則って製
造されている。先進的な２．５メガワット級風力発電設備は地上
高８０メートル（２４０フィート）と、自由の女神像よりも５０％ほ
ど高い。ブレード長は４８．７メートル（１５０フィート）とボーイ
ング７４７―４００の翼長よりも大きく、内部には十分な容量の
二人乗りエレベーターを備える。[53]

　　　しかし、ブレード長が大きくなるに従い、風車を回すための
場所が大きくなる。前述した２．５メガワットの風車施設を稼動さ
せるには７，８４５平方メートル（1.94エーカー）を必要とし、実
際には付帯設備を含めそれ以上の土地を確保しなければならな
い。風力発電密度を高めるのはもはや難しいレベルにある。

　　　これまでの議論をまとめると、風力発電は安価でクリーン、
そして、**理論的には**２．１テラワットまで拡張可能である。風力を
クリーンエネルギーのひとつとして位置づけることは可能である。

選択肢２　　地熱発電

　　　地熱エネルギーは地殻内部の火山活動（溶岩や半溶岩の
隆起したところ）から発する熱により、地下で水を水蒸気に過熱さ
せることで得られる。アイスランドやニュージーランド、そしてカリ
フォルニア州といった「ホットスポット」が有名である。

　　　２００６年、アイスランドでは電力需要の２６％、暖房と湯
の総需要の８７％は、地熱エネルギーによって賄われている。[54]
世界最大の地熱発電複合施設は、サンフランシスコから北７２マ
イルのところにある。ここはカルパイン（Calpine）社の所有であり、

３０平方マイルの敷地内に２２の発電設備を持つ複合施設で、
７２５ＭＷとサンフランシスコ級の都市を賄うには十分な電力を
生み出すことができる。[55]

　　地熱エネルギーは、「再生可能」エネルギー関係者の中で
希望の星とされ、その証拠に政府や投資家からの大きな支援を
受けている。クリーンエネルギー社会を創造しようとするにあた
り、地熱エネルギーはその席が約束されているように見えるが、
その席はどのくらいの大きさなのか？それを検証してみたい。

チェックリスト　地熱はクリーンか？

　　カルパイン社は１９６０年の１１ＭＷ級の地熱発電開始
以降稼動を続け、現在６０倍以上の規模となっている。電力設備
運営にあたって地熱は、「基本負荷」を賄うことができるという理
由もあり好感される。施設運営の点で「制御可能」で常時利用可
能なエネルギー源であることが必須であり、カルパイン社の場合
は、全体の９７％がそうした制御可能な電力である。

　　一方で、地熱エネルギーは「持続可能」ではないという側面
もある。石油同様、地下にある水資源は無尽蔵というわけではな
いからである。カルパイン社の間欠泉は、実際いくつかが枯れは
じめており、「もっとたくさんの量をくみ出す」ために新たな技術開
発を必要としていた。

　　結局、石油産業での技術知見を活用し、地面に穴をあけ、
水を注入することで克服したのである。地中に注入した水は水蒸
気に過熱され、蒸気が別のパイプを通じて取り出され、タービン
を回し発電が行われた。カルパイン社は工夫して、新鮮な水の代
わりにソノマ近郊の町から出る「再処理水」を使うことにした。今で
も地熱エネルギーを担う水を地中から得ることはできないのであ
る。

　　地熱エネルギーのもうひとつの潜在的問題点は、水銀のよ
うな毒性金属を含有した水蒸気が排出する可能性である。これら
の有害金属を適切に処理できなければ、深刻な環境破壊を引き
起こすことになる。しかし、ＭＩＴの「地熱エネルギーの将来」とい
うレポート[56]において、「地下流体に含まれるなんらかの物質が地

上に持ち込まれることにより、地上施設や周辺環境において汚染物質となる可能性は現実的にはない」ことが示されている。

　また、水蒸気に含有される炭酸ガスが表出することになるが、たいした量にはならない。「地熱発電によって発生する炭酸ガス量はクリーンとされている天然ガス発電の１／６に過ぎず、窒素酸化物や硫黄酸化物にいたっては微々たるものでしかない[57]」と言われている。「閉鎖系」での運行が可能となれば本質的にはなんら余剰物質を排出することはない。

　どうやら、地熱エネルギーは『クリーン』と言えそうである。

チェックリスト：地熱エネルギーは経済的に見合うか？

　アメリカエネルギー省の地熱エネルギープログラムによると、カルパイン（Calpine）社は電力を３〜５￠/kWh[58]で販売している。アラメダ地域電力公社（Alameda Municipal Power Company）によると、地熱発電コストは５〜８￠/kWh[59]で、石炭発電や天然ガス発電とほぼ同じ水準にある。

　地熱発電新設時のコストは規模にもよるが、＄２．５０〜＄５／ワット（ソーラーサーマルの場合で＄４〜＄６、原子力の場合で＄８〜＄１２）といわれている。

チェックリスト：地熱エネルギーは拡張可能か？

　「地熱エネルギーの将来」と題したＭＩＴの研究（２００６年）では、米国において２０５０年までに０．１ＴＷの地熱発電設備を作ることができる、と結論付けている。[60]

　この数字は期待に比べて随分と小さい。地球の大部分は煮えたぎった釜のようなもので、周りに薄い地表と水、そしてそれらよりもずっと薄っぺらい酸素と窒素の層があるにすぎず、そんな高温の釜を使って新たな地熱エネルギーを開発できないのだろうか。

　拡張地熱発電システム（Enhanced Geothermal Systems, EGS）と呼ばれる技術が注目されている。元々は、石油採掘のため地中数マイルにもわたって掘削するために開発された技術がベ

ースとなっている。ＥＧＳは従来の地熱発電と異なり、高温の岩盤に裂目を誘起することを特徴とする。高温岩盤帯に水を外から注入すると、裂目が発生し、水が過熱され、大量の水蒸気を得ることができるのである。この水蒸気を用いてタービンを回し、電力を得ようとするもので、間欠泉と同じ原理である。

　　ＥＧＳにより風力並の大きさのエネルギーを作り出すことが出来るとする推進派もいるが、実際には大きな問題がある。地下深部にある高温岩盤に裂目を誘起するということは、本質的には地震を誘起することと変わらない。不安定な地震多発地帯、例えばサンフランシスコベイエリアのようなところに住む人が感じる不安を、世界に広げることになる。

　　ネーザン・ルイス教授により、地球上の全ての陸塊で数平方フィートの土地に、１５Ｋｍ（９マイル）の深さを持つ地熱エネルギー取り出しパイプを埋設したら、総計１１ＴＷのエネルギー取り出しができることが示されている。この推算は全くロスのない熱サイクルエンジンを前提としており、さらには地熱発電以外には、家も、工場も、学校も何もない状態を前提としている。[61]

　　単純に考えれば、地熱エネルギーは冬季の暖房と夏期の冷房、すなわちヒートポンプとして利用することができるので、省エネルギーデバイスとしての価値も持っている。

　　結局のところ、現在知る限りの内容では、地熱エネルギーは拡張可能であるとはいえない。２０５０年時点で、アメリカ国内で０．１ＴＷ、世界全体で０．１５ＴＷに到達するのがせいぜいとされる。ＥＧＳのような新技術によるテラワット級のエネルギー製造が可能か？現時点ではなんとも結論つけることはできない。

選択肢３　水力

　　水とエネルギーとの間には第７章で後ほど述べるように、長い歴史がある。古代エジプトやギリシャでは、水車で小麦を挽き、小麦粉を作っている。古代ローマでは、何キロメートルも離れた場所へと水を運ぶため、川の水流を動力とする外輪によって、水を汲み上げ供給するシステムを作り上げている。[62]

　　近代的な水力発電が始まったのは１８９６年にさかのぼる。電力界の天才ニコラ・テスラ（Nikola Tesla）はナイアガラの滝の水が持つ落下エネルギーを電力に変換することを思いつき、歴史上最高の工学の成果を完成させた。やがて、それはダム建設ブームへと繋がった。

　　２００６年には水力発電はアメリカ全土の発電量のうち７％を占めるに至っている。

チェックリスト：水力発電はクリーンか？

　　水力発電用ダムを最初に建設する時、我々が知らない重大な環境破壊が起こり得る。ニューサイエンティスト（New Scientist）誌の記事[63]にこのようにまとめられている。「ダムに水が貯められ、元々の土地にあった植物が（水中で）腐敗し始めると、大量の炭素が放出されることになる。最初の腐敗が起こった後、ダム湖底に沈殿した植物は微量酸素下で腐敗を開始し、最終的には溶解性メタンを生成する。ダムの水が水力発電タービン中を通過する際に、溶存メタンが大気中に放散される。」しかし、確かに石炭発電で数百万トンに昇る温室効果ガスが発生するのに比べれば、ごく微量ではある。

　　水力発電施設は下流の自然環境を恒久的に変化させることになる。例えば上流側の沈殿物がダムで堰き止められ、建造前には供給されていた栄養分が下流の動物や植物に届かなくなる。川の流れによって得られていた栄養分が供給されなくなったために、農業生産においては、新たに合成肥料を必要とする可能性がある。肥料の需要増は製造のための化石燃料使用（天然ガスなど）を促すことになる。また、堰き止められたことで発生する沈泥はダム水流の妨げとなる。

　　これまでの議論から、水力発電は総じてクリーンといえるとしたいと考える。ただ、環境上の連鎖的変化や人の生活権などの問題が発生することを理解しなければならない。

チェックリスト：水力エネルギーは経済的に成り立つか？

水力発電コストは発電所の規模に依存し、いくつかの仮説の下に算出することができる。ハワイにある比較的小さな６つの水力発電施設を調べたところ、ＬＯＣは５.８￠/ｋＷｈ〜８.６￠/ｋＷｈであったという調査結果が報告されている。[64]

エネルギー情報協会（Energy Information Administration, EIA）の調査によると、２０１６年稼動予定の新しい水力発電所の電力平準化コストは、送電にかかわるコストも含め、１１.４￠/ｋＷｈ程度であると見積もられている。[65]予測するよりも随分と高コストであると感じられるのではないだろうか。実は、もう「安い」水力エネルギーの時代は終わっている。これから、その理由を検証していく。

まず、最も重大な問題は、生活者の移住が必要となることである。２０世紀中、水力発電所建設に伴って移住を余儀なくされた人の数は、４千万〜８千万人と推算されている。移住者の殆どが、移住前と同水準の生活環境を取り戻せていないといわれる。[66]

> "２０世紀中、水力発電所建設に伴って移住を余儀なくされた人の数は、４千万〜８千万人と推算されている。"

こうした「負の外部要因」は本当のコストであるにも関わらず、電力のコストには反映されていない。それはこういうコストは公共社会（あるいは公共社会の一部）が負担するものとされているからである。悲しいことに、住民の移住は水力発電所建設時には「外部要因」とみなされているのである。このダムの経理担当者は、発電コスト計算の際に、ダムと発電所への投資額は用いるが、何百万人にも上る生活者の転居・移住に伴うコストをどう計算することができようか。さらには移住に伴って住民が失うもの、その人たちの歴史や持ち物をどう計算することができようか。２１世紀に入り、こうした何百万人もの移住を強いるという人為的コストを負ってまで水力発電所建設を推進できる自治体や国は殆どないだろう。

ただ、水力発電ダムは平準化電力コスト以外に、別の社会的利益をもたらしていることには注目してよかろう。ダムは水を貯蔵することができるからである。灌漑用水、生活用水、工業用水など水の供給源、そして治水という防災機能である。

チェックリスト：水力発電所は拡張可能か？

　　アメリカ地質情報局（United States Geological Service,
USGS）の調査によると、「もはや水力発電所設置に適した場所は
殆ど残っていない[67]」といわれている。

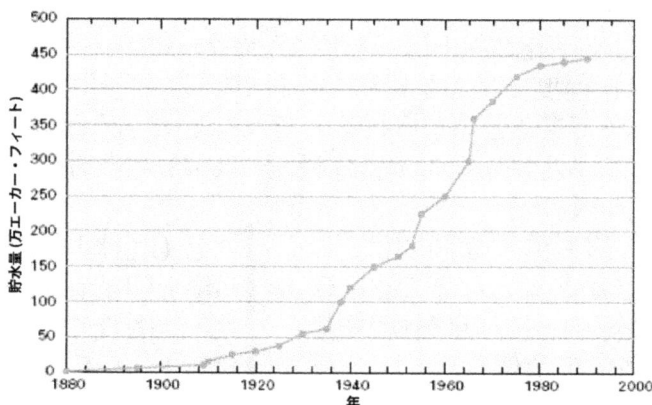

図2.2　米国におけるダムの建設（引用文献ＵＳＧＳ[68]）

　　２０世紀中の水力発電所建設には下記の促進要因があっ
た。

- 比較的取り掛かるに「簡単な」河川が存在した。

- 政府や世界銀行のようなＮＧＯによる強力な政治的推進
  力が働いた。

- 政府やＮＧＯからの融資が比較的簡単であった。

- 地権、水利権の接収やダム建設にとって寛容な法制度が施
  行された。

- 水力発電施設建設に伴う、人・産業・資産の移動が比較的
  小さかった。

- 何百万もの人の移住をやむなしとする寛容な世論があっ
  た。

- 環境への影響（あるいはそれに対するケア）に関する知識

不足があった。

- 水力発電に代わるギガワットクラスの発電施設候補が殆どなかった。

　取り掛かりが「簡単な」河川の存在や、上記の促進要因中での１世紀にわたるすさまじい建設ラッシュの後、世界で作られた能力はわずか０．７ＴＷであった。

　こうした促進要因が全く期待できない状況下でこれから世界はどのくらいの水力発電能力を作れるだろうか。エネルギー効率が低いと予想される河川で、住民や産業やエコシステムの移動・移設に伴う高いコストをかけ、しかも世界銀行や国際開発機関からの低利融資を受けることも期待できない状況で、何を建設できるというのだろう。これまで理想的な条件の下に１世紀の間に作ってきたものを、理想的ではない条件の下で今後４０年間で作ることができるだろうか。

　カリフォルニア工科大学のネーザン・ルイス教授によると、世界中の河川を使った水力発電総量は３ＴＷと見積もられているが、この中にはボストンのチャールズ川やパリのセーヌ川も含まれている。「技術的に設置可能な」水力発電能力は世界全体で１．５ＴＷくらいと考えられる。

　しかし、２０世紀にあった促進要因はもうみあたらない。取り掛かりが「簡単な」川は残っていない。政府が推進したいと思っても、社会がダム建設に伴う数百万人規模の移住を認めるような状況にはない。たとえ建設を進めたとしても、その発電所は経済的に成り立たないだろう。

　では、２１世紀において２０世紀の半分の量、０．３５ＴＷ分を作ることができるであろうか。ここでの話を進めるために、０．３５ＴＷを作るとしておこう。私はこれさえも疑問だと思っている。容易な水力発電の時代は終焉したのである。

選択肢４　バイオエネルギー

　自動車や商業や産業を動かす（化石）エネルギーがなくなるにつれて、工業的スケールでバイオエネルギーを使って燃料を

製造しようとする試みが唱導されている。エタノールに代表される
バイオ燃料やウッドペレット等のバイオマスは「再生可能」エネル
ギーとして、そして石油や石炭を置き換えてエネルギー自立を達
成する切り札として、各国政府によって支援されてきた。
　　　バイオエネルギーは太陽エネルギーの一形態ともいえる。
太陽電池によって太陽エネルギーが電気に変換されるのと同様
に、植物によって太陽エネルギーがバイオマスに変換されて、エ
ネルギーを産生するのである。
　　　では、バイオエネルギーは本当にクリーンか、そして拡張可
能なのかをこれから検証してみたい。

チェックリスト　バイオ燃料やバイオマスはクリーンか？

　　　バイオマスやバイオ燃料は太陽光をエネルギーに変換す
る非効率でありかつ汚い方法である。とうもろこし由来のエタノー
ルはアメリカ人が最も好むバイオ燃料だが、ガソリンよりもずっと
環境を汚染するといわれる。
　　　サイエンス誌によると、土地の使い方が変わることを考慮
すると、エタノールは炭酸ガスを少なくしないばかりかそれを２
倍にするという。[69]バイオ燃料はガソリンに比べると１マイル当た
り９０％多い炭酸ガスを排出するのである。
　　　サイエンティフィックアメリカ（Scientific American）誌によ
ると、作物の灌漑からバイオガスの給油ステーションまでを含め
たバイオ燃料の製造ライフサイクル全体にかかる水の量を計算
すると、同一距離だけ車を走らせるガソリンを生産するのに比べ
て２０倍の水を使うといわれる。[70]加えて、バイオ燃料生産に伴う
土地の浸食や森林破壊と農薬や肥料の流出のような新たな環境
汚染問題もある。
　　　では、バイオ燃料の効率を上げる方法としてのセルロール
由来のエタノール開発の状況はどうだろうか？バイオ燃料推進派
は、とうもろこしよりもスイッチグラスのほうがずっと効率よくエタ
ノールを製造できるとしている。確かにスイッチグラスはとうもろ
こしよりも生産効率は高いが、依然としてエネルギー効率のメカ
ニズムが悪いことには変わりない。そして、製造ライフサイクルを
勘案すると、炭酸ガス排出量はガソリンよりも５０％多いのであ

る。[71]また、スイッチグラス由来エタノールの製造では、気候変動誘起物質である硫黄酸化物や窒素酸化物を生成することも懸念である。さらに、スイッチグラスを生産するには、もちろん大量の水、肥料、農薬を必要とし、ガソリンも大量に消費する。

　そもそも、バイオ燃料を利用する問題は、生物学的アプローチが本質的にエネルギー生産上、非効率であることにある。植物が太陽エネルギーをバイオマスに変換する効率は、年間ベースで見て、せいぜい０．３％かそれ以下である。その上、太陽光をエネルギーに変換するためには、植物は水や土壌、そして肥料などの栄養分を必要とする。それに比べて、太陽電池パネルを使えば、

> 「植物が太陽エネルギーをバイオマスに変換する効率は０．３％である。太陽電池パネルを使えば、１４％を電力に変換することができ、水も肥料も農薬も必要ない。ソーラーＣＳＰによって８０％程度にまで高まる。」

太陽光の１４〜１５％を電力に変換することができ（バイオ的手法の５０倍の効率！）、水も肥料も農薬も、貴重な農業用地すらも必要ない。さらにその効率は急速に改良されている。ソーラーＣＳＰ（集光式太陽発電）によって現在でも３０％程度の変換効率を達成できており、熱を含む、より総合的な方法をとれば、８０％程度にまで高まると言われている。

　生物はエネルギー消費に向いており、エネルギー生産には向いていないのである。それほど単純な話である。

　植物や藻類をエネルギー産生に向いたものへと改良することはできるだろうか？確かにできる。しかし遺伝子組み換え食物の歴史が教えるところによると、バイオ工学的に改良された植物は、一桁多くの水、肥料、農薬を製造過程で必要とするのである。より多くの汚染を進めているに過ぎない。

チェックリスト　バイオエネルギーは経済的に成り立つか？

　ここまで植物によるエネルギー産生が非効率であるとわかっていれば、もはやバイオ燃料が経済的には成り立たないという

ことは自明である。むしろ、驚くべきことは、バイオ燃料はエネル
ギー収支的にみてネガティブ、つまり、バイオ燃料を製造するには
それ以上のエネルギーを費やす必要があるということである。

　　コーネル大学のデービッド・ピメンテル（David Pimentel）
教授とカリフォルニア州立大バークレー校のタッド・W・パッチェ
ック（Tad W. Patzek）教授はバイオエネルギーの経済性につい
て研究を行い、以下のような結論を出している。「とうもろこし、ス
イッチグラス、ウッドバイオマスらから取り出されるバイオエネル
ギーは、それを製造するのに使用する化石燃料エネルギーよりも
少ない。大豆やひまわりからバイオディーゼルを製造する場合も
同じである」[72]、ピメンテル教授は、さらに、「液体燃料に代わって
植物バイオマスを使おうとしてもエネルギー的には何の利得もな
い。そのような戦略は持続的ではないのである」と加えている。

　　エタノール製造に関するエネルギー収支について彼らの
発見は以下のようである。

- とうもろこしの場合、製造されるエネルギーよりも２９％多
  い化石燃料を必要とする。

- スイッチグラスの場合は、製造される燃料よりも４５％多
  い化石燃料を必要とする。

- ウッドバイオマスの場合は製造されるエネルギーよりも５
  ７％多い化石燃料を必要とする。

　　石油企業がバイオ燃料企業へ投資しているのはこれが理
由だろうか。バイオ燃料企業は化石燃料にとって素敵な大きく保
護されたマーケットなのである。

　　バイオマスによるバイオ燃料は我々の化石燃料依存性をよ
り高める(低めるのではない)のである。その上、バイオ燃料はガソ
リンより多くの（少なくではない）炭酸ガスやその他の公害を排出
し、その製造過程ではガソリンよりも多くの（少なくではない）水を
消費する。加えて、バイオ燃料の製造には最良の農地を使うので、
食料の高騰をもたらすことになる。

チェックリスト
バイオ燃料やバイオマスは拡張可能か？

　バイオ燃料は毎ガロン製造する度にエネルギー（加えてお金も）をロスする。ではそれを補うべき量の確保はできるだろうか？

　スタンフォード大学のマーク・ジャコブソン（Mark Jacobson）教授によると、全米の路上にある車両をすべて稼動させるに必要なＥ８５エタノールを製造するには、スイッチグラス栽培地として全米農地の３５％を充てることが必要であるという。[73]これはカリフォルニア州面積の約３倍にあたる。

　この農地を潤すために必要な水は、現在の全米消費量の２倍と見積もられている。オガララ（Ogallala）帯水層がいくら大きいといえ、この大量の水需要を賄うことは不可能である。**ウォーター・フットプリント（Water Footprint）**誌によれば、大豆を原料としてバイオディーゼルを１ガロン作るたびに１３，６７６ガロンの水が消費される。[74]ナンヨウアブラギリ（Jatropha）はブラジルやフィリピンでバイオディーゼルの原料として好まれているが、１ガロンのバイオディーゼルを作るのに、１９，９２４ガロンの水を必要とする。

> "大豆を原料としてバイオディーゼルを１ガロン作るたびに１３，６７６ガロンの水が消費される。"

　生物学が世界のエネルギー問題の殆どの部分を解決してくれるという幻想は、物理学法則を無視しているようなものである。スタンフォード大学のマーゴット・ジェリッチェン（Margot Gerritsen）教授は世界的に著名なエネルギーシステムの専門家だが、「ベンチャーキャピタリストや政治家が主張していることは、熱力学の基本法則を無視している」と言っている。

　都市ごみからバイオ燃料を製造した場合はどうだろうか？うまくいけば一石二鳥—エネルギー生産と、ごみの縮減—を達成できる。フルクラムエネルギー（Fulcrum Energy）社は９０，０００トンのごみを１０．５百万ガロンのエタノールに換えると言っている。もし、全米スケールで展開すると、１年間に製造できるエタノールは１０億ガロンになる勘定である。[75]この量は一見、大きそうに見えるが、全米で１日に消費されるガソリンは３億７千８百万ガロンであることを考えると、大きいものではない。[76]都市ごみ

を処理して経済性と環境保全の調和を図ろうということ自体、価値があるものの、アメリカのガソリン消費３日分以下にしかならない。

選択肢５　『グリーン』な原子力

　　　　１９５８年、フォードモーター社は後部に小型の核反応器を備えたFord　Nucleonというコンセプトカーを発表した。小さい核燃料容器を販売店で交換することで、連続５０００マイル（約８０００km）の走行が可能というアイデアであった。[77]

　　　　米国の原子力発電の歴史はこのような実現しないような「新しい」約束に満ちている。米国には１０５の原子力発電施設があり、全米電力の２０％を担っているが、１９８６年稼動を最後に、原子力発電所の建設は中断された。原子力産業界はこれは環境団体のせいだと言っている。

　　　　環境団体はそれほど力があるのだろうか？。過去２０年間、米国の環境団体は、石炭業界が石炭発電施設を記録的に拡張することや石油業界が販売量と利益を飛躍させることを止めることができなかった。グリーンピースはフランスや中国で原子力発電所の建設を阻止できなかった。米国で環境団体がうまく原子力発電所建設を本当に阻止できたのであろうか。原子力産業界や政府内の支持者には、人に話したくない事情があるのである。

チェックリスト
原子力エネルギーは経済的に成り立つか？

　　　　事実は、原子力はこれまでも、そして今後も経済的に成立しないということである。

　　　　ウォールストリートジャーナル（Wall Street Journal）誌によると１９６６年から１９８６年の間に建造された７５の原子力発電施設は計画当初よりも３倍もコストがかかっている。「ヴォトル（Vogtle）原子力発電所（１９８０年台後半に稼動）にいたっては計画時の１０倍以上のコストがかかった。[78]すべての米国内で建設された原子力発電所は遅れ、予算超過であった。

　『原子力の将来』という２００３年のＭＩＴレポートには、このような結論が記されている。「原子力発電は経済的には競争力のある選択肢でにない。[79]原子力発電に関する財務情報は政府機密級扱いだが、資本コストとしては、＄８〜＄１２／ワットといわれる。[80]これは大体、集光式太陽発電プラント（Concentrating Solar Plant, CSP）の約２倍にあたる。

　さらに、１９５０年台に原子力発電所が登場して以来、そのコストは常に上昇している。対照的に太陽や風力発電のほうは経常的にコストが下がってきており、今後も、１０年とは言わないまでも、長い間継続的に下がるといわれている。風力は、１９７９年には８０¢／ｋＷｈだったが、２００９年には５¢／ｋＷｈにまで下がっている。

　工期については、原子力発電所建設には最低１０年かかるといわれる。前出のヴォトル（Vogtle）原子力発電所では１４年かかっている。実際、ニューハンプシャー（New Hampshire）州のシーブルック（Seabrook）発電所の二基目の核反応器建設のような多くのプラントは、工期の遅れ、コストの予算超過、資金調達のトラブルから、建設が断念された。[81]

　現状稼働中の１０５の原子力発電施設がコスト的に見合っているのは、「現在の運転会社に実際のコスト以下で転売されたからである。」[82]とウォールストリートジャーナル（Wall Street Journal）誌は報じている。

　各国政府は原子力産業の振興のため、何千億ドルもの資金を注入してきた。その一方でエネルギー産業全体に対して法律や規制を通じて我々の多くが知らない影響力を行使している。こうした構図は、化石燃料についても同様である。

　公益電力会社が原子力発電所を好む大きな理由は、「Early Cost Recovery（早期コスト回収）」ないしは「Construction Work in Progress, CWIP（建設作業進行中)）という会計上のあいまいな概念の存在と関わりがある。これはたとえ原子力発電所が建設中であっても、その建設コストを公共料金の中に繰り入れてもよいというものである。つまり、電力使用者は、そのプラントが初めて住宅に照明をもたらすようになる１０年も前から、そのコスト分を支払うのである。ＣＷＩＰを使うと原子力発電所建設コストの３分の１までは計上してよいことになっている。[83]これが電

力会社がリスクを社会に負担させ、一方では利益を自分の物にするやり方なのである。

　例えば、プログレスエネルギー（Progress Energy）社は２００９年に原子力発電所建設投資の大部分をまかなうために、フロリダ州民に３１％もの電力料金の値上げを要求している。[84]８０〜１２０億ドルにも上る建設費用は電力会社にとってはあまりに大きい負担で、彼らのバランスシートが破綻することもありうる。彼らはそのリスクをよく知っており、それを外部に払わせるのである。

　一方、電力会社はＣＷＩＰを太陽光発電施設に適用することは許されていない。太陽光発電施設の建設を行うときは、資本を全て負担し、電力供給が始まるまでは資本回収ができないのである。さらに、最近まで太陽光発電施設建設については投資による税制優遇（Investment Tax Credit, ITC）を受けることが出来なかった。このように、ソーラーについては電力会社が全ての資本をバランスシートで負担しなければならないのに対し、原子力発電所の場合は電力利用者の金を使うことが許されているのである。

　米国初の原子力発電所が稼動してから６０年がたち、全米で作られる電力の２０％を担うようになった。電力会社は既に１０００億ドル以上ものよく知られた政府の補助金を使った上で、電力利用者と政府からさらに大きな資金的なサポートを要求している状況にある。[85]これは、「原子力の二重取り」と呼ばれているもので、資金のコストを我々市民は電気代として支払い、もう一方では（政府を通じて）税金として支払っているのである。なんと素晴らしい補助金システムであろうか。このような会計上の取り扱いを好まない人はいないだろう。

　エリック・セバランス（Eric Severance）によると「『新しい』原子力発電にかかるコスト（燃料、維持管理費は含み、送電コストは含まず）は２５〜３０セント／ｋＷｈである」。これは現在の太陽熱発電（太陽電池もほぼ同じくらいの価格帯）と比べて破格の高さである。平均的なアメリカ人は１０セント／ｋＷｈくらいを払っている。

　また、原子力産業を拡大するには、ユッカ（Yucca）山の核廃棄物処理工場か同規模施設のために何百億ドルもの追加投資を必要とする。

　もう既に成熟した産業のため何百億ドルも補助するのである。このように原子力発電所を建設し運転するのは高価すぎるのである。多額の政府の補助金と法律上、会計上の優遇策があってはじめて可能となっている。

チェックリスト　原子力はクリーンか？

　スタンフォード大学にいるウクライナからの留学生と話をしていて、彼の母親がチェルノブイリ発電所の事故で被曝し亡くなられたことを知った。6，000平方キロメートル〔2，300平方マイル〕以上の広大な土地が荒廃し、400以上の集落が文字通り埋められて地図上からなくなり、何万人もの人が避難させられた。[86]ウランやプルトニウムは世界で最も危険な産業廃棄物なのである。

　原子力発電所が地球温暖化ガスである炭酸ガスを排出しないからという理由で、原子力はグリーンなエネルギー源だといわれている。原子力推進派は、「我々はより安全な原子力発電技術を持っている」、「次世代の原子力はもっとクリーンだ」、「ロシアの原子力技術は標準以下だ」とキャンペーンを展開している。どんな言い方をするにせよ、現実問題として原子力は安全だと言う事はできない。彼らは、「我々は放射能を閉じ込めることができる」と言っているに過ぎない。

　使用済み核燃料からの放射能は4万年以上我々にリスクを与え続ける。原子力発電で国内電力の80％を賄っているフランスでさえも、この核廃棄物の処理問題を解決できていない。

　また、安全保障上の懸念も大変大きい。米国とイランとの激しいやり取りをフォローしている人はわかるであろうが、原子力技術は、文明を終焉させる武器に転用することができるのである。テロリストによる核物質の盗み出しや、民生技術の軍事転用など、安全保障上の極めて重い問題が山積している。

　原子力擁護派は、原子力発電は炭酸ガスを出さないエネルギー源であり、現在のような危機的時期には、安全保障や軍事的問題、環境破壊や資金問題、人体への影響、などは別問題として取り扱うべきだと主張している。我々は炭酸ガス問題に関して

地球を救う必要があり、そのために原子力があるのだといっている。

　これらの議論のどれをとっても原子力がクリーンだということはできない。

チェックリスト　原子力は拡張可能か？

　原子力が拡張可能なエネルギーかどうかについて、これから頭の体操をしてみたいと思う。お金のことは気にしなこととし、原子力産業界がこれまでのように引き続き多額の政府補助金を受け続けると仮定しよう。さらに、軍事上の懸念や環境汚染問題、核の拡散、原子力発電所の閉鎖、核廃棄物の保管、などのすべての懸念もないものと仮定しよう。

　さらに、１０〜１４年かかる原子力発電所建設を、なんとか２週間で１基ずつ建設できるとしよう（キッチンのリモデリングみたいなものだと考えて欲しい）。このシナリオに則れば、これから４０年間で１０００基の原子力発電設備が建設されることになる。それぞれの発電所が１ＧＷの出力規模とすれば全部で１ＴＷのエネルギーを作ることができる。これだけの運転が可能となるだけのウランやプルトニウムがあるのかどうかも見当がつかない。そういう条件の下でも、原子力は今後４０年間に我々が必要とする３０ＴＷのうちのほんの１ＴＷしか供給できない。こんな楽観的なシナリオと多くのロビー活動を行っても、原子力はわずか１ＴＷしか作れないのである。

　ここまでの議論では、１６ＴＷというエネルギー必要量とのギャップを埋めるには程遠いようである。

ひと休み：それでは
クリーンエネルギーは果たして拡張可能か

　これまで、ひとつのものを除いて、「代替」ないしは「再生可能」なエネルギー源について調べてきた。

　　　　この調査のためには、私はウォール街のヘッジファンド資料
に使うぐらいの「楽観的」シナリオさえも考えた。このようなシナリ
オであったにも関わらず、私が調べた「再生可能」なエネルギー源
はどんなに大きく見積もっても全部で５〜６ＴＷ分くらいしかな
い。２０５０年までに必要とされるエネルギー需要の一部分を
埋められるにすぎない。
　　　　文献には他のエネルギー源も議論されている。波力や潮流
エネルギーは将来性のありそうな発電方法である。しかし、どの程
度の潜在能力があるのかまだ十分にわかっていない。水力並み
の０.５ＴＷくらいの可能性があるという人もいれば、地熱エネ
ルギー並の０.１５ＴＷ程度という人もいる。経済的に成り立つ
のかどうかという議論は、もっと研究・検証を進めてみないとわか
らない。

エネルギー源	クリーン?	経済的に成立する?	拡大可能?	「楽観的」エネルギー寄与(TW)
風力	はい	はい	はい	2
地熱	はい	はい	いいえ	0.15
水力	はい	はい	いいえ	0.35
バイオエネルギー	いいえ	いいえ	いいえ	1
原子力	いいえ	いいえ	いいえ	1
潮流/波力	はい	?	?	0.5
合計				5 TW

図2.3　クリーンな代替エネルギー源の比較

　　　　最近になって核融合に注目する人もいるが、その可能性に
は疑問符がつく。核融合自体、４０年前から未来のエネルギー源
だといわれてきており、これから４０年においても依然として未
来のエネルギー源だといわれかねない。
　　　　結局のところ化石燃料に頼りっきりにならざるを得ないの
だろうか？
　　　　エネルギーは今地球上で最も重要な問題のひとつである。
私たちの産業社会は無尽蔵で安価なエネルギーをもとに成立し
ている。運輸や水の浄化などに大量のエネルギーが必要である。

地球環境（そして地球全体）は、次のエネルギー源を何にするかによって生死が決まる。戦争とテロリズム、人口爆発と経済成長、貧困と病気、など地球上で起こる問題を解決するにも、どのエネルギーを選択するのかということが大きく影響している。汚れた選択をすると汚れた結果を導くことになるのだ。
　　　　拡張可能かもしれないほかのエネルギー源もある。しかし、それはクリーンであろうか。使えるようなものであろうか。

選択肢６　「クリーン」な石炭

　　　　クリスマスイブは人口５，２５０人のテネシー州キングストン（Kingston）においては普通幸福だが大したイベントもおこらない静かな日である。ところが、２００８年の１２月２４日は暗い驚きの日であった。その日、石炭発電所廃棄物を保持している壁が崩壊し、１８０万立方ヤードもの「石炭灰」が街と川に溢れたのである。家屋は破壊され、河川は回復困難なレベルまで汚染され、動植物が大量に死滅した。石炭灰の流出量は当初の予想の３倍である５４０万立方ヤードと後に修正された。これは１フィート深さの堆積物が３万エーカー（１２１Ｋm²）に広がったくらいのサイズである。[87]復旧には１２億ドルがかかったといわれている。
　　　　しかし、これはどこでも起こりえることである。国立研究評議会（National Research Council, NRC）によると「米国の石炭発電所は１年間に合計１億２千９百万トンの燃焼廃棄物を排出しており、その量は都市ごみに次ぐ国内２番目の大きさとなっている。これは百万台の石炭用貨車で運ぶ量である」[88]懸念する科学者協会（Union of Concerned Scientists, UCS）によれば、「典型的な」５００ＭＷ規模の石炭発電所は、一年間に１９万３千トンの汚泥、１２万５千トンの灰、１万５百トンの窒素酸化物を排出する。これは５０万台の古い車を道路で走らせるのに等しい。[89]
　　　　サイエンティフィックアメリカ（Scientific American）誌によれば、「石炭灰は核廃棄物よりも放射性が高い」と記されている。[90]石炭はそもそもウランやトリウムを含有しており、いずれも高放射性元素である。「石炭を燃やして灰にすると、ウランやトリウムは元々の状態の１０倍以上に濃縮される。灰に含まれるウランは

石炭発電所周辺にある土壌や水に浸出し、農地に広がり、最終的には食物に影響する。」

　　石炭産業は、このような現実に直面していながら、非常にうまく「クリーン石炭」キャンペーンしている。彼らは石炭発電所から発生する炭酸ガスや廃棄物を地中深く埋設しようという「Carbon Capture and Sequestration ,CCS」というコンセプトを提案している。

　　昨年の夏、私は自分の兄の引越しを手伝った。そのときに余った数個の箱を捨てねばならなかった。我々はごみ処理センターまでドライブして、廃棄費用を支払い処分した。そのときの廃棄費用はいくらかって？ごみ１トンあたり１００ドルだった。これは公平なことである。自治体はごみの収集・管理の費用についての知見を積み重ねている。その原則は、多くのごみを発生させたらその分多く費用を負担し、少ないごみは少ない費用ですむ、ということである。まともな政府であればごみを町の真ん中に捨てたり（もし禁止されるなら埋めてしまったり）、それを政府がタダで集め、運び、処理し、貯蔵することを認めるはずがない。公平ということは、ごみを排出し汚染すれば、費用負担をしなければならないということである。

　　重要なことは石炭産業が自分が排出した廃棄物を自分の費用で処理することである。ＣＣＳがふれこみ通りに機能するとしても、**石炭から出る排出物を集め廃棄処理するために余分に２５％の石炭を使わなければならない**のである。（ということは石炭でエネルギーを作るには、石炭が排出する廃棄物を処理するために余分の石炭が大量に必要だということである）つまり全米でさらに３千万トン余りの廃棄物を加えることになるのである。

　　石炭産業は何１０億トンにも上る廃棄物を処理するために１トンあたり１００ドルの費用を、自治体に支払うだろうか？（これは固体廃棄物だけの議論である。炭酸ガスのようは大気汚染は全く別である。）当然そんなことは期待できない。

　　米国政府はＣＣＳ開発のために３４億ドルの予算を割り当てた。２００年の歴史ある石炭産業は巨大産業である。数兆ドルもの規模を誇るこの産業界が、自分で出した廃棄物の処理をなぜ自分で出来ないのだろうか？オースラリア政府も石炭産業界に１０億豪州ドルの補助金を与えている。

　では、石炭プラントはＣＣＳを急いで実行しているはずだ。きっとそうだよね。

　ところが、そうではない。米国の主要な石炭プラントでは、業界の救世主となるようなこの方法をテストさえしていない。小規模の試験設備を動かしている程度であり、それ以上では決してない。エコノミスト（The Economist）誌によると、「ＣＣＳは金の無駄使いというだけでない。安い廃棄物処理の方法を見捨てている一方で、気候変動について間違った考えを作り出しているようだ。すべてが石炭ロビイストをなだめるためなのだ。」といっている。[91]事実は、石炭業界がクリーンエネルギーの議論に参加すること自体が、宣伝とロビー活動の偉業なのである。全く狂っている。

　この章の冒頭で、石炭、石油、天然ガス、そして原子力などはすぐにはなくならないだろうと述べた。ここでの考え方は、それらが２０５０年においても今日と同じ量のエネルギー、１４ＴＷ、を作り出していると考えている。石炭もその中に含まれる。石炭は石油、天然ガスや原子力との比較の中で、如何に汚染を少なく出来るかを競って生き残るべきものなのである。

　これまでの試算をあわせても、なお１０ＴＷものギャップが残っている。これは２０５０年のエネルギー必要量の３３％である。それでは最後に残ったソーラーの可能性について調べてみたい。

選択肢７　ソーラー

　太陽は世界中に年間約１２万テラワットの光を注いでいる。[92]言い換えると、この量は人類が２０５０年に必要としているエネルギーの４，０００倍に相当する。

　この数字を別な言葉で言い換えると、太陽エネルギーの０．０２５％を電力に置き換えれば、２０５０年に必要とされている３０ＴＷ全てを賄えることになる。これから必要とされる１６ＴＷ分だけではないのである。太陽が毎日我々に与えてくれるクリーンで無料のエネルギーのたった０．０２５％を変換するだけで、世界中のエネルギーが賄えるというのである。そんなに難しいことではない。

　序章で既に述べたが、２００９年時点の技術さえあれば、米国南西部の砂漠地帯の１０８マイル四方の大きさの土地に太陽熱発電所を建設するだけで、全米の電力総需要を賄うことが出来るのである。繰り返すが、**米国内の砂漠地帯の１０，０００平方マイルちょっとの土地で、全米の電力すべてを作り出すことが出来るのである**。これはは米国全土にある砂漠の１％未満に過ぎない。

　同様に、サハラ砂漠に１００マイル四方の太陽熱発電施設を作れば、ヨーロッパとアフリカの電力需要を満たすことができる。メキシコ、中国、インド、オーストラリア、チリ、そしてサウジアラビアなどの砂漠を使えば・・・・・結論は自明のことである。

**　　　この試みは今日の技術で達成可能なのである。**

　ヨーロッパ最大の企業数社からなるコンソーシアムが、５５５０億ドルの資金を調達し、サハラ砂漠に太陽熱発電施設を建設して、ヨーロッパとアフリカに電力を供給し、中東と北アフリカ向けの海水淡水化事業に着手しようとしている。

　わずか１兆ドルの半分である。どんなエネルギー源もソーラーにはかなわない。これまで調べてきた全てのエネル

> **"ヨーロッパ最大の企業数社からなるコンソーシアムが、５５５０億ドルの資金を調達し、サハラ砂漠に太陽熱発電施設を建設している。"**

ギーのシナリオには限界と乱暴な仮定が含まれていたのに対し、（例えば太平洋の真ん中に風力発電を作ったり、毎２週間ごとに原子力発電所を建設できると仮定したりしてかなり無理をしている）、ソーラーエネルギーは太陽からの大量なエネルギーのほんの一部を変換するだけですべてのニーズを満たすことが出来るのである。

　ソーラーエネルギーは、クリーンであるかダーティであるかにかかわらず、どんなエネルギーと比べても、土地利用効率、資源利用効率、そして拡張性といった点で群を抜いている。砂漠の１平方キロメートルの場所に集光式太陽熱発電施設を設置することで、毎年約２５０ＧＷｈの電力が作り出せる。この電力量は、１平方キロメートル当りのバイオマスの産生するエネルギー量

の２００倍以上であり、最高の効率で稼動させた風力や水力発電で得られるエネルギー量の５倍以上に当る。[93]

　　太陽熱発電に必要な土地は、石油や石炭の採掘と比べれば微々たるものである。例をとれば、石油会社は、石油採掘のため、アメリカ国内に７４，２１９平方マイル（４７．５百万エーカー）の土地を借り、海上にはさらに４４百万エーカー（６８，７５０平方メートル）のスペースを借りている。[94]

> 「１平方キロメートルの場所に集光式太陽熱発電施設を設置することで、バイオマスの産生するエネルギー量の２００倍以上、あるいは、風力や水力発電で得られるエネルギー量の５倍以上に当る。」

　　ということで、石油、ガス産業は米国政府から全部で１４３，０００平方マイルに上る土地を借りているが、これを用いて全米の輸送に必要なエネルギーのわずか３分の１を供給できているに過ぎない。これは太陽熱発電が米国のすべての必要量を発電するのに必要な土地の**１０倍以上**に当る。

　　これに石炭が採掘に使っている広い土地を加えると、やっと１マイル四方当りの発電量が同じになる。もちろん、ソーラーでは美しい田舎の山の頂上全体を取り去るようなことはしなくてよい。ソーラーは石炭が大気や地面に放出するような数１０億トンの汚染物質を排出しない。ソーラーでは灰やトリウムを撒き散らし、さらに多くの被害をもたらすこともない。

　　唯一のテラワット級のエネルギーを出しうる、現実的なその他のエネルギー源として風力があるが、それにしても１ＴＷか２ＴＷ以上にはならない。２０５０年までに新たに作り出すことが必要なエネルギーは、バイオ、水力、地熱、あるいは知られているほかのクリーンまたはダーティエネルギーで満たすことは無理である。

　　本書が提起する命題は以下のようなことである。現在得られる情報をベースにすると、現実的で拡張可能性があり経済的に成立する、化石燃料を置き換える唯一のクリーンエネルギーは、太陽エネルギーである。

　　人類は数テラワット級の太陽エネルギーインフラを太陽を使って作ること（必ずしもそれに限定はしないが）が必要である。

このクリーンエネルギー建設は、起業家、企業、産業、そして国々にとってこれまでに経験したことがないような大きな市場機会をもたらすことになる。この市場機会は何兆ドルにも上る新しい富を作る。そして我々の社会に毎年数兆ドルの燃料費用の節約と、さらに数兆ドルの公害関連コスト、すなわち、廃棄物処理、公衆衛生、環境保全、気候変動対策コストなどのコストの節約を可能にする。

　　このあと、私が見出した７つの大きなビジネス機会について解説してゆきたい。再度申し上げるが、こうした市場機会を示すについては、私は大きな図や長期のシナリオや、それにさらに光を当てる計算を用意している。これをＮ桁目までの精度を備えたビジネスプランにするつもりはないことをご承知願いたい。

どんな市場機会があるか？

　　これまで述べてきたように、ソーラーは、数テラワット級に拡張可能で、クリーンであり、経済性を満足する唯一の方法であると考える。２０５０年までに世界が必要とする１０ＴＷ級に拡張できるたった一つの答えと考える。しかし、読者がこのシナリオの一部しか信じないとしても、数兆ドルのビジネス機会があることには同意するであろう。

　　ソーラーのインフラを作るに関して、いったいどれほどの市場機会が形成されるのか。それに付随したその他の市場は何であるのか。起業家としてのチャンスは何だろう。

　　私は、過去１年半の間に、ドバイ、メキシコ、そしてアメリカの砂漠地帯を訪問し、２,３年前に革新的な技術を使って誰も想像も出来なかったレベルのコストダウンを達成した、シリコンバレーのスタートアップ会社と一緒に仕事をした。私は自分の庭からスペインのセビル(Seville)にかけて、ミュンヘンからアブダビにかけて、多くのベンチャーキャピタリストや、科学者、エンジニア、そしてエグゼクティブと議論を重ねた。また、私の母校であるＭＩＴやスタンフォード、そしてＮＡＳＡやカリフォルニア工科大学から優れたイノベーションが出ていることも知っている。

　　この１年半、この本を書いてきた間中、自分が明らかにしてきたその市場規模の余りの大きさに驚き続けてきた。アルフレッ

ド・コルジブスキ（Alfred Korzybski）が言うように、地図は単に領域を示すものではないが、クリーンエネルギーの領域とは何であろうか。

1. 公益事業規模のソーラー	9兆ドル
2. 産業規模のソーラー	7．1兆ドル
3. 島／村規模のソーラー	2．6兆ドル
4. 家庭や商業規模のソーラー	8．7兆ドル
5. 海水淡水化用ソーラー	1．5兆ドル
6. クリーンエネルギーの貯蔵	5兆ドル
7. 送電とスマートグリッド	6．5兆ドル
合計の市場機会	**35．4兆ドル**

　この市場機会の大きさは、正しい形で示すまでは気が狂ったとしか思えないものであった。

　今日のエネルギー産業は、全体として毎年6〜7兆ドルの収入を上げている。2050年までにエネルギー需要は少なくとも現在の2倍になるだろう。燃料価格が安定に推移するとして、これから世界中のエネルギー産業は40年間で382兆ドルの収入を手にすることになる。このページの表で示したソーラーの市場機会はこの産業に流れ込んでくる収益のわずか**10分の1以下**に過ぎない。

　私は自分が初期段階のベンチャー投資をやっていればよかった。今開かれつつある初期のスタートアップ企業に投資したかった。話しかわって、クリーンエネルギーの市場機会をもう少し示してみたい。

　この状況は1981年頃のPCの勃興期によく似ている。その年、技術とビジネス面で最も重要な「パラダイムシフト」が起こった。今我々がまさに入ろうとしているクリーンエネルギーの「パラダイムシフト」は金額的にはもっと大きいようである。おそらく10倍は大きいであろう。だから目が眩まないようサングラスをかけて私の旅に付き合ってほしい。35兆ドル以上の市場機会を見せたいと思う。

　　我々は地球を救うと同時に、本当のお金を手にすることが
出来る。我々自身がグリーンになり、地球全体をグリーンにするこ
とが出来る。我々は富を築き、経済を成長させ、そして世界を救う
ことができるのである。

「大きな問題を解決することは
小さな問題を解決するより容易である。」
— ラリー・ペイジ、グーグル共同創業者
(Larry Page, Co-founder, Google)

「何をやっているか知らないことほど恐ろしいことはない。」
— ヨハン・ウォルフガング・フォン・ゲーテ
(Johann Wolfgang von Goethe)

「暗いと不平を言うより蝋燭に火を灯した方が良い。」
— カール・セーガン(Carl Sagan)

第三章

第一のチャンス―砂漠における発電： 公益事業規模の太陽発電

インディアス総合古文書館（Archivo General de Indias）はセビリア大聖堂に隣接した世界最大のゴシック様式の教会である。ユネスコの世界遺産の一つであるが、初めて街を訪れたときに見逃してしまった。その代わり、そびえ立つ豪奢な大聖堂が私の目を引きつけた。アメリカ人として、またシリコンバレーの技術起業家として、私が楽しみ、いや生き甲斐としているものは新しいものから受ける衝撃、すなわち世界を変えるイノベーションと発見である。古文書館は荘厳な建物の中に文庫を収め、世界を変える歴史の中に身を置いているものにのみ感じられる畏敬の念を静かに喚起させる。6マイルに及ぶ棚には43000点以上もの書籍や書類が並んでいる。すなわち、経済的に苦しい時代や残酷な宗教戦争の中で、普通ではありえない起業家が普通ではありえないベンチャーキャピタリストから投資をうけ、世界史の弧

を永遠に変える旅にどのように乗り出したかが８千万ページにも
上る資料に記してあるのである。[95]

　　この起業家と彼に続く多くの人たちはセビリアをヨーロッパ
貿易の中心地に変え、以後三世紀に亘ってスペインを旧世界で
最も裕福な国にした。スペイン人はその起業家をクリストファー・
コロン(Christobal Colon)と呼んだが、我々は彼のことをクリスト
ファー・コロンブス(Christopher Colombus)と言っている。

　　２００９年、セビリアはもう一つの、普通ではありえない景
気に沸いている。一世紀にも亘る経済不況のあと、セビリアは新
たな旅立ちをした。今度は土地や人々を征服するのでも、金鉱を
探すものでもない。またクリストファー・コロンブスのような一人の
起業家やイザベラ女王のような時代を象徴する華やかなベンチ
ャーキャピタリストはいない。今回スペインはアメリカ大陸より大
きいあるものを征服しつつある。１６世紀と１７世紀に起業の中
心であったこの街は様変わりして、太陽発電の開発と太陽熱技術
の起業の世界的な中心となりつつある。セビリアは太陽を征服す
るスペイン人の震源地である。

　　**２００８年、スペインの発電容量は４２４３ＭＷ分増加し
た。そのうち１７３９ＭＷが風力、１４１６ＭＷが新しい太陽発
電によるものであった。太陽発電は２００７年比で２１２％の伸
びを示し、その国の新しい発電量の３分の１にも上る。**[96]

　　スペインは２０２０年までに発電量の２０％を再生可能
エネルギーによってまかなう計画を立て、今のところ順調に進ん
でいる。[97]また、セビリアの首都であるアンダルシア地方はその再
生可能エネルギーの４０％を発電している。「我々は、それを実
現するためにリスクを取っているのです。私たちには太陽や、スペ
イン政府とアンダルシア当局からの財政的な支援、そして送電網
の運用者という仲間を得ています。私たちは企業と、触媒となる人
々を集めているのです。」このようにアンダルシアのエネルギー機
関のトップであるイザベル・デ・ハロ(Isabel de Haro)は述べてい
る。

　　南スペインでは、数百の会社が数千の技術者を雇い、２４
基の太陽熱発電所建設事業を進めている。これらの発電所を合
わせると、２０１０年までには１ＧＷの発電容量に達する。これ
はセビリアに居住する７００,０００人の需要をまかなうのに十
分な電力である。[98]さらに６基のＧＷ級の太陽熱発電所が計画さ

れており、２０２０年までに２５ＧＷに達する。[99]これらの数字には太陽電池型太陽発電は含まれていない。

　「明確なリーダーシップと調整された計画に依ってのみ実現可能な大規模な投資が行われています。」とデ・ハロ(de　Haro)女史は説明する。「しっかりしたエネルギーのインフラが必要です。それには発電、送電、配電の仕組みだけでなく、規格、工程、政策といったものが電力の質と安全を保証するのに必要です。細かいところではなく、全体のエネルギーシステムを近代化する必要があるのです。最終的には市場原理にゆだねる必要がありますが、今のところは市場が盛んになるように、この分野を芽生えさせようとしています。」

　米国もまた、政府がコミットしたらどんなことが達成できるかの例を示している。米国政府は、数兆ドルの価値を持つ産業や、グーグルやシスコ、アマゾンといった企業を生み出すまで、インターネットを２０年以上に亘って育て上げたのだ。その２、３０年前、同じ米国政府は州間高速道路網を建設し、数兆ドルの新たな富と数百万人の雇用を半世紀の間生み出した。そしてそれは自動車産業だけにとどまらなかった。州間高速道路は、手ごろな価格の広い一軒家、計画的な開発、ショッピングモール、ウォルマートやマクドナルドのような店、そしてそのほかの不動産産業などを含む２０世紀後半の郊外における経済活動をもたらした。

　ところが２００８年は米国では公益事業規模の太陽熱発電所はひとつも日の目を見なかった。エネルギーの未来の最も新しい輝かしい例を見るためには、私は旧世界へと飛ばねばならなかった。すなわちセビリア郊外にあるアベンゴア・ソーラー(Abengoa Solar)社のＦＳ１０太陽発電所である。

太陽発電タワー

　ある爽やかな二月の朝、私はソルカー太陽熱発電団地(Solucar Solar Park)を訪れた。セビリアから北西１６マイル(２５キロ)離れたところにあるサンルーカル・ラ・マヨール(Sanlucar La Mayor)という地方自治体の中に建てられたソルカー(Solucar)工業団地は世界のどこよりも野心に満ちた太陽熱発電事業である。アベンゴア・ソーラー(Abengoa Solar)社がこの工業団地を完

成させる、２０１２年後半には発電所の容量は３００ＭＷとなり、それはセビルの大きさの街で使う十分な量の電力を生み出すことになる。しかし、これは何マイルもの大きさの太陽熱発電設備ではない。

図3.1　スペインのセビルの近くのサンルーカにおける
ＰＳ１０太陽熱発電タワープラント（写真　トニー・セバ）

　　遠くからでも、３３０フィート（１１０メートル）もあるＰＳ１０の塔と三角形に走る太陽光の輪郭を見ることができた。それはいわば太陽のバレー用短スカート、チュチュ、のようなものであり、塔の上のある点を目指して光が集まっている。ＰＳ１０(Plataforma Solar 10)は１１ＭＷの発電容量を持ち、「太陽熱発電塔」方式で発電するヨーロッパで初めての商業用太陽熱発電所である。２００６年秋に立ち上がり、５５００世帯の電力を十分にまかなえる、年間２４.３ＧＷｈの電力を発電している。
　　太陽発電の二つの方法について、より技術的な話をする時となったようだ。

太陽を利用する二つの方法、
太陽電池発電（PV）と集光型太陽熱発電（CPS）

　　太陽からのエネルギーを私たちは二つの方法で獲得することができる。すなわち太陽光を直接電気に変換する方法と液体や気体のような流体を加熱する方法である。

　　太陽エネルギーを用いた発電について考えるとき、ほとんどの人が家屋の屋根やビルの屋上に置かれた太陽電池（Photo-voltaic, PV）のパネルを思い浮かべるだろう。太陽電池は一世紀以上前にアルバート・アインシュタイン（Albert Einstein）により発見された光電効果を用いて、光子を直接電子に変換するものである。光エネルギーの小さな束（パケット）である光子は、銅のような導電性元素の原子に衝突し、それをより高いエネルギー状態へと励起する。これによって原子は電子を放出する。なぜなら電子は負の電荷を持つのに対して原子核は正の電荷を持つからである。光子から受けた余分のエネルギーによって、原子核に最も近い軌道に存在する電子はその場所から弾かれ、最外部にある電子を弾き出してそれと置き換わる。弾き出された高いエネルギーを持つ電子はさらに他の原子に衝突し、最外部にある電子を弾き出す。これによって電子は導電物質の中を滝のように流れるようになる。すなわち**電流**となる。

　　光電効果は、ＡＡサイズ（単三形）電池より流れる微弱な電流を使って弱い赤外線を送ることによって、車庫の開閉やテレビを操作するリモコンに数十年間使われてきた。この弱い光は弱い電流を光電セルに生じさせ、装置内のスイッチを動作させることになる。ところが太陽はもっと大きなエネルギーをもつ光子を大量に放出するので、かなり多数の太陽電池を並べたものが生み出す電流は数百ボルトあるいは数千ワットになる。

　　一方、ＰＳ１０やその他の太陽熱発電所は太陽エネルギーを用いて異なる方法で発電する。それは太陽熱を用いて蒸気を発生し、それでタービンを回して発電するのである。考え方は太陽光を集中して液体を加熱し、タービンを回して発電するわけである。導電性膜の原子から電子をはじき飛ばして発電するのではなく、太陽からの光子で流体の原子を励起し、その原子がより早く動き回らせるようにするのだ。その流体が液体、例えば水の場合、分子同士の相互作用がなくなり水蒸気として飛び回り始める。

すなわちこの場合は水蒸気となるのである。もし流体がすでに気体の場合、すでにバラバラに飛び回っている分子がエネルギーを受けてより早くなり、それが入っている容器の壁を文字通り弾きまわる。どちらの場合も、温度が上昇し圧力が上昇する結果となる。それを細い断熱パイプの中に流すことによって、（このときにさらに圧縮されることで温度は一層上昇するのだが）、その力を利用できるようになる、すなわち他のエネルギーに変換できるのである。

　　　もし、虫眼鏡か、よりうまくやるためには凹面鏡、を使って太陽の光を集め、紙切れを焦がして穴を開けたことがあるなら、分かるはずだ。数メートル四方の鏡(太陽電池ではない！)を数千(あるいは数百万)個使って太陽の光を反射させある一点に集中させれば、流れてゆく流体を数百℃まで加熱することができ、その過熱流体を工業用タービンを回すのに使うことができる。その鏡は**ヘリオスタット**と呼ばれる。私はこの本の中でヘリオスタットについて触れなければならないだろう。前に述べたように、この方式は集光型太陽熱発電(Concentrating Solar Power)あるいはＣＰＳと呼ばれる。文献では、一般的に「太陽熱」はＣＳＰとほとんど同じ意味で使われている。

　　　ＰＳ１０から１マイルほどのところにはより大きな塔（ＰＳ２０）があり、またその中間に、より小さな塔があり、どちらもまだ光が入っていなかった。ＰＳ２０の２０ＭＷ級の塔は姉妹塔のＰＳ１０に比べて５０％背が高く(１６５メートルあるいは５４０フィート)、２倍の数のヘリオスタットが使われており、２００９年春に立ち上げる予定になっている。３ヶ月もたたないうちに、確実にＰＳ２０の１２５５枚の真新しいヘリオスタットにスイッチが入れられ、太陽光が塔頂に集中し始めた。太陽光は私が聞かされていたとおり働き続けてている。アベンゴア（Abengoa）社のソルノヴァ(Solnova) 1と2の建設は順調に進行中で、共に５０ＭＷの容量を持ち、「パラボラトラフ式」太陽熱発電技術を用いる。これは１９１２年にフランク・シューマン(Frank Shuman)がエジプトのマーディ(Maadi)に建設したプラントや第一章で触れた１９８０年代にカリフォルニアで建設されたＳＥＧＳ(太陽熱発電所)とほとんど同じである。

　　　ＰＳ１０とＰＳ２０の間に、アベンゴア社は将来の発電所開発に使われるであろう次世代太陽発電技術をテストするため、

３番目のより小さな、「ユーレカ（Eureka）」と呼ばれる、２ＭＷ級の「高温」発電塔を建設した。２００９年６月、アベンゴア社はユーレカの稼動が開始したと発表した。高温の研究は太陽熱発電のキイとなる開発研究である。温度が高ければ高いほど、より多く発電できるし、より多くのエネルギーを後ほど使うために蓄えることが可能になる。

　　発電塔による集光型太陽熱発電に焦点(語呂あわせをするつもりはないが)を合わせているにも関わらず、アベンゴア社は他の方法も無視してはいない。発電所の周りを車で回ってみると、かなりの量の「スターリング・ディッシュ（Sterling dish）」が見えた。この装置はパラボラ状の反射板の上に鏡を取り付け、サテライトディッシュがテレビのシグナルを集めるのと同じように受光装置に集光し、１ＭＷ級の集光型太陽光発電装置として、太陽を追従している。ソルカー工業団地内でアベンゴア社は、太陽発電プラントの研究、開発、建設さらに操業まで、色々な技術を用いて行っている。研究所を商業設備のすぐ隣に持っていることは競合他社にない優位点である。ソルカーは全体として一つの巨大な本格的な太陽発電の研究開発拠点と見ることができる。

　　「たった二年間のＰＳ１０の操業で我々はすべての段階で効率について学んだ」とヴァレリオ・フェルナンデス(Valerio Fernandez)は述べた。彼はソルカル工業団地の操業責任者で、ＰＳ１０が１９９９年に起工した時にいた三人の技術者の一人でもある。「すでに２０％も効率のよい受光装置を開発しつつあります。我々は太陽熱発電を日没１時間後まで稼働すると共に、一日中発電できるようにするエネルギー貯蔵技術の改良に取り組んでいます。私たちはこの技術をまさにここで試し、その技術を将来の発電所開発に組み込むのです。」

　　制御室に足を踏み入れると、設置してあるすべてのヘリオスタットを追跡するだけでなく、太陽照射量や温度、発電量などを追跡するコンピュータースクリーンが見えた。その日の午後、発電所は９７％以上の効率で稼働していた。

　　すると、ヘリオスタットがオンからオフに変わったことを示す小さなアイコンが見えたので心配した。何が起こっているのか聞いたところ、技術者達にヘリオスタットが強風のため格納モードになったと説明した。外に目をやると一つを除くすべてのヘリオスタットが水平姿勢を取っているのが見えた（図３．２）。これを見

て集光型太陽熱発電設備の他の部品を思い出した。それは、ヘリオスタットの２軸(水平と垂直)制御装置である。それぞれの集光装置はこれらの２軸を常に調整しているので、夜明けから日暮れまで空を横切って動く太陽の光を捕らえる最適な角度をとり、常に塔の集光点に太陽光を導いている。

図３.２　風が強いため収納ポジションにあるＰＳ１０のヘリオスタット
（写真　トニー・セバ）

　　　いうまでもないと思われるが、何千という独立に動く鏡を含むこれらの非常に精度の高い制御系統は、コンピューター革命以前には存在し得なかっただろう。しかし装置の中でＰＳ１０のヘリオスタットを動かし、太陽の光を追いかけて集光点に反射するギアーの仕掛けは作るのに最も高価な部品であり、コンピューターやソフトよりも遙かに高価である。１０章では、新しい会社によって開発されつつある、ヘリオスタットの追跡装置の設計を革新し、それによってこれらの人工ひまわりの製造コストを劇的に引き下げる、驚くべき機会について述べる予定である。

平凡な風景に隠されている美しさと富

　　１５４０年、スペインの冒険家ガルシア・ロペツ(Garcia Lopez)が現在のアリゾナを北に向かって旅をし、グランド・キャニオンの端に到達したとき、彼はそれを「無価値な造化の戯れ」とみなした。疲労、のどの渇きと飢えに襲われた彼と兵隊や探検隊の小さな一団は砂漠の中に簡単に入手できる財宝やエル・ドラドの金鉱を見つけることができなかった。数千フィートの深さの茫漠としたクレバスが数マイルにわたって横切っていてその下には曲がりくねった河が流れているだけであった。スペインはこの驚異的な地上の造形と周囲の高地の砂漠をその後３００年に渡ってほとんど無視してきた。[100]グランド・キャニオンの目を見張るような美しさと特別な科学的興味を我々の社会が認識できたのは、１９世紀に文化の転換が起こったからである。

　　未熟な見方や文化的な深さに欠ける過去の文明を軽蔑することは容易である。しかし、世界で最も驚愕に値する宝は米国の南西にある砂漠の平凡な景色に眠り、私たちの多くはまだ見ることはできない。美しさは目に入るが、富を見るのはまだ難しい。私たちは依然として数千億ドルもの石油を毎年輸入し、それを燃やすときに我々が呼吸する空気を汚染している。電力の半分は依然として石炭を使って発電しており、塵芥や飛散する灰は河川を汚染したり、大洋を酸化したり、我々の寿命を縮めている。まだ私たちに見えていないことは比較的小さな区画の砂漠がエネルギー問題のほとんど全てを解決できるということである。どうして目の前にある富に注目せずに、グランド・キャニオンを鑑賞するためにネバダやアリゾナをドライブできたのかと、私たちの孫達はいぶかるだろう。

　　アベンゴア・ソーラー社はアリゾナの砂漠に何が眠っているか知っていて、その知識を使うのを待ってはいなかった。米国の太陽発電産業が２００９年に信用危機に陥り、事業への投資ができなかった間、アベンゴア社は一基で米国最大の集光型太陽熱発電(ＣＳＦ)設備を静かに起工した。これは２８０ＭＷ級発電所でソラナと呼ばれる。このプラントはアリゾナ州フェニックスの南６０マイルのところにあるヒラ・ベンドに建てられた、７万世帯に電力を供給する発電所にはアベンゴア社がセビリアの郊外にあるソルカル発電所で開発された技術が用いられている。(

同等の天然ガス発電所は４０万トンの二酸化炭素を毎年吐き出している。）

　　数世紀前のスペイン人の祖先のように、アベンゴア社はすでに他の国への展開を行い、太陽熱発電所をアメリカ大陸、アフリカそしてアジアに建設中あるいは建設を計画している。またアルジェリアとモロッコには太陽とガスの複合発電所を開発している。２００８年の収入は１億ドルであったが、アベンゴア・ソーラー社は数十億ドルの太陽熱発電所の開発を計画しており、今後その規模を毎年少なくとも倍増する計画を立てている。

公益事業規模の太陽発電とは？

　　エネルギーは様々な規模で作り出すことができる。すなわち家庭で作り出せばそれは住宅規模となる。恐らく２から１０キロワット台とあろう。秤の反対側に目を向けて、もしパシフィック・ガス＆エレクトリック社の様な公益事業体がサンフランシスコやロサンゼルスのような街のために作り出せば、公益事業規模について話していることになり、数百あるいは数千メガワット台になる。米国内の「標準的」な石炭や原子力発電所は約１０００ＭＷの容量を持つ。

　　実用規模の太陽発電所はいかなる場所であれ太陽の照射が最適なところで、住宅地の中心から離れた土地の安いところに設置でき、利用者には現在行われているのと同じように、送電網を使って届けられる。

　　大規模な実用規模の太陽発電所が持つ主に優れた点は、規模の経済によってもたらされるコストの削減である。「公益事業規模の太陽発電は恐らく唯一現実的な規模で実現でき、炭素の排出を削減できる方法です」[101]とクリーン・テクノロジーの分野での優れた投資家の一人であるビノッド・コースラ氏は言う。

　　実用としてはタービンを回した発電が容易で、その技術は１９世紀初めから中頃にかけてファラデーやマックスエルによって調べられた電磁気効果に依存している。米国と世界でほとんどの電力は依然として蒸気あるいは水によって回されるタービンで発電されている。

　典型的に従来の発電所では石炭は水を温めて蒸気に換えるために燃やされる。タービンの中で蒸気は軸に取り付けられた羽根を回し、軸は銅線を堅く巻き付けたものを巨大な磁石を配置した筒の中で回し、電磁気効果を用いて発電する。ガスタービンは同様な働きを、天然ガスやディーゼル燃料といったものを燃焼して得られる高温ガスを使って行う。水力発電は落下する水(高圧パイプの中を通される)を使ってタービンを回す。原子力発電所では又、同じような目的のために水を加熱して蒸気を得て発電する。このようにして作られた電力は２００６年にアメリカで発電された８５％を占める。石炭(４９％)、原子力(１９％)天然ガス(７％)と水力(７％)が上位４方式である。

　住宅規模と公益事業規模の生産の間には商業規模と工業規模がある。商業規模は事務所用ビル、商店街やホテルを含む。工業規模には生産工場、アルミ精錬、セメント工場や大規模データセンターが含まれる。これら４つの規模に関しては、実際の発電所の大きさについての明確な定義や区分が無いが、それぞれが大規模な市場の機会をもつことは明らかである。

　本書では「島規模」や「村規模」の太陽発電についても紹介する。標準的な１ＧＷ(１０００ＭＷ)あるいは５００ＭＷの大きさの石炭発電所からメリットを受けるには、最も人口の多い島でさえも小さすぎる。これらの島々ではディーゼルや他の化石燃料による発電に依存せざるを得ない。世界中に存在する数十万の村々は送電網の上にないため、事実上島のように隔離されており、島と同じようなやり方で発電せざるを得ないのである。

　太陽エネルギー発電は全ての規模に適用できる点で他に類を見ない。ＰＶパネルや電池を使って小さなＬＥＤの明かりや表示板を使うソーラー・ランプやソーラー電卓は購入が可能である。住居やホテル、半導体工場あるいは街全体を太陽エネルギーでまかなうことができる。言い換えると、

> 「太陽発電は他の発電方法にはできない規模の調節ができる。」

太陽発電は他の発電方法にはできない規模の調節ができるという重要なポイントを、この本の中で私は強調し続けるだろう。

数兆ドルの太陽熱発電塔

　　　トラフ式太陽熱発電は太陽熱(集光型太陽熱発電所)発電の主流を今日では占めている。このテーマについて２００９年初めに調べを進めているとき、数百メガワット級のトラフ式集光型太陽熱発電所が世界中に建てられていたが、１１ＭＷ級のＰＳ１０が世界で唯一商業的に操業している発電所であった。

　　　ブライト・ソース社というシリコンバレーの会社がサザン・カリフォルニア・エジソン社と１．２ＧＷの太陽熱発電開発の取引を高々と発表した時、私はまだＰＳ１０を初めて訪問したあとの時差ぼけの最中であった。ブライトソース社はモハベ砂漠に総計で４．２ＧＷの容量を建設すると発表したのだ。それほど大きくはないが、パサデナを拠点とする発電塔の競合会社イー・ソーラー社は５００ＭＷの契約をＮＲＧエナジー社と交わしたと発表した。これは米国のケーブルテレビでニュースを配信するＣＮＮが、イー・ソーラー社がサザン・カリフォルニア・エジソン社と２４５ＭＷの太陽発電所の契約をしたということをレポートした後間もないときであった。

　　　それから後、インドからの発表が相次ぎ、その中には世界で最も大きな３．２６ＧＷの太陽熱発電所が含まれている。(これはＳＥＧＳの全ての発電所を合わせたものよりおよそ１０倍大きい。)クリントン財団はインドで５ＧＷの太陽熱発電所を提案した。グジャラート州はインドでの太陽熱発電の中心となることを目指しており韓国や日本、スペインといった国にとって魅力的な相手である。またその州では１５００エーカーの土地が太陽熱発電開発のために確保されており、アベンゴア社やモーザー・ベア(Moser Baer)社の様な会社に参加を呼びかけている。[102]これらの発表から、いわば明るみになったことは、２０２０年までに２０ＧＷ、２０５０年までに２００ＧＷというインド政府の目標は無理ではないように思えることである。むしろ、妥当なことに思える。

　　　これまで説明してきたように公益事業規模の太陽発電は集光型太陽熱発電(ＣＳＰ)が有望である。これまではトラフ型太陽熱発電が市場では優位であった。ところが、ブライトソース社とイー・ソーラー社共に、彼らが信じる最も有望な大規模な公益事業規模の太陽熱発電の装置は、基本的にはアベンゴア社のＰＳ１０やＰＳ２０と同じ太陽熱発電塔であるという。[103]ブライトソー

ス社によると、太陽熱発電塔はＣＳＰ市場で優勢なトラフ式集光型太陽熱発電に比べ、３０％から４０％発電コストが低いと期待できるとのことである。[104]

　　　近い将来発電されるテラワット級の太陽発電の最も大きい部分のひとつは公益事業規模であるようなので、太陽熱発電のバリューチェインを押さえている会社は、発電所建設や操業、これらの初期の産業への製品や保守の提供のみならず、そこで発電された電力の販売という数兆ドルの市場機会を持つことになる。これら優位に立っている会社は、他の会社が技術改良や新用途開発投資をしている間に見出された技術革新によりさらに利益を得る機会があるだろう。

　　　公益事業規模の太陽熱発電の市場規模は数兆ドルと見積もられる。集光型発電所(太陽熱発電塔あるいはトラフ式集光型太陽熱発電)の建設には現在、１ワットあたり４ドルから６ドルの投資が必要である。このコストは発電所の規模に依存し(大きな発電所は１ワットあたりの資本投資が少なくて済む)、そして製造技術の革新が性能・価格曲線を押し下げ、建設技術が進歩するので、今後確実に安くなる。

　　　これまでの章で見てきたように、２０５０年までに、最低でも１６ＴＷを作るクリーン・エネルギーのインフラの一部を作るために、風力、水力、地熱そして潮力といったものを含む多用な発電技術が必要となろう。しかし、できるだけ楽観的に見ても、これらどれひとつをとっても１ＴＷ程度も発電できる見込みはない。もしエネルギーを生成する原理に何か劇的な変化(超対称性粒子からのエネルギー?)が起こらない限り、太陽熱発電は数テラワットから１０ＴＷを超えて、我々が必要となる３０ＴＷの大部分をまかなえる見込みのある唯一のクリーンなエネルギーである。これらの数テラワットの大部分は公益事業規模で発電されると思われる。

　　　日差しの強い砂漠地帯では、今日の集光型太陽熱発電は公益事業規模では太陽電池より技術的に優位である。主要な優位点は、溶融塩を用いた安価で確かな熱エネルギーの貯蔵である(詳細は後に触れる)。蓄熱によって集光型太陽熱発電は日没から７時間後まで稼働させることが出来る。これと対照的に、太陽電池（ＰＶ）や風力のエネルギーを貯蔵することは、１キロワット時換算で桁違いに高い。集光型太陽熱発電のファンたちは、変換

効率が高いという利点があることを主張している(太陽発電が２５％から３３％の変換効率であるのに対し、太陽電池では１４％)。しかし、改良によってこの１４％という数値は変るかもしれない。そして、集光型太陽熱発電がどの他の技術よりも適している他の分野があり、それは淡水化(７章参照)あるいは工業的なプロセス熱の供給(工場での溶融や沸騰、焼成を考えてほしい)などである。

　　砂漠での集光型太陽熱発電はエネルギー貯蔵の効率に優れている。カルノー理論(Carnot's Theorem)によると、熱機関の最大効率は高温部と低温部の熱量の差を高温部の熱量で割ったものに等しい。[105]これは難しい表現だが、基本的には、高い方のタンクの温度が高ければ熱エネルギーの貯蔵効率は高くなるということを言っている。太陽熱発電塔技術では溶融塩(あるいは他の熱流体材料)を高温に加熱できるので、高い発電効率と貯蔵効率を達成できるというわけである。太陽熱発電塔がエネルギーの世界に明るい未来を与えることを予感させる。

　　とは言うものの、この技術を次のレベルまで持っていくのには多くの挑戦が残っている。これらの挑戦を解決した企業は今日のグーグル社やインテル社、ジェネラル・エレクトリック社がちっぽけに見えるような特権を手に入れるだろう。数字だけを見てみよう。

度肝を抜くような市場規模：
ヨーロッパとインドは光を見た

　　必要は発明の母。必要性や問題を見つけ、それを解決する商品やサービスを作るために投資すべきだ。

　　石炭を採掘し尽くし、容易な水力は枯れ、石油は手元になく、そして北海の天然ガス油田はピークを過ぎた中で、ヨーロッパ連合はエネルギー選択の難題に直面している。原子力発電はひどく高価で、危険であり、いずれにせよ不十分である。また残りの古くからある選択肢としてロシアの天然ガスは政治的かつ経済的な危険を伴うことは最近の経験から明らかになった通りである。今まで理解したように風力は幾分ましであるが、増加するエネル

ギー需要を満たすまでには規模を大きくできない。また風力はエネルギー貯蔵の問題があり、８章で再び触れる。

　　しかし、ヨーロッパ連合が持つ巨大な一つの力は資本である。２００９年６月、世界的な電力会社、例えばＡＢＢ社、アベンゴア社、ジーメンスそしてドイツ銀行などを含むヨーロッパの共同事業体は、５５５０億ドルの資金を調達して、公益事業規模の集光型太陽熱発電所をサハラ砂漠に建設し、ヨーロッパとアフリカに電力を供給する送電線を地中海を横切って敷設する合意書にサインしたと発表した。[106] １兆ドルの半分であるから巨額である。太陽熱発電はいずれ将来に起こることだとまだ思っている人は今気付くべきである。

　　ちょっと待ってほしい。サハラ砂漠?そこはほとんどのヨーロッパから数千マイルもある。多くの集光型太陽熱発電による電力はストックホルムやリーガは言うまでもなく、パリへの途中で消滅するのではないか。単純な答えは、「否」である。最新の高圧直流伝送技術(ＨＶＤＣ)では、電力を数千キロの道のりを最小限の損失で運ぶことができる。ＨＶＤＣの損失は１０００キロメートル(６２０マイル)当りたったの３％であり、発電所を太陽源(あるいは風力源)のあるところに建設し、需要のあるところに送ることができるのである。

　　人々は砂漠の近くに居住していない?もう一度考えてみよう。世界中の９０％の人口が砂漠から３０００キロメートル(１８６０マイル)のところに居住していることが分かっている。[107]東京に住んでいる?あるいはベルリンやシカゴ?グーグル・アースで見て見ればよい。あなたの住まいは砂の多い地域や空が開けた場所に近い。実際、９０％の主なエネルギーの消費地である中国、ヨーロッパ、インドそして米国は、ゴビ砂漠、サハラ砂漠、タール砂漠やモハベ砂漠などの砂漠や米国の南西に広がる砂漠から３０００キロメートル(１８６０マイル)以内にある。これらの全ての消費国には、砂漠で発電される公益事業規模の太陽発電から供給することが出来るのである。

　　インド政府は文字通りこの光を見た。「国定太陽発電計画(National Solar Mission)」と呼ばれる報告書には２０５０年までに総計２００ＧＷの太陽エネルギー発電のインフラを建設する概略が示されている。[108]インフラの多くは公益事業規模の送電網につながると期待されている。インドはもちろん、世界で最も優れ

た太陽資源を与えられている国のひとつである。「太陽発電計画」は報告書の中でインドは毎年５０００兆ｋＷｈのエネルギーを太陽から受け取っていると述べている。(これは２００７年にアメリカで消費された電力の４兆ｋＷｈの１０００倍以上である。)インドのある地域は１日あたり１マイル四方に受け取るエネルギーは７ｋＷｈに及ぶ。これは、アリゾナやエジプトと同等であり、スペインやドイツ以上である。(米国の平均的な世帯は一日あたり３１ｋＷｈ消費する)

数字を示そう

　　　ここで一つ一つを分析して公益事業規模の太陽発電の機会の全てを資本投資の視点から捉えてみる。

1.　２００９年半ばには１ワット容量の公益事業規模の太陽熱発電として発電塔やトラフ式発電所を建設する費用は４ドルから６ドルかかった。(数値はもちろん、用いる技術や規模、場所その他の特長によって変わる)

2.　この数字をベースにすると、１ワットあたり４ドルから６ドルの１ＴＷの集光型太陽熱発電所を建設するために必要な資材やサービスの投資資本額を簡単に計算すると４兆ドルから６兆ドルとなる。

3.　第二章で説明したとおり、**完全に新しく**クリーンな、経理的に成り立ち、規模の拡大が容易な技術で太陽発電に取って代わる技術が無いので、我々は２０５０年までに１０ＴＷの太陽発電のインフラを整える必要がある。

4.　ということは今後４０年に亘って上記の数字の１０倍、４０－６０兆ドル、の投資が必要と言うことである。

　　　これらの数値には確かに驚く。しかし、読者がまだ「太陽発電は高価である」、とか他のオプションがより安いだろうと思わないように、読み続けて欲しい。

　原子力を考えてみよう(そうさせてほしい)。原子力発電の費用は、これまでに述べたように、政府の秘密のように取り扱われているが、投資費用は一ワット当たり８から１２ドルと思われる。[109]ウォール・ストリート・ジャーナル紙の原子力発電所についての記事には、フロリダ・パワー＆ライト社(ＦＰＬ)の担当者がＧＥ社の１ＧＷ級原子力発電所の費用は１２０億ドル、あるいは１ワット当たり１２ドルと述べたことを引用していた。**これは今日の太陽熱発電にかかる費用の２から３倍である**。さらに、これまでの章で触れたように、原子力発電のコスト曲線は１９５０年の開始以来、着実に増加しつつあるが太陽発電のコスト曲線は、米国エネルギー省に属する国立再生可能エネルギー研究所によると毎年２０％下落しており近い将来も続くであろうといわれている。

　石炭発電所の建設もまた安くなることは無いだろう。エヌ・ブイ・エナジー社が１５００ＭＷ石炭発電所のネバダ州東部への建設を延期したとき、投資費用として５０億ドルを見積もっていた。[110]これは１ワット当たり３ドルより少し高い。注意してほしいことは、これは「クリーン石炭」発電(まだ完全に非現実的であるが)の価格構造ではない。これは、「新型石炭」というもので、従来と同じ汚い石炭であるが、幸せな顔を持ったものである。典型的には、煙突からの排出物に蒸気を吹き込み、白く綺麗にするものである。

　もし、現在の傾向が続くなら、そして今まで私が示した証拠から読者はそれが続くであろうという私の確信に同調すると期待しているが、集光型太陽熱発電所の投資費用はだいたいこの程度、１ワット当り３ドル程度、になるであろう。確実に１０年以内に、しかも無公害で。「クリーン石炭」発電所がたとえ実現したとしても、汚ない石炭の発電所より２倍の費用がかかると予想される。これが意味することは１０年以内に(クリーン石炭の支持者がクリーン石炭発電所が用意できると主張したとしても)その投資費用が１ワット当たり６ドルとなるということである。そのとき、太陽発電は１ワット当たり３ドル以下になる見込みである。従って、汚いオプションはクリーンなオプションの２倍のコストがかかる。これは発電所の建設費用だけである。燃料を燃やす数１０億ドルの費用はまた別であり、それは永遠にかかるものである。

　　結論：　今後数１０年間の新しいエネルギー生成への投資は、どのようなエネルギー原料を使うかによらず、数１０兆ドルに及ぶ。

エネルギーと不動産

　　発電所の建設は概念としては住宅や商業施設を建設するのと似ている。一世紀に渡る大規模な投資や工業化や、原材料や労働力や構成部品のコモディティー化が住宅を建てるために進んだにもかかわらず、建設や**不動産**の維持にかかる費用は下落していない。

　　土地は現在、太陽発電所建設費用全体の中では小さな要素である。その理由はこれらの発電所は最も荒れ果てた砂漠に設置されるからである。すなわち太陽の放射(日射)が高いほど太陽発電所に向いているからである。その日射が土地を極端に暑く乾燥させ、農業のための表土を奪い、人間が住む魅力を無くしている。ほとんどの動植物もこのような砂漠の土地を親しめないと避けている。

　　これは多くの他の「代替エネルギー」のための土地利用と著しく対照的である。生物燃料の需要増加によって、ブラジルやマレーシア、インドネシアといった地域の森林破壊が加速している。数千の独特な生物が暮らしているブラジルのアマゾンやサバンナは、自動車用の生物燃料を生み出すためのサトウキビや大豆農場の経営者達の作業のもとで加速的に消滅している。[111]

　　米国では、集光型太陽熱発電に最適な暑く、乾燥して荒れ果てた土地のほとんどは土地管理局(ＢＬＭ)を通じて連邦政府が所有し貸し出している。２００８年６月２８日、ＢＬＭの発表したところでは、連邦政府が保有する土地に太陽熱発電所を設置するための申請があまりにも多かったため、１８ヶ月に亘って処理を凍結したという。[112]ＢＬＭによると、太陽熱発電計画のために１００万エーカー以上の土地をカバーする１２５の申請書を審査中で、これは２０００万世帯に電力を供給する能力があるという。ＢＬＭの担当者は、単にそんなに多くの申請書を処理する能力がないという。さて、これは以下の事実に照らし合わせると面白い言い分だ。。すなわち、２００４年以来、ＢＬＭが「２８，７７

６件の公共の土地に(石油やガスのために)掘削する許可を与えた」という２００８年の米国下院のエネルギーに関する報告書がある。[113]なぜ石油の掘削には２９，０００近い許可書を発行できるのに、１２５件の太陽発電の申請書を処理できないのか。

　　このような露骨な不公平に対する激しい非難に直面した当局は直ちにその発表を覆し、「太陽エネルギー開発の利益のために」職員は申請書の審査を続けるであろうと述べた。[114]

太陽を追えばお金がついてくる

　　ここで公益事業規模の太陽発電容量は１０ＴＷの「クリーン・エネルギー不足」のたった１０分の１、すなわち１ＴＷであり、太陽発電所の費用は１ワット当たり２から３ドル(現在の１ワット当たり４から６ドルの半分)まで下落すると仮定しよう。これは、２０５０年までに公益事業規模の太陽発電のインフラに対する投資機会が２から３兆ドルであることを意味するだろう。もし、１０ＴＷの

「**砂漠での発電で埋められるとすると、市場機会は６から９兆ドルになる。**」

３０％が砂漠での発電で埋められるとすると、市場機会は６から**９兆ドルになる。**

　　何かと比較してみよう。グーグルの２００８年の収入は約２００億ドル、あるいは前に見積もったインフラの最低額の１％である。ジェネラル・エレクトリック社は世界で最も経営状態のよい会社として見なされているが、２００８年の総収入は約１８００億ドル、言い換えると、前項で見積った上限、３０兆ドルの０．６％である。ＧＥ社がこの収入に達するのに一世紀かかったが、グーグル社はこの規模に達するのにたった１０年しかかからなかった。当然どちらの会社もクリーン・エネルギーで主要な役割を演じたがっている。

だれが数兆ドルの富を手に入れるか

　大きな市場を前にして、その成長を取り込む資本の投資はすでに始まっている。アベンゴア・ソーラー社は素晴らしいスタートを切ったが、このレースで一人勝ちになるにはほど遠い。

　２００１年、米国のベンチャーキャピタル基金は総額でたったの５００万ドルしか太陽発電技術の会社に投資していない。２００８年には、太陽発電の会社はほとんど最大のベンチャー投資を受けた。ブライトソース社、イーソーラー社やソーラーリザーブ社のような会社は、米国の南西部に太陽塔発電所を建設するためにそれぞれ２億ドル近い投資を受けた。

　イベルドロラ（Iberdrola）社、アクシオナ社やセネル（Sener）社のようなスペインの会社は、従来形式の発電所の建設と操業における経験を生かして、公益事業規模の太陽発電所の開発（と操業）の機会に急速に動いている。これらの会社は２１世紀のＡＴ＆Ｔ社やエジソン・エレクトリック社になりたいと思っているようだ。これらの会社の財務状況は良い。数億ドルあるいは数十億ドルの預金を持っている。成功に必要な土地や技術そして人材を買うこともできる。

　ある国にとって２１世紀のＡＴ＆Ｔ社の本社となることにどれだけ重要性があるだろう。ＡＴ＆Ｔ社は２０世紀の優れた会社の一つであった。そのベル研究所から７名のノーベル賞受賞者を輩出し、多くの卓越した発明は２０世紀の米国の独創性や生活様式を特徴づけた。そのいくつかを挙げれば、レーダー、テレタイプ、水中音波探索機、ラジオ放送、ステレオ音声、補聴器や有声映画などがある。１９４６年にＡＴ＆Ｔ社は移動電話の提供を開始、１９４７年にはトランジスタを発明、１９５８年に最初のモデムを発売、１９６２年に初めての商用衛星を導入、１９７１年にはＵＮＩＸとＣ言語を発明、１９７６年には初めてコンピューター制御のスイッチ・ネットワークを築いた。[115]

　従ってＡＴ＆Ｔ社の最終章の卓越した技術はシリコンバレーが始まった基礎となった。私はこの本をマッキントッシュコンピューターの上で書いているが、ＵＮＩＸから派生したＯＳＸが、インテル社製ペンティアム（原始的なトランジスタの子孫）の上で走り、ネットギア製ルーター（最新の無線モデム）がコンピューターをインターネット（コンピューター制御のネットワークで多くはＵ

ＮＩＸ系のオペレーション・システム上で動いている)に接続する。どのように見ても、ＡＴ＆Ｔ社は株主や従業員、提携先企業や本社のある国に数兆の富をもたらした。

　　私がマドリッドのカステリャーナ地区にあるオフィスでサンティアゴ・シージ(Santiago Seage)最高経営責任者と話したとき、彼は「アベンゴア・ソーラー社はこの市場で大勝利を収める立場にいる」と述べた。「この市場に参入しようとしている多くの会社は技術はあるが太陽発電所の建設や操業に関わった経験はない」。シージ氏が説明を続けるには、その一方には、イベルドロラ社やアクシオナ社の様に発電所建設の経験はあるが研究開発予算が少ない会社が挙げられる。さらにアルビアザ(Albiasa)社のような建設会社がある。これらのすべての状況をみると、アベンゴア社が「研究開発費用が潤沢なシリコンバレーのスタートアップ会社と大きな商業用発電所の開発と操業の経験の両方の優れたところを持ったユニークな会社である」ことをシージ氏は確信している。アベンゴア社は少額ではあるが「ベンチャー基金」をも設けていて、見込みがありアベンゴア社に強みをもたらす会社に投資している。(シリコンバレーのネットワーク界の巨人であるシスコ・システムズはベンチャー投資と買収の方策を開拓し完成させ、マーケットリーダーにのしあがっている)

今日の集光型太陽熱発電競争　スペインが先頭に立つ

　　競合会社が市場に参入しようと急いでいる間、アベンゴア・ソーラー社は既に１０年も市場に存在しており、２００８年度には１億ドルの収入を上げた。さらに近い将来、この数字を倍にする計画を立てている。２００８年には研究開発費として収入の約３０％に当たる３０００万ドルをあてた。革新的であることと他社との差別化を続けるために、この会社はしばらくはこの比率を続けることを予定している。

　　アリゾナの２８０ＭＷ級のソラナ発電所は、アリゾナ・パブリック・サービス(ＡＰＳ)社との３０年間の契約で、アベンゴア社に４０億ドルをもたらすと期待されている。約１４億ドルの初期投資や操業費用に対して、これは毎年１億３０００万ドルの収入に相当する。特に資本の大部分が借り入れでまかなわれて

いることを考えると、投資の見返りとしては魅力的である。これはローン返済のようなものである。

　さらに良い話がある。ソラナの「ローン支払い」がＡＰＳの契約期間の３０年行われたと仮定すると、アベンゴア社は契約終了時には１ｋＷｈ当たり１セントで発電を行えるようなるだろう。契約では１ｋＷｈ当たり１５セント以下の定額が決められている。この価格は３０年間変わらないということはないだろう。しかし、「ピーク時電力」(一日で最も消費の多い時間の発電量)は市場で最も価格が高い。ピーク時電力はおそらく平均価格の２から４倍であろう。この価格は上昇し続けることが予想されるし、ソラナはピーク時電力を供給することが出来るので、３０年の契約終了後は公開市場でもっと高い価格をつけることができるだろう。しかし、コストは**１ｋＷｈ当たり１セントかそれ以下になるだろう**。だからソラナは太陽が動かすキャッシュフロー装置をアベンゴア・ソーラー社に無料でもたらすだろう。

　数兆円の賞金を手に入れることが出来る初期の競争相手には、アクシオナ社、イベルドロラ社、セネル社、ブライトソース社、イーソーラー社、そしてソーラー・ミレニアム社(あるいはミレニオ・ソーラー社)などがある。ブライトソース社単独でも、１４０万世帯に電力を供給できる４ＧＷ以上の公益事業規模の太陽発電所建設を受注したことが発表されている。これには史上最大の二つの太陽発電所の契約が含まれていると会社は述べている。すなわち、ひとつはパシフィック・ガス＆エレクトリック社との１.３ＧＷの契約、もう一つはサザン・カリフォルニア・エジソン社との１.３ＧＷの契約である。[116]最初の計画はカリフォルニア州のアイヴァンパー(Ivanpah)における４００ＭＷの太陽発電団地で、デスバレーとロサンゼルス—ラスベガス間を結ぶ州間道路１５号線の近くにある。会社は２００９年に最初の１００ＭＷ発電所を起工し、続いて１００ＭＷ、２００ＭＷと続ける予定である。

　４ＧＷの容量をもつ太陽熱発電所を開発するための資本投資は１６０から２４０億ドルの間である。ブライトソース社はこれらの電力を発電するために太陽塔発電方式を選択した。パサデナを拠点とするイーソーラー社とロサンゼルスを拠点とするソーラー・リザーブ社もまた太陽塔発電方式を公益事業規模の発電の中核技術として選択した。共に、この手法が、世界ではないと

しても米国での太陽熱発電の市場で主流となるであろう。モハベ砂漠は集光型太陽熱発電で非常に忙しくなろうとしている。しかし集光型太陽熱発電による砂漠での発電は、太陽発電の最大の規模のみに限られている。以下につぎの規模の発電についてみてみよう。

「我々が今日直面している一連の大問題は、これらの問題を作り
　　出したのと同次元の考え方では解決できない。」

—アルバート・アインシュタイン (Albert Einstein)

「お前みたいな奴は要らない。
　まだ、大学も出ていないじゃないか。」

—アップルの創設者の一人であるスティーブ・ジョブズ(Steve
Jobs)に対するＨＰ社 (Hewlett Packard) のマネージャーの反応

「太陽の力を捉えることで世界中で電力がより普及するようにな
ろう。そうなれば、人が海水を真水に変えることもできるし、環境
問題を排除することもできるようになる。エネルギーが足りれば、
　　　いろんな問題が解決できるようになる。」

—バークシャー・ハサウェイ社のチャールズ・マンガー
(Charles Munger, Berkshire Hathaway)

第四章

第二のチャンスー産業に電力を：
産業規模の太陽発電

2006年6月12日月曜日、ドイツで開催されていたＦＩ
ＦＡワールド・カップでチェコ共和国を相手にアメリカはま
たもや３対０で敗れた。この対戦をヤフー（Yahoo）がホストする
FIFA国際サッカー連盟のサイト上で、世界中で５００万人に上る
サッカー・ファンが、２億２６００万ページのサイトと４２５，０
００本のビデオを通して観戦した。[117]ヤフーは何百万ページにも
上る検索をこなすために世界中にデータ・センターを構え、５０
万台ものコンピューターを置き、書類・写真・ビデオその他のデー

タを検索し、保存し、加工を加えて発信している。これらのコンピュ
ーターを作動し、冷却するためにヤフーは年間１億ドルを費やし
ている。エネルギー費用は、ヤフーにとって人件費に次いで二番
目に大きな費用項目である。

　地球最大のウェブ会社であるグーグル（Google）は、エネル
ギー費用の詳細を公表していないが、一般に公表されている情
報を使ってその金額を推測することができる。グーグルの２００
８年会計年度のエネルギー費用はおよそ５億ドルと思われる。こ
の驚くほど大きい数字をどうやって推測したかを以下に述べる。

1. 証券取引所（Security and Exchange Commission, SEC）に
   届け出た財務諸表によれば、グーグルは２００８年にデー
   タ・センターに１６億５千万ドルを使った。[118]

2. ヤフーは、５０万台のコンピューターに年間１億ドル（コン
   ピューター１台あたり年間２００ドル）を費やしている。

3. グーグルはヤフーの７倍ほどの規模である。したがって、デー
   タ・センターの電力に７億ドル程度をかけている可能性
   がある。

4. グーグルはヤフーよりも３０％効率よくデータ・センターの
   運営をしていると仮定すると、電力代に５億ドルほどかけた
   という結果になる。

　グーグルはウェブ会社として知られているが、エネルギー
会社でもあることは広く知られていない。しかし、年間５億ドルの
エネルギーを使うとなれば、伝統的なエネルギー供給会社では
ないにせよ、れっきとしたエネルギー事業会社ということになろ
う。グーグルはＰＧ＆Ｅ社（Pacific Gas & Electric Company）やサ
ザン・カリフォルニア・エディソン社（Southern California Edison）
などの電力会社と競おうというつもりは毛頭ないだろう。ただでさ
え、マイクロソフト（Microsoft）、ヤフー、フェースブック社（Face-
book）その他のウェブやＩＴ提供会社と競うのに手一杯である。
それでも、大規模なエネルギー消費者であることに変わりはな
い。グーグルは、ハイブリッドで、ソーラー電力を使い、二酸化炭

素排出量の低いプリウスのつもりでいるかもしれないが、現実はシリコン・バレーのハンマー車というべきエネルギー消費者である。

　もちろんグーグルは、エネルギーの大量消費を削減する努力をしており、常日頃エネルギー効率を高めようとしている。サンフランシスコと、そこから４０マイル南に位置するグーグル本社との間に、従業員を運ぶ便利で快適な無料送迎バスを設けたり、本社キャンパス内を行き交うための自転車を置いたり、ベルギーにあるデータ・センターには水処理施設まで設けている。

　このウエブの巨人はさらに一歩クリーンテク市場に踏み込んでいる。グーグルの非営利部門のGoogle.org（現在はグーグル・ベンチャーズ社、Google Ventures）は、ソーラーエネルギーを化石エネルギーより安くすることを目的とする企業に投資をしている。「RE ＜ C」（再生エネルギーは炭素より安いというスローガン）を掲げ、企業がどれだけエネルギー問題に好影響を与えることが出来るかを世に知らしめている。グーグル・ベンチャーズ（Google Ventures）は、何ギガワットにも上る太陽発電所を作ることを目標とするイーソーラー（eSolar）やブライトソース（BrightSource）に数百万ドルの出資をしている。これは地球にとって良いことであり、究極的にはグーグルにとって利益につながることでもある。

　データーセンターは情報時代のアルミニウム精錬所であり、膨大なエネルギーを消費するため、安価でふんだんに電力を供給できる発電所に近接する必要がある。２００８年には、データセンターは平均５万平方フィートのサイズであり、５メガワットの電力を必要とした。

> 「データーセンターは情報時代のアルミニウム精錬所である。」

　ウォールマート（Wal-Mart）やホームデポ（Home Depot）やスーパーマーケットと同様、データセンターも巨大化の傾向にあるため、２０２０年には「平均」の規模でも２００８年に比べ１０倍の５０万平方フィートになるものと予測される。ということは、電力も５０メガワット必要になるということである。[119] ２００５年のデータセンターの電力経費は１８５億ドルであり、翌年２００６年にはデータセンターの電力消費量は全米電力需要の１．５％にも上る６１０億キロワット時と増加した。[120]

　　２０２０年の米国のデータセンターの電力経費は２５００億ドルと予想され、これは２００７年のニュージーランドの国民総生産（１２８０億ドル）[121]の二倍に匹敵する。ＩＢＭによれば情報技術関連のエネルギー消費量は「この先５年間で倍増するものと予測される。」[122]これらの情報をすべて取り入れると、グーグルのエネルギー消費コストは５年後には１０億ドル以上になることが推測される。グーグルが従来のコスト体制を維持すると仮定した場合、２０２０年にはエネルギー経費は今日の１０倍の５０億ドルにも上ることになる。これだけの電力をどこから調達するのだろうか。

暖房と冷房

　　　何百万台というコンピューターを走らせるためには多くの電力を必要とするものの、グーグルの電力経費の大半はデータセンターのコンピューターを稼動させるためではなく、それを冷却するために使われているのだ。コンピューターを稼動させると熱を発するが、何万台ものコンピューターが床から天井まで何列にもびっしりと詰まっていると、その発熱は強烈で、コンピューターが溶解することもありうる。電力経費の３分の１だけがコンピューターを稼動させるのに必要である。[123]その結果、グーグル、ヤフー、マイクロソフト、フェースブックなどのデータセンター重点企業は、毎年何億ドルという冷房費用をかけているのである。現時点では別の場所で発電した高価な電気を使って冷却をしているが、もっと安く、もっと効率的で公害も少ない冷却の方法があるのだ。太陽熱発電の余りの熱を使えばよいのである。

　　これはシリコンバレーのウェブ会社に限ったことではない。住居やビジネスで使う電力の大半が暖房・換気・冷房（HVAC）に充てられているのだ。

- 米国エネルギー省によれば、「住居用・商業用ビルの消費が米国の総エネルギー消費量の３６％を占め、米国の温室効果ガス排出の３０％を占める。」[124]

- 住居・商業セクターで消費するエネルギーの６５％は、暖

房（４６％）、冷房（９％）および冷蔵（１０％）に充当される。[125]

- 米国の製造業ではエネルギーの３６％は加工工程での加熱に使われている。これは産業平均であり、いくつかの産業は他よりも加熱の比重が多いものも当然ある。たとえばガラス産業などは、エネルギー消費の８０％は加熱に使われている。[126]

ソーラー・チップス

　フリトレー社（Frito-Lay）は、アメリカ最大級のスナックとポテトチップスのメーカーである。ドリトス（Doritos）、トスティトス(Tostitos)やサンチップス(Sun Chips)などのブランドのポテト・チップス類を何十年にもわたりアメリカ人に提供し、その好みと食欲を満たしてきた。ペプシコ社（Pepsico）の子会社であるフリトレーは、これらのチップスをアリゾナ州、テキサス州プラノ(Plano)、そしてカリフォルニア州モデスト(Modesto)等全米に７箇所ある工場で製造している。

　フリトレー社（Frito-Lay）のサンチップスはアメリカでも最も晴天の多い都市のひとつに数えられるモデスト工場で製造されているが、重要な成分が欠けていた。それは皮肉にも太陽であった。[127]化石チップスとかガス・チップスでは格好がつかないのはわかるものの、従来チップスを揚げるための油の加熱は天然ガスを使っていたのだ。でも、これも過去の話である。

　フリトレーは２００８年には、発電容量２．４メガワットの太陽熱発電所（アベンゴア・ソーラー社(Abengoa Solar)が 建設）を竣工し、直接蒸気を作り出し製造工程の加熱に充てている。この発電所は５０６５平方メートル（５４，５００平方フィート）に及ぶアルミニウム製パラボラトラフ式の集光鏡で加圧水を摂氏２４９度（華氏４８０度）まで加熱している。サンチップスは今では太陽の力を借りて製造され、名実ともにサンチップスになったといえよう。太陽で加熱された水は工場のボイラーに送られ、穀物（小麦あるいはとうもろこし）と料理油の加熱器をそれぞれ加熱した後、閉鎖ループを通って再度加熱される。

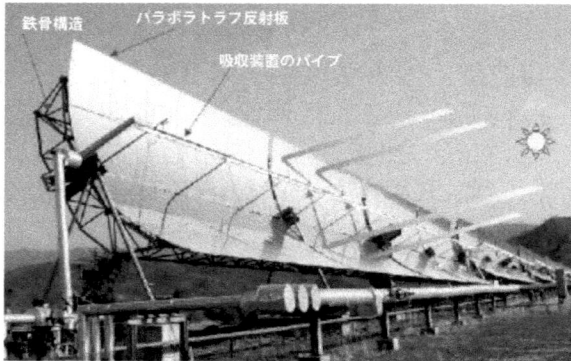

図4.1　太陽を追いかけるパラボラトラフ(引用文献　ＮＲＥＬ)

　　　そろそろ、最も昔からある商業用の集光型太陽熱発電に使
われるパラボラトラフ（１９１２年に遡る）について詳しく書くこ
とにしよう。パラボラトラフは、鏡のパイプを縦に半分に割ったよ
うな形をした太陽集光用鏡であり、トラフ上の焦点に当たる位置
に長い**受光管**を走らせ、そこに太陽光線を集中する長い装置であ
る。この受光管の中には熱を吸収する液体が流れている。この**液
体**は水であったり（今日では多く使われる）水よりも高温加熱の可
能な合成油だったりする。通常はこの液体は水を蒸気に換えてこ
の蒸気で発電機のタービンを作動する。集光型太陽熱発電施設
では、どこでもパラボラトラフは南北に何列も並び、太陽が東から
西へと移動するのを垂直に受け、光を最大限吸収し発電量の最
大化を図っている。この技術が、ＳＥＧＳ（第１章参照）で２０年
以上にもわたり使われている手法である。
　　　パラボラトラフがより新しい技術に優る特長のひとつに、熱
湯もしくは蒸気を**直接**製造できるという点が上げられる。工業用
のプロセスで水を沸かすために多大なエネルギーが浪費されて
きたことを考えると、これは重要な特長といえよう。
　　　水（だけでなく他の物を）を加熱するために電力を使うこと
は本来的に浪費行為である。石炭を使用する発電所では、燃料の
３分の１のみが発電に使われ、残りの６５％から７０％は浪費
される。その後送電中にも電力は失われようやく目的地に着いた
かと思うと水を加熱するのに使われさらにエネルギーが無駄にな
り、最終的には初期エネルギーの８５％もが浪費される。太陽エ

ネルギーをパラボラトラフ技術で中間の過程を経ずに水の加熱
または蒸気に変えられるのにもかかわらずなのである。発電所の
受光管の中の液体を合成油から水に入れ替えるだけでよく、フリ
トレーのサンチップス製造モデスト工場もこれを実施したのであ
る。
　　直接水を加熱することにより、発電してから水の加熱をする
までの非効率さを回避できるのだが、一方で熱はうまく送れない
ため、太陽熱（パラボラトラフ）発電所は熱湯を使う場所に近いか
同じ施設内にある必要がある。フリトレーは同施設内の３８４個
のコレクター・システムでエネルギーを産出し、毎日サンチップス
を１４５，０００個以上製造するが、これに要するエネルギーを
石炭を使った発電所に頼った場合に排出される１７００万ポン
ドの炭酸ガスを排出しないですむのである。[128]

産業はエネルギーの最大消費者である

　　産業は米国内で生産されるエネルギーの３分の１を消費
する。その中でもトップ１０の産業がエネルギー消費の７５％を
占めている。

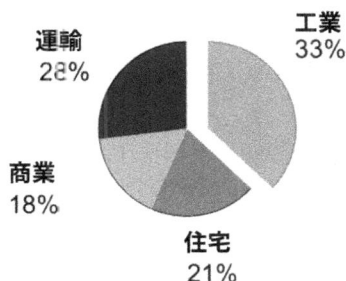

図４.２　　２００４年の米国における各部門のエネルギーの使用量
(引用文献ＵＳＤＯＥ[129])

　　米国エネルギー省によれば、エネルギーを大量に消費す
る８つの産業が、私たちが使う素材の９０％を製造している。こ
れらの産業は１兆ドルの収益を計上し、３００万人の労働人口
を直接雇用し、さらに１２００万人を間接的に雇用しているとい
う。[130]これらの産業とは、アルミニウム、化学、林業、ガラス、金属鋳

造、鉱業、原油精製と鉄鋼であり、どれもが安価でふんだんなエネルギーを使って２０世紀に爆発的に伸びた産業である。

　莫大なエネルギーである。米国の化学産業だけで２００４年には２．３兆キロワット時（７．８千兆ＢＴＵ）を使用した。この数字の規模を説明するために、世界第二の経済大国である日本を例にとると、日本の年間消費量は６．６兆キロワット時[131]（２２．４千兆ＢＴＵ）である。ということは、住居、農場、自動車、オフィス・ビル、アルミニウム精錬所、半導体工場、および化学工場、すべてを含む日本全体で、米国のたった１産業の３倍程度のエネルギーを消費しているに過ぎない。ところが上記の８大米国産業の内原油精製以外は、ここ１０年から２０年の間に、エネルギー経費の上昇によって大幅に縮小している産業である。

　加工熱、つまりは工業の製造過程における熱エネルギーの使用は、米国だけでなく工業国全体の最大のエネルギー消費者である。ヨーロッパでは加工工程熱は産業界が消費する熱量の３分の２を占める。[132]電力消費量はエネルギー消費量の３分の１に過ぎない。別の見方をすればＥＵ諸国で使われる全エネルギーの１８．６％が加工工程熱に使われている。

　工業製造過程における加工熱の市場は巨大である。この需要の約５０％は摂氏２５０度（華氏４８２度）以下の温度で十分である。ＥＵ諸国だけでも３００テラワット時のエネルギーである。[133]２００７年のヨーロッパにおける工業用電力料金はキロワット時あたり１０．２から１５．４ユーロセント[134]であり、平均でキロワット時あたり１２．８ユーロセント（１７．８セント／ＫＷｈ）である。この数字を使うとヨーロッパでは年間３８４億ユーロ（５３８億ドル）の低温加工熱市場があるということになる。

　下表は比較的低温（摂氏２５０度（華氏４８２度）以下）を使う工業熱加工工程の例である。

各産業	過程	温度レベル [℃]
食品と飲料	乾かす	30—90
	洗浄する	40—80
	殺菌する	80—110
	沸かす	95—105
	消毒する	140—150
	熱処理	40—60
織物工業	洗浄する	40 –80
	脱色する	60—100
	染める	100—160
化学工業	沸かす	95—105
	蒸留する	110—300
	いろいろな化学過程	120—180
すべての産業	ボイラの給水を予熱する	30—100
	プロダクションホールを加熱する	30—80

図４．３　各産業別、プロセス別の太陽熱発電利用の可能性[135]

　　カリフォルニアで現在稼動中のフリトレーのパラボラトラフ太陽熱技術を使えば楽に摂氏２５０度の加熱ができる。飲食品産業に属するフリトレーがこのような太陽熱技術を早期に適用したのは偶然ではない。食品加工における加熱の必要な製造工程を見てみるがいい。
　　加工熱用に太陽を利用して熱湯もしくは蒸気を作るのは化石燃料を使用するのに比べてはるかに効率的である。平均値でいえば、工業製造過程の加工熱に使うエネルギーの半分が失われる。その範囲はプロセスの種類と使う装置によって違うが、１５から８５％の範囲である。[136]エネルギーは排気ガスによるロス、壁からのロス、操作中のロスその他もろもろのロスにより失われる。

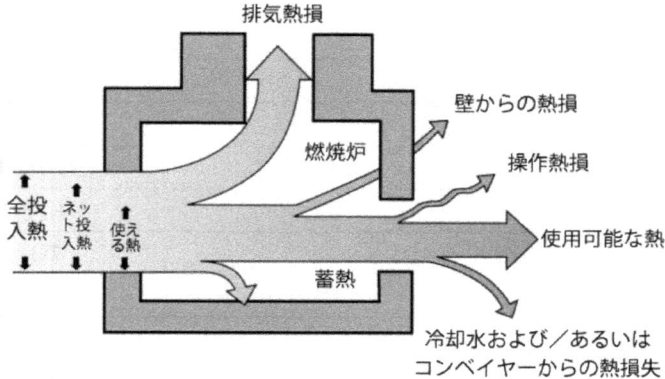

図４．４　　燃料を使う熱プロセスのエネルギーロスの図[137]

　　　全世界の加工熱需要はヨーロッパの数倍に及び、米国はヨーロッパ並みの規模、日本・中国・インド・そしてその他の諸国が３００テラワット時のエネルギーを使用すると仮定すると、ざっと計算してみると、全世界で９００テラワット時の低温加工熱需要があるということになる。

　　　この数字にキロワット時あたり１０セントという大まかなコストを掛けると、低温加工熱市場は年間９００億ドルということになる。２０５０年までの４０年間を考えると実に３．６兆ドルの市場である。（疑問を持つ方へ、カリフォルニアのＳＥＧＳ（Solar Energy Generating Systems）の例では、およそ２５年間の稼動期間に投資家に２０億ドル以上のリターンを出している。）しかも、これは全熱加工市場の５０％にしか過ぎない低温加工熱の話である。

「太陽発電の熱プロセスには、３．６兆ドルの市場である。」

エジプト綿

　　　第１章のフランク・シューマン（Frank Shuman）を思い出してほしい。シューマンは、エジソン（Edison）、ベル（Bell）、マルコーニ（Marconi）、テスラ（Tesla）と並んで、発明家が今日のロックスターのようなもてはやされ方をしていた頃の人間である。シューマンは１８６２年にニューヨーク州ブルックリンに生まれ、亡くな

るまでに何百という特許をとり、**サイエンティフィック・アメリカン誌**（Scientific American）に１年に２回も記事が載るほどであった。[138]割れても破片の飛び散らないガラスの発明はシューマンの発明の中でも瞬く間に大ヒットしたもので、３０歳にならないうちに彼を有名な資産家にしあげたのである。

　シューマンの人生の情熱の対象は太陽エネルギーであった。エジプトが世界一の綿の製造国であった頃に、彼はマーディ（Maadi）に太陽熱発電所を設計し、資金を調達し、建設を果たした。この発電所は６５馬力を発電し、ナイル川の水を毎分６０００ガロン吸い上げて綿花畑の灌漑をしたのである。この発電所のためにシューマンは多くの部品を発明したが、それらはほとんど改造されることなく現在でも使われている。たとえば、低圧の蒸気タービンを発明し、当時市場に出回っているものより４倍ものエネルギーを製造できるようにした。

図４.５　１９１２年ごろのマーディにおける
シューマンのパラボラトラフの拡大図[139]

　モハベ砂漠（Mojave）にあるＳＥＧＳの集光型太陽熱発電所のように、１９９０年代初頭に世界の太陽発電の９０％を占めていた最大規模の施設は未だにシューマンのパラボラトラフのデザインを使っている。

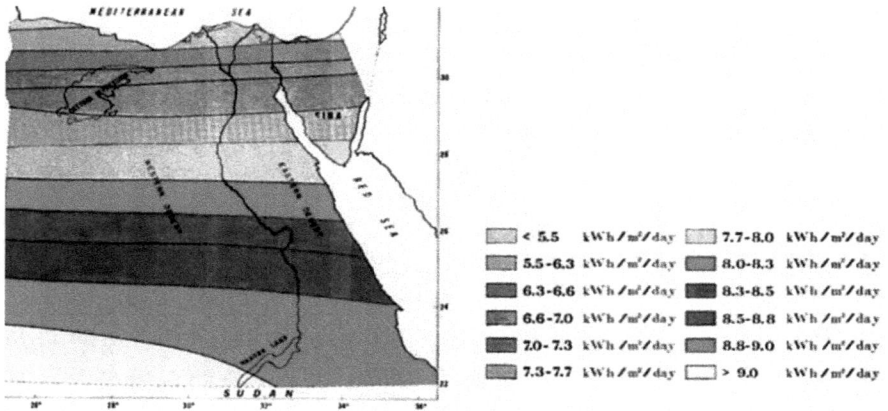

図４.６　エジプト各地の直射太陽照射量 (引用文献ＩＥＡ[140])

　　　シューマンは世界でも有数の直射日光の豊かな場所を与えられ、太陽熱をすぐに使える市場を与えられて、その上この技術に投資価値を認めた植民地時代の英国投資家を与えられたことになる。図４.６はエジプトの直接日射量を示した地図である。カイロは毎日平米あたり５キロワット時の日光を受け、首都の南部に位置する砂漠地帯では、毎日平米あたり６.５キロワット時の日光を受ける。(これに比べ、世界一の太陽発電市場であるドイツでは、平均これの４０％以下の日射量である。[141])さらに南下すると、毎日平米あたり９キロワット時の日射を受ける地域もある。見方を変えると、米国の平均的な世帯は一日当たり３１キロワット時を消費するから、３.２平米(３４.４平方フィート)の面積で受ける太陽エネルギーでこの消費を賄えるわけである。
　　　今日ある太陽発電技術は、このエネルギーを全て変換するわけではないが、かなり近くまで来ている。太陽光パネルは１４〜１５％の変換率であり、集光型太陽熱技術は３３％のエネルギー電力変換率を誇る。ところが、熱発生と発電を合わせると、太陽エネルギーの８０％までを変換することが可能である。夏の間の電力の多くはエアコンに使われるので、太陽光で水を加熱し、これを直接エアコンのために使うこともできる。
　　　え？　どうして熱湯が冷房に使用できるのかって？　答えは簡単だ。エネルギーはエネルギーなのであって、発電タービンから出てくる熱湯にはまだ多くのエネルギーが残っており、これを

使わずにいれば浪費されてしまうのである。では、これをどうやって効率よく利用して冷房に換えるかが残る課題である。これを実現する技術は実際にはいくつかあるが、タービンから出てくる熱湯にはまだ圧力が残っており、どの技術でもそれが家庭の冷蔵庫にあるような加圧蒸発サイクルを稼動させるのに使われる。家庭の冷蔵庫もしくは人間が発汗する時のように、蒸発のプロセスが媒体（この場合には水）を冷却し、これが蒸発装置の周りのパイプに送り込まれる空気を冷たくするのである。エネルギーを除かれた水は再び太陽熱システムに戻り再生されるのである。

　　集光型太陽熱技術の熱湯は工業用加熱、住居用冷暖房、そして海水の淡水化にも利用できる。（詳細は後述。）

エジプトの熱い薬

　　前述のように、エジプトは世界でも太陽の恩恵をもっとも受ける国のひとつに数えられる。シューマンのパラボラトラフを使った太陽熱発電所が閉鎖されて1世紀ほどたった頃、新しいプラントがエジプトに建てられた。カイロから西へ数マイルの場所に、エル・ナスル製薬会社（El Naser Pharmaceutical）に低温加工熱を供給するこの太陽熱プラントはカリフォルニア州モデストのフリト・レイ工場同様、発電ではなく発熱を利用しているのである。敷地内での太陽による水の加熱は、今日用いられている水の加熱方法に比べ、ずっと効率的で安価である。

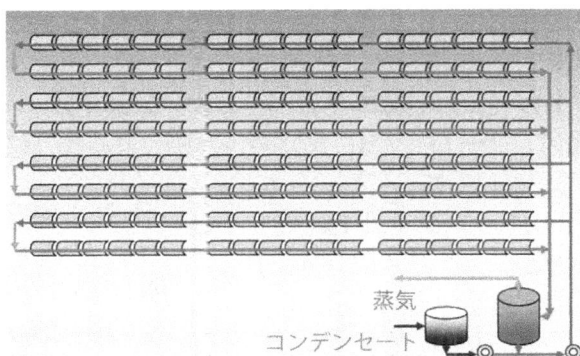

蒸気
コンデンセート →

図4.7　エジプトのEl Nasr Pharmaceuticalにおける
パラボラトラフ太陽による集光装置の配置図(引用文献　Lotus Solar[142])

　　エル・ナスルの設計は、典型的なパラボラトラフである。各々長さ６メートル（１８フィート）幅２．３メートル（６．９フィート）のトラフ型の集光鏡が１４４個並び、合計１９００メートル（６２３４フィート）の集光面を有している。太陽エネルギーを受け止める集光鏡は各々１８個が８列に並んでおり、この８列は４つの閉鎖ループで構成されている。加熱前の水は奇数列の４列を右から左へと流れ、その下の偶数列を左から右へと流れ、合計２４個のコレクターを通る。この間、水は目的温度（１７５℃）まで加熱され製薬会社の蒸気ネットワークに導かれる。

　　ほとんど熱を失った水は凝縮器を通り、再び加熱されるためにパラボラトラフへと戻される。この発熱所は、１．３３メガワットに相当する毎時１．９トンの飽和水蒸気を７．５バール（１０８．８ psi）の圧力で供給している。

　　この発熱所の建設費用は２２０万ドル、つまりはエネルギー１ワットあたり１．６０ドル未満であり、新しい石炭発電所の建設費用の半分である。エル・ナスルのパラボラトラフは、燃料コストがゼロ、カーボンや水銀の排出もゼロで稼動ができるのも大きな違いである。石炭発電所は容量が５００メガワット、原子力発電所は容量が１０００メガワット以下では採算がとれないが、エル・ナスルのような太陽発熱所は１メガワットという小規模でも採算がとれる。

　　欧州太陽発熱産業連盟（European Solar Thermal Industry Federation）によれば、２０３０年には、太陽熱発電所の建築費用はエル・ナスルの４分の１の、およそ１ワット当たり０．４０ドルまで下がる見込みである。[143]その頃には、南ヨーロッパのこれらプラントの供給するエネルギーの平均単価はキロワット時当たり２セントまで下がることになる。

　　エジプトがその太陽エネルギーポテンシャルのごく数パーセントを使えば、ヨーロッパに太陽熱発電による電気を輸出できるはずである。では、エジプトの太陽エネルギーポテンシャルはどれだけ大きいのだろう？ アスワン水力発電所の水源であるナセル湖(Lake Nasser)ほどの広さの集光型太陽熱発電所（CSP)を作れば、「現在の中東の原油製造量に匹敵するエネル

「ナセル湖ほどの広さの集光型太陽熱発電所（CSP)を作れば、現在の中東の原油製造量に匹敵するエネルギーを作れる。」

ギーを作れる」[144]という。これは年間９０億バレルの原油に相当
する。
　　この何ギガワットにも及ぶエネルギーをどうやってエジプ
トから電力をほしがっている他国に送るのか。現在はエジプトの
送電グリッドは北東ではヨルダン、シリア、トルコにつながり、西で
はリビアにつながっている。リビアからはチュニジアにつながる予
定で、ここからさらにモロッコとスペインにつながる予定である。
スペインはポルトガルと小規模ながらフランスにも送電している。
　　この古来のグリッドを使ってのヨーロッパへの送電は非効
率なのは言うまでもない。現在サハラ砂漠の太陽熱発電所からヨ
ーロッパの電力消費地まで高圧直流送電線、ＨＶＤＣ線、をつな
ぐプロジェクト(デザーテック、Desertec)が計画されており、ドイツ
銀行(Deutsche　Bank)とそのコンソーシアム傘下のパートナーた
ちが現在５０００億ドルの資金調達を試みている最中である。
ニュージーランドではその南島で発電した電力を海中のＨＶＤ
Ｃ送電線を介して北島で消費している。

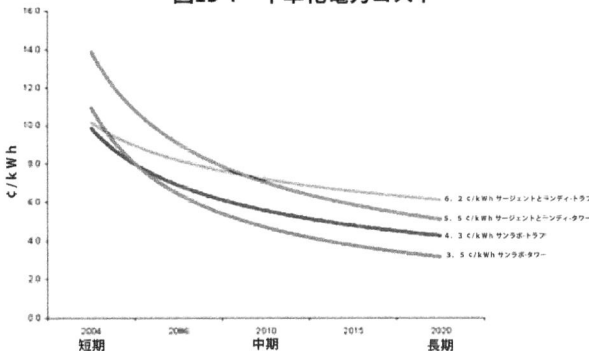

図ES-1―平準化電力コスト

図4.8　２０２０年までのパラボラトラフと発電塔による
太陽熱発電のコスト(引用文献　Sargant and Lundy[145])

　　太陽熱発電のコストは大幅に下がってきており、２０２０
年までには原油と同レベルの１バレル２０ドルまで下がり、その
先１５ドルまで下がるものと予想されている。これはキロワット時
３．５セントである。つまりは２０２０年には、**諸々の補助を考慮
しない比較で、石炭よりも太陽熱発電のほうが安いということにな
る**。

グーグル、ヤフー、マイクロソフトが超大型データセンターのために安価な電力が安い場所を探しているが、２０２０年にはキロワット時３.５セント、２０３０年にはキロワット時２セントよりも安いことにはならないだろう。

「２０２０年には、太陽熱発電のコストはキロワット時３.５セントまで下がるものと予想されている。諸々の補助を考慮しない比較で、石炭よりも太陽熱発電のほうが安いということになる。」

　優れた太陽資源と国外への送電の可能性があるにもかかわらず、エジプトは現在国内発電の８３％を原油もしくはガスを使った火力発電に頼っている。（国民一人あたり５０万トンに相当する）３４００万トンの炭素を大気に放出しているのである。

　エジプトはこれまでにアスワン・ダムやスエズ運河といった巨大な都市工学プロジェクトを成功させてきている。このエジプトは世界に冠たるエネルギー大国に変身する挑戦を受けて立つことができるだろうか？ナポレオン率いる軍隊がエジプト侵略を果たして２世紀経つが、ヨーロッパに電力を輸出することによりカイロは立場を逆転できるはずだ。しかも、平和で相互に恩恵の得られるＨＶＤＣ線を使った進出なのである。

ソーラー・ミレニアム社

　ソーラー・ミレニアム社（Solar Millenium, USA）のオフィスはカリフォルニア州バークレーの目立たない界隈にある目立たない建物にある。ソーラー・ミレニアムのレーナー・アリングホフ (Rainer Aringhoff) 社長との最初のミーティングは２時間半に及んだ。コーヒーではなく、よいビールかワインを持ってきておればずっと朝まで語り合い続けられた気がしている。

　というよりは、ずっと彼の話に聞き入っておれただろう。アリングホフは１９８０年代初頭からソーラー産業で活躍中の数少ない重鎮の一人である。今でも業界で活躍中で、今回こそはソーラーが大飛躍を遂げる条件がそろっていると確信しているようだ。ジミー・カーターが大統領だった１９７０年代後半の中東の石油危機から「エネルギーの独立」を目指して草創期のソーラー

産業に資金を投入した頃から、アリングホフはすでにこの夢を実
現すべく尽力していたわけである。

　カーターがホワイトハウスを後にした途端、ソーラー産業
は研究開発費の削減に直面し、しまいにはほぼ皆無の状況まで
至った。（１９８０年にロナルド・レーガンが大統領に就任して最
初にしたことのひとつのは、前大統領がホワイトハウスの屋根に
象徴的に取り付けたソーラーパネルを引っぱがしたことである。）
結果としては、今日の米国は３０年前以上に中東の石油に依存し
ている。

　米国は１９７２年には、総消費量の１９％に相当する８
億１１００万バレルの原油を輸入したが、２００８年には総
消費量の６２％に相当する３３億バレルの原油を輸入してい
る。[146]

　今日の原油消費量が増えただけでなく、輸入に頼る割合も
増え、その価格も上昇している。ブリティッシュ・ペトリウム社（Brit-
ish Petroleum）の世界エネルギーレビュー統計によれば、１９７
２年には一バレル当たり１．９２ドルだった原油は２００８年に
は平均９４．３４ドルまで値上がりした。この数字を基に計算する
と１９７２年には１６億ドルを原油の輸入にかけたが、２００
８年には３５００億ドルを輸入したことになる。とんだエネルギ
ーの独立である。

　原油をはじめとする化石燃料は理由もわからず値上がり
しただけでなく、その値上がりは滑らかで継続的から程遠いもの
である。原油価格の不安定さは他のコモディティー同様非常に大
きい。後になって振り返ってみれば短期展望の米国の政治家や
投資家がソーラーを長いこと無視し続けた理由は鮮明である。
１９９０年代に原油が１バレル１０ドルまで落ちた時に、ジェ
ネラル・モーターズ社（General Motors）は嬉々としてハンマー社
（Hummer）を５億ドルで買収した。石油は永遠に安くふんだん
に手に入るはずであった。とんでもない。（当時世界最大の石油依
存企業が石油の価格を正しく予測できなかったのだから、我々に
できるはずがない。）

　というわけで、いじめっ子だらけの校庭に一人たたずむ天
才少年のように、ソーラー産業は隅に追い込まれてしまった。１９
８０年代半ばから後半にかけて、アリングホフは南カリフォルニ
アでチームとともにＳＥＧＳの建築に携わった。このプロジェクト

はいつの日か再びソーラーの蘇る時がくるという希望の灯火のようなものであった。他ににソーラー施設が建設されなくなったころ、アリングホフはブラジルに行き、発電所のコンサルティングに携わることにした。ドイツが唯一１９９０年代に太陽光産業を再開した頃、アリングホフはフランクフルト行きの飛行機に飛び乗り参加した。その後はスペインに渡り、世界最大の太陽熱産業を興す事業に着手したのである。

　　今日アリングホフは米国南西部を世界最大級の集光型太陽熱発電（CSP）の地に仕上げようというゴールを掲げている。ここ数年、アリングホフは米国(および世界)全土を飛び回り、太陽熱、配電グリッドおよび米国がクリーン・エネルギーのリーダーになる潜在性について演説をして回っている。

年中無休の太陽光エネルギー時代がいまや到来

　　アリングホフの旅路はアル・ゴア（Al　Gore）の旅路を彷彿させる。２００４年に私は、アル・ゴアがサンフランシスコのフォート・メーソンのグリーン会議に出席した小グループを前に地球温暖化について講演をしたのに参加した。ゴアは、何年にも亘り、話を聞いてくれる人には当たりかまわず地球温暖化について話をして回った。科学と歴史的データを裏付けに、元副大統領は世界中を飛び回り、メッセージを説いて回った。数年もしないうちに、この話題が主流になり、ゴアがノーベル賞、アカデミー賞に加えグラミー賞まで取るとは誰が考えたことだろう。私がはじめセビルのＰＳ１０ソーラー・パワー・タワーを訪問した時には、つい最近ゴアが来たと自慢していたのも思い出す。なんと狭い世界だろう？

　　アリングホフとバークレーで会談した時、ちょうどアンダーソル１（Andasol-1）が運転を開始した頃であったのでその話をした。ソーラー・ミレニアム社（Solar Millenium）のアンダーソル１はスペインのグラナダの近くにあり、２００９年の７月に正式にオープンを果たした。７．５時間の熱エネルギー蓄電のできる５０メガワットの発電所だ。この発電所は５１０，０００平米のパラボラトラフ(５５０万平方フィート)と溶融塩蓄熱タンクの２つ

を使い年間２８万ギガワット時、およそ１７万人分のエネルギーを作り出している。アンダーソル１は世界最大のエネルギー蓄積を誇り、雨天や曇りの夕方でも需要に応じて電力を供給できる。

　アンダーソル２とアンダーソル３は、現在建設中の太陽熱発電所で各々７．５時間の熱エネルギー蓄電のできる５０メガワットの発電所であり年間２８万ギガワット時を作り出す。この３つのクリーンな操業により５０万人分以上の電力を供給でき、しかも年間４５万トン以上の炭酸ガスを全く排出せずに、操業することができる。

　本章ですでに述べたように２０２０年のデータセンターは５０万平方フィートに及ぶ規模になるものと思われるが、こうした施設は５０メガワットの容量を必要とする。[147]アンダーソル１は５０メガワットを発電できるが、７．５時間の熱エネルギー蓄電しかできない。ところが、グーグル，ヤフーやマイクロソフトは１分たりともダウンすることが許されない。年中無休で安定供給が必要なのだ。

　ジェマソーラー社（Gemasolar）は、以前はソーラー・トレズ（Solar Tres）という名称で知られていたが、１７メガワットの容量と１５時間のエネルギー蓄電のできる施設であり、午後１０時でも午前１時でも午前４時でも電力を供給できるのである。

　アンダーソルの５０メガワットの容量とジェマソーラーの塩を使った蓄電を組み合わせれば２０２０年のデータセンターを年中無休で運転できる。それでもグーグルはダウンタイムのリスクをとることはできない。３日間連続で雨続きだったらどうする？

　アリゾナ州ユマの天候を調べてみた。米軍によれば、軍のテスト基地であるユマ・プルービング・グラウンド(Yuma Proving Ground)は「ピカピカのきれいな空気、低湿度、年間３インチ程度の雨量しかなく、年間平均３５０日の晴天に恵まれる」そうだ。[148]とすれば、データセンターも残り１５日間は電力を従来の発電所から買えばよい。データセンターは完璧に従来の発電所から切り離さず、それでも電力需要の９６％は太陽からもらえばよい。しかも残り４％の電力も公害を発生する発電所に頼らず、風力、地熱その他のクリーン・エネルギーでまかなうこともできるはずだ。要するに、今日でも太陽を利用した発電をベースロードとして使うことが可能なのである。クリーン・エネルギーに反対する人

々は他の言い訳を探さなければいけ
ないようだ。

　　前述したようにデータセンターは年間何十億ドルもかけて運営されており、この金額は毎年加速的に増え、何百億、何千億ドルにもなりつつある。この市場は２００５年には１８５億ドルであったことは前述した。[149]

　　この金額は２０２０年には２５００億ドルと予測される。複利計算で年間２６．５％の成長率である。業界が大規模なエネルギー効率を達成しエネルギー経費が年間６．５％しか増えないと仮定した場合、２０２０年には３８０億ドル、２０５０年には２５００億ドルをかけることになる。この先４０年間(発電所の寿命)で３．７兆ドルを費やす計算だ。

　　コンピューターを稼動させるための発電とコンピューターを冷却するための冷房を供給する市場は何兆ドルにも昇る。集光型太陽熱発電（CSP）技術は電力と冷房用の冷却器を稼動させる蒸気の両方を効率的に作り出すことが出来るのである。これに蓄熱施設を加え送電線につなげればデータセンターは年中無休で走れる。

　　レーナー・アリングホフとの最初の会談から半年後、ソーラー・ミレニアム社はサザン・カリフォルニア・エディソン社(Southern California Edison)と７２６メガワットの太陽熱発電をカリフォルニアに供給する電力供給契約を締結したと発表した。この容量だけでカリフォルニアの太陽熱発電の容量は３倍になり、全米でもカリフォルニアが最大の太陽発電の州になる。この契約は２４２メガワットの発電所を二つ含み、さらに同じ容量の発電所を建設するオプションがついている。１発電所あたり１０億ドル（一ワット当たり約４ドル）かかる。

　　この発電所の建設場所はリッジクレスト（Ridgecrest）町、デザート・センター（Desert Center）、とブライス（Blythe）町であり、

> 「ジェマソーラー社は１５時間のエネルギー蓄電のできる集光型太陽熱発電 です。年中無休の太陽発電はいまや到来したのである。」

> 「データセンターを運営するために、３．７兆ドルを費やす計算だ。大きい市場機会があるということになる。」

いずれも世界有数の直射垂直入射（Direct Normal Incidence, DNI）である年間平米あたり２８００キロワット時を誇る。米国の家庭の平均電力消費量は月間９３６キロワット時であることを思い出してほしい。[150]

考えてみれば南カリフォルニアの砂漠４平米（４３平方フィート）に降り注ぐ太陽エネルギーを、既に開発済みの技術を使い収穫するだけで、平均的な米国の家庭が年間に消費するエネルギーが作れるのである。太陽は、携帯電話や、グーグルの検索に使う

> 「南カリフォルニアの砂漠４平米に降り注ぐ太陽エネルギーを平均的な米国の家庭が年間に消費するエネルギーが作れるのである。」

ＰＣを支え、さらにはこの検索を処理し結果を送り返すグーグルの産業規模データセンターに電力を供給できるのだ。

アリングホフは正しかった。今回のソーラーは、大々的に産業規模で進展している。ソーラー・ミレニアムはもはや会社名だけではない。ソーラー・ミレニアム(太陽の千年)は到来したのである。

「この電話機は、コミュニケーション手段としてまじめに考えるには、あまりにも欠陥が多すぎる。」

―ウエスタンユニオン社(Western Union)社内メモ、１８７６年

「航空機は愉快な玩具だけれど、軍事的価値はない。」

―フェルナンド・フォッチ元帥
（Marshall Ferdinand Foch, Ecole Superieure de Guerre）

「インテリ馬鹿は、物事をより大きく、より複雑に、より乱暴にしてしまう。正反対の方向に動かすには天才のタッチと果敢な勇気が必要だ。」

―E.F. シューメイカー（Shumacher）

第五章

第三のチャンス―ビキニパワー： 島・村規模 の太陽発電

マーシャル諸島は南太平洋の中の５０万平方マイルに浮かぶ７０平方マイルの土地からなる島々である。白い砂、ココナッツの木々、温暖な牧歌的な気候は、トロピカルビールかレモンスライスと傘をのせたドリンクのコマーシャルに完璧な風景である。以前は米国の領土であったが、マーシャル諸島共和国 (The Republic of the Marshall Islands, RMI) として１９８６年に米国の「自由連合盟約国」となって独立した。多数の環礁、小島、岩礁のうち、世界が忘れてはならないものがある。１９５２年に、米国が史上初の水爆実験をしたビキニ環礁である。[151]

　　それから５０年の年月がたち、５万４千人の住むこの島では、事情はそれほど良くなってはいるとは言えない。２００８年

７月３日、マーシャル諸島は、原油が１４７ドルという史上最高値を記録する中、経済非常事態宣言を出した。リトクワ・トメイン大統領(President Litokwa Tomeing)は、国立の電力会社が、１７．５から２１億ドルに上る赤字に直面していると発表した。この額は国家予算全体の２０％に匹敵する。[152]もし、政府がそのお金をすぐに調達できなければ、国は、電気なしで暮らさねばならぬリスクを負う。トメイン大統領によると、想像を絶するくらいの非常事態となるということである。

　　マーシャル諸島が困難に直面しているのは、第一次エネルギーのほとんどを化石エネルギーから得ていることにある。産業もビジネスも、住宅も、ディーゼル発電による電力で賄われ、自動車はガソリンに頼っている。原油価格が、１０年もたたないうちに１桁高騰することは大変なことなのである。石炭、石油、ガスといった化石燃料を買わなければならないことが最悪なことではない。もっと大きな問題は化石燃料の価格の変動なのである。

　　あなたが家を購入した時にローンの利子が毎日リセットされ、１０年間に事実上７００％も増加することを想像してみて欲しい。あなたのローンの支払額が来月いくらになるかわからないし、あるいはあなたが支払えるかどうかさえもわからない。つまり、月２０００ドルのローンの支払いが来月は８０００ドルになり、２ヵ月後には１６０００ドルになるかもしれないということである。こんな状態では、あなたやあなたの家族の将来設計が出来ないことになる。

　　　商品としての燃料の世界にようこそ。

　　原油１バレルの価格は、１９９９年の１６ドルから、マーシャル諸島の危機からたった１週間後の２００８年にピークの１４７ドルまで高騰した（図表５．１）。その後、原油価格は、４０ドルを下回り、やがて７０ドル以上に跳ね上がった。ディーゼル、灯油、ガソリンのようなオイルからなる商品も、同じパターンをとる。天然ガスと石炭は、地域に根ざした商品であるが、世界経済や金融市場の変化に伴い、価格は上下する。

　　原油価格に影響するもののことを考えていると、気が遠くなるほど複雑である。中近東諸国のリーダーがニューヨークのヘッジファンドマネジャーが好むようなこと（あるいは好まないこと）

を言っただけであなたの払う住宅ローンの返済額が１日のうちに１０％や２０％も上がる事態を想像してみてほしい。

　アリゾナ・パブリックサービス社（Arizona Public Services, APS）によると、「天然ガスは、今日の市場で一番変動する商品の一つである」という。「ＡＰＳの現在のリスクヘッジのやり方は、ローリングベースで３年先を見ていくという体系的なアプローチを基本とし、発電所での負荷の増大と発電停止等

> 「天然ガスは、今日の市場で一番変動する商品の一つである」

を考慮に入れた財務モデルシミュレーションを使用する」。[153]つまり、ＡＰＳは、１年目の予想容量の８５％、２年目５０~６５％、３年目３０〜４０％のヘッジ保証に対するプレミアム（保険料）を支払うのである。ガス市場変動を考慮に入れると、ＡＰＳは、２００８年、３年ではなく５年にヘッジを延長すると見られている。ということは、ＡＰＳ社に、２年追加で価格を保証するために、もっとお金を支払うこととなる。

　エネルギー業界以外の業界全体が、この変動で影響を受ける。航空業界を見てみよう。高コストアイテムのひとつである燃料コストを予想することができないために、多大な被害を被ってきている。航空会社は、１ヶ月あるいは８ヶ月先の航空券を売っているが、実際いくらになるか知るすべはない。確かに、彼らは、金融ヘッジを試み、原油先物に投資できる。しかし、この方法は、変動のために、上手くいって、当て推量、悪くいけば、ギャンブルとなる。１年後の原油価格を予想してみよう。２年後は？３年後は？これは、**需要と供給の問題ではない。ウォールストリートジャーナル紙**の記事が、５年後の９月の火曜日、どの中東諸国のリーダーが何を言い、それがどのように原油価格に影響を与えるかという世界である。

　サウスウエスト航空の予想は当たり、会社は燃料コストの封じ込めに成功した。彼らは、ヘッジを運用し、原油価格が７３ドルになると予想した。原油が１４７ドルにまで高騰したとき、彼らは賢く見えた。他の航空会社はヘッジをとらず、何百億の損失を出した。本当に、サウスウエスト航空は、賢かったのか？否である。その後の予想は外れた。原油価格が６１ドルに下がった時、サウスウエスト航空は、会社初の損失となる２４７億ドルを計上した。[154]

　　健全な会社の経営は、エネルギー価格のギャンブルとは全く関係ないものであるべきである。にもかかわらず、エネルギー価格の変動が、多くの業界に、あるいは、原油や他の鉱物資源の価格に影響を受ける小さな貧しい国々に、多大なコストを強要している。マーシャル諸島は、エネルギー価格の上昇の中、コントロールできない価格の変動に耐えきれず、苦境に陥ったのである。
　　太陽エネルギーであれば、永遠にコストがいくらになるか明白である。冬に家を暖めなければならない個人であろうと、これから拡張しようとしているデーターセンター企業であろうと、破産することなく市民のエネルギー必要量を確保しなければならない町や国であろうと、太陽エネルギーであれば、鉱物資源エネルギーが不可能な、安定したコストを提供できる。

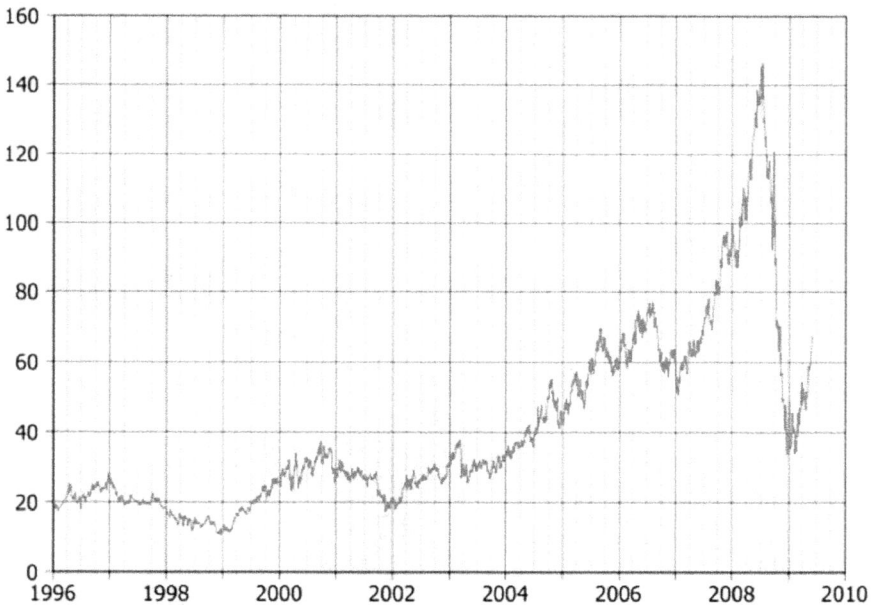

図５.１　　１９９６〜２００９のオイル価格、Nymex WTI　原油１バレルあたりの価格(出展ウイキペディア[155])

村規模の太陽エネルギーとは何か？

　　大きなグリッド網からはずれ、標準サイズの石炭プラント（
１ＧＷ または ０．５ＧＷ）を使うには小さすぎる「島」や「村」や
その他のユーザーのエネルギーの市場性を表現するのに、「村ス
ケール」、「島スケール」という言葉を発明した。大部分の発展途上
国はまだ比較的小規模で孤立した村々からなっている。例えば、
インドだけでも、様々な規模の５百万個を数える村がある。殆ど
がグリッド上にない。こういったコミュニティーの殆どは、電気を産
み出すのにディーゼル運転の発電機に頼っている。ディーゼル燃
料は、コストの非常にかかる船やトラックでどこからか運ばれてき
ている。

　　　１９９４年、村サイズのディーゼル燃料を用いた電気運用
コストは１キロワット時１ドルから２ドルであった。[156]これは、次
の１０年でオイル価格が高騰し、ディ
ーゼル燃料価格が３倍以上になる前
のことである。読者は、今日、太陽光発
電は１キロワット時２０セント、あるい
は殆どコストがかからないことをご存
知だろうか？

　　サンフランシスコに拠点を置くディ
シニョ社（Dissigno）の社長であるギ
ャーリ・ジィーフ（Gary Zief）は５００
０万人の人を化石燃料発電から太陽
PV発電に変えたいと思っている。

> 「ディーゼル燃
> 料を用いた電気
> 運用コストは１キ
> ロワット時１ドル
> から２ドルであっ
> た。太陽光発電
> は１キロワット時
> ２０−３０セント
> である。」

　　「原油や鉱物資源に頼るエネルギーは、多くの人たちを貧
困に陥れている。」ジィーフ（Zieff）は言う。灯油は１ルーメンあた
り、１０００ドルするが、これは、我々が米国で支払うコストの２
桁多い計算である。明かりが暗過ぎて、子供たちは火元に近づき
過ぎて有毒ガスを吸ったり、火事の危険にさらされている。

　　こういった家族が灯油を買う余裕がなければ、薪を探しに
出かけなければならない。「母親たちは、調理や読書に必要な基
本的なエネルギー源を得るのにも、子供たちの手を必要とするだ
ろう。我々はただ、スイッチを入れるだけでいいのだ。」とジーフ
はいう。「改良された太陽光照明は、より良い生活への第一歩であ
る。子供たちが夜にも読書が出き、母親たちは収入のために洋服

が縫える。光は彼らにとって電力の力を理解する方法である。非常にシンプルなことなのだ。」

　ディシグノ社（Dissigno）のビジネスモデルは違う。彼らは月ベースで、バッテリー電源のLEDライトをリースする。貧しいオフグリッドコミュニティの個人、あるいは組織がコミュニティーバンクとして機能することになる。彼あるいは彼女は、ユーザーを教育し、LEDライトをリースし、月額料を集金する。このバンクは、ソーラーPVパネルを使ってチャージされるバッテリーの在庫を持っている。一ヶ月に一度、ユーザーは料金を支払いに訪れ、低バッテリーのものをフルチャージのものと交換していく。料金は、1ヶ月2ドル25セントくらいのものである。これは、ユーザーが今日灯油に支払う額と同じである（鉱物資源はその地域の状態と仲介屋の数によって変動するのであるが）。

　「タンザニアのプロジェクトでは、たったの6ヶ月で利益が出た。その後、彼は人を雇って、ビジネスを大きくする手伝いをさせた。新しい仕事が生まれ、子供たちも読書したり、勉強したりできるようになり、母親は縫い物をし、家の中も衛生的になった。クリーンエネルギーは、世界の問題の多くを解決する方法なのだ」と、ジィーフは言う。

　パトリック・ウォルシュ（Patrick Walsh）は、小規模なソーラーパネルを電源とするソーラーパワーのLED ライトの発明で、2008年に名誉あるラメルソン・イリノイ（Lemelson-Illinois）賞を受賞した米国の起業家である。[157]「インドには、約60万を数える村があるが、その半分が灯油のランプを使用している。[158]」とウォルシュは言っている。「彼らは、少ない収入の中から年間380億ドルものお金を灯油を買うのに使っている。それは収入の5％から10％に当るのである。」

　ウォルシュ氏は、サン・キング（Sun King）と呼ばれるバッテリー内蔵型のソーラーパワーのLED ライトを生産し、市場に出すために、グリーンライトプラネット社（Greenlight Planet）を創設した。太陽光のみの電源で1日あたり16時間まで使用できるライトである。このライトは、灯油のライトよりも2倍の明るさがあり、危険なインドア汚染の原因とならない。

　しかし、彼らは非常に貧しいため、市場規模としては小さいのではないかという疑問の声もあるが、**そんなことはない。**ソーラーランプを60ドルとすると、16億人の灯油ユーザーがい

る。市場価値としては、**９６０億ドル**の価値がある。４年毎に買い替えると仮定すると、次の４０年で９６００億ドルである。

　　インド政府が国営グリッドを建設していくにつれ、多くの村々は最終的にはグリッドに繋がっていくであろう。しかしながら、グリッドを建設するのは長いプロセスとなるであろうし、全ての村が繋がることはないであろう。小規模すぎる村、遠過ぎる村、あるいは地形的にグリッドラインを結ぶのが困難な村、あるいは、その３つの要因全てを満たしている村などがありそうだ。

　　これの良いポイントは、グリッドで結ばれることが絶対必要ではないということである。多くの村は、大規模な相互結合をしなくても、地域的にパワーを供給するソーラーパワープラントで賄うことが出来る。もしグリッドで繋がれれば、エネルギー負荷を均衡に保つことができるが、地域のエネルギーのためにそれに頼る必要性はないのである。

　　そして、すでに話してきたように、これは、発展途上地域のみの問題と捉えているのであれば、もう一度、考えて直してほしい。ハワイは、十分に、島スケールソーラーエネルギーを必要とする州である。ハワイの人たちは、米国で一番高い料金をエネルギーに支払っている。２００７年には、彼らの支払った料金は、米国の平均値の３倍であった。モロカイ島では、４１．６４セント／キロワット時にとどいている。[159]これは、翌年、オイル価格が再び３倍になる前のことである。

> 「２００７年には、ハワイの人たちの支払った料金は４１．６４セント／キロワット時にとどいている。これは、オイル価格が再び３倍になる前のことである。」

　　グリッドに繋がれていない人々や村々のために効率よく電気を供給できるソーラー技術の別の形として、ソーラーディッシュ・スターリングエンジンシステムズ(solar dish Stirling engine systems)というものがある。このシステムは、第３章で述べたように、反転した傘のようなもので、通常、太陽を追いかけるトラッキングシステム上に備え付けられる。(図５．２参照)鏡でできた「傘」状のディッシュは、サテライトディッシュがシグナルを焦点に結ぶように、その突起した受信機に太陽光の焦点を当てる。この受信機は、ピストンを基本原理にしたエンジンで、熱をパワーに変換する。インフィニア社（Infinia)や、スターリングエネルギーシス

テム社(Stirling Energy Systems , SES)は、３キロワットから２５
キロワットまでの能力の異なる製品を開発している。
　　２５キロワットディッシュのスターリングエンジンは約２０
軒のアメリカの家、あるいは数百のインド、アフリカのオフグリッド
地域の需要を満たすパワーを生産できる。

図５.２　ユーロディッシュ・スターリング・エンジン・ソーラーシステム
(Euro dish Stirling engine solar systems)（グラフィック：ウィキペディア[160]）

　　ロサンゼルスから少し離れたリバーサイドに本社があるテ
ラフォー社(Terrafore)という会社は、村やビジネスに狙いを絞っ
た、より大きなシステムを開発中である。リニアフレスネル(Linear
Fresnel) と呼ばれる集光型太陽熱発電を使って、テラフォー社
は、電気と温水の両方を生産できる２００キロワットシステムを
開発している。テラフォー社の最高経営責任者ラジャン・キャセッ
ティ(Rajan Kasetty) によると、このシステムは、非常に軽量であ
るので、多くの業界システムが必要とするサポート構造が不要で、
屋根の上に設営が可能ということである。
　　この会社は、もっと効率が良くて、コンパクトな溶融塩エ
ネルギー貯蔵法にも着手している。（エネルギー貯蔵について

は、第７章参照）。テラフォー社の共同設立者アヌープ・メイサー（Anoop Mathur）はモハーベ砂漠にあるオリジナルのソーラーワン（Solar One）パワータワーを開発したハネウェル社（Honeywell）のチームにいた人物である。「我々は、この技術を砂漠から取り出し、同じように必要としているコミュニティーに持って行きたい」とキャセッティは話している。

　　２００キロワットの集光型太陽熱発電システムは何百という世帯の村の電気を生産することができる。コンパクトで安い溶融塩ソーラーシステムは、夜間や曇りの日を賄うエネルギーを貯蔵することができる。そしてスマートなマイクログリッドシステムがこの村スケールのソーラータイプを管理できるであろう。

　　しかし、私は少々先走りすぎたようだ。貯蔵とグリッドについて話す前に、この中間スケールのソーラーパワーの恩恵を受ける、違う種類の「島」について語ろう。

軍事基地

　　エネルギー会報（Energy Bulletin）によると、２００７年、アメリカ軍は、１億４千万人の人口を持つナイジェリアの国全体よりも多く、また、世界の３５カ国を合わせた分よりも多くのエネルギーを消費している。[16]その費用は、２００億ドルに達する。

　　軍事基地は島のようなものである。それぞれが独立しており、時には孤立化し、自己完結型のコミュニティーである。軍事設備の多くが、固有の発電施設を所有し、パワーを補うためにグリッドに繋ぐこともできる。彼らは安定したエネルギーサービスを必要とし、いかなる状況であってもパワーを失ってはならない。（軍のエネルギー消費量は恐らく正確には公開されていないであろう。エネルギーは、その活動に対する主要指標だからだ。第三者が、エネルギー消費量の急激な立ち上がりや、ホッケースティックのようなカーブを描いたグラフを見れば、軍が通常業務以上の活動を準備していると正確に予測できるであろう。）

　　軍はまた、技術の早期採用者であり、投資家でもある。軍が投資した有名な例は、４０年前（１９６９年８月）アーパネット（ARPANET）として始められた研究開発プロジェクトから生まれたインターネットである。アメリカ国防総省の国防先端研究計画局

（Defence Advanced Research Projects Agency, DARPA）は、当時、そのプロジェクトを略してＡＲＰＡと呼び、残りの世界が追いついてくる何年も前に、未踏の技術基盤を編み出し、それに投資したのである。[162]

　政治家たちが「エネルギー独立」を話し合い始めた何１０年も後になって、軍は、エネルギーを国家のセキュリティ問題であると認識するようになった。シェブロン社（Chevron）のロバート・レドリンガー（Robert Redlinger）によると、世界のオイル・天然ガスリザーブの多くは、サウジアラビア、イラン、ロシアのような国々では、国営のオイル会社によって所有、経営されている。[163]その上、実績のあるリザーブとしては１３位以内のオイル会社は、国営会社である。シェブロン社はそのリストでは１４位で、最大の国際企業なのである。

　「アメリカ国防の強化（Powering Americas Defense）：国家セキュリティにおけるエネルギーとリスク」と銘打った最近の海軍のリポートでは、「**米国のオイル依存は、国際力を弱め、外交政策の実行を弱め、アメリカを不安定で敵意のある政権に巻き込むこととなる。効率の悪いオイルの使用とその依存性は軍に負担をかけ、戦闘効率を蝕み、金銭面と人命において、膨大なコストとなりうる。**[164]」このような理由により、軍がソーラーパワーに設備投資し、運営するのは意義はあることなのである。

　少なくとも軍の幾つかは、明らかにこの論理に同意している。北アメリカで最大規模を有する太陽光発電は、７万２千個のソーラーパネルからなっており、１４メガワットの容量を持つ。これはネバダ州のネリス（Nellis）空軍基地において２００７年１２月にオンラインとなり、年間総量約３万キロワット時を生み出すようにデザインされている。「これは、１日１万３２００軒の家に送電するのに相当する。」と、基地を訪問したオバマ大統領は言っている。「これはまた、アメリカ軍にとって１日当たり百万ドルを節約できている。[165]」

　アメリカ軍はまた、カリフォルニア州のモンジャビ砂漠に位置するフォートアーウィン（Fort Irwin）に５００メガワット容量の太陽熱発電所を設立する計画であると発表した。この発電所は、広大な軍の駐屯地において、電力供給が滞る事態を防ぐために、エネルギー供給を一層保証するものである。[166]ラスベガス郊外に７０メガワットの集光型太陽熱発電所、ネバダソーラーワン

を建設し、運営しているスペインの大企業アクシオーナ社（Accio-na）は、クラークエネルギーグループとともに、このプロジェクトのディベロッパーであると発表している。

　世界最大の軍事産業企業　、ロッキードマーティン社(Lock-heed Martin)もまた、ソーラープラント建設ビジネスに乗り出している。２００９年５月２２日、ロッキードマーティン社は、フェニックスから７５マイル西に行ったアリゾナ州のハークワハラ・バレー(Harquahala Valley)に、２９０メガワットのソーラープラントを建設すると発表した。[167]ニュースリポートによると、この発電所は、数時間の溶融塩熱エネルギー貯蔵ができる送電可能な電力を供給するということである。これは、７時間貯蔵ができるとされるアベンゴアソーラー社（Abengoa Solar）の２８０メガワットソラーナ(Solana)ソーラープラントに匹敵する。

　２００８年、ロッキードマーティン社は、４２７億ドルの収入があり、３３７億ドルの資産をもち、負債は３８億ドルのみであった。[168]この会社は、民間市場に進出しようとしているのだろうか？否である。２００８年のロッキードマーティン社の収入のうちの８５％は、主要なコントラクター、あるいはサブコントラクター会社として、アメリカ政府からきている。また収入の１３％は、外国政府からの収入であり、アメリカ政府が「その一部、あるいは全部を資金援助している外国軍に対する武器販売を含んでいる。」収入の３％のみが、それ以外の企業顧客である。私が推測するに、このアリゾナプラントは、ロッキードマーティン社の　学習曲線の一部であり、軍の太陽熱発電所建設発表が将来見込まれるのではないかと思われる。

　軍事目的のソーラー市場は、どのくらいの規模であろうか？お話した２つの基地について見てみよう。ネリスソーラーは、約１億ドルのコストがかかり、フォートアーウィン(Fort Irwin)プラントは建設されれば、約２０～３０億ドルのコストがかかる（５００メガワットＸワット当たり４ドルから６ドル）。軍は、米国に約１５００箇所の基地をもち、[169]世界では７００箇所以上となる。[170]計算してみてください。

　一番最近のサンフランシスコで開催された、セントラルソーラーパワーサミットＵＳＡ（２００９年７月）には、ベクテル社(Bechtel)やＣＨ２Ｍヒル社（およびロッキードマーティン社）といった有名なマルチビリオンダラーのインフラ建設企業の幾つか

が、数人の代表を送っている。１年前には誰も送られてなかった
ようである。建設・防衛大手のフラウアー社（Fluor）は、最近、イー
ソーラー社（eSolar）の技術を使って４
９メガワットのパワープラントーを建設
すると発表した。[171]

　　アメリカ軍の内部報告書から推
測すると、エネルギー支出は、次の４０
年間に８０００億ドルを超える。米国
以外のその他の世界の軍事費用を合

> 「２０５０には、
> アメリカ軍の エネ
> ルギー支出は ８
> ０００億ドルを超
> える。」

わせると、米国の費用に匹敵する金額となる。[172]エネルギー支出
に同じレートが適用されるとすると、国外の世界の軍事支出は同
じ金額、８０００億ドルとなる。ということは、２０５０年までに
１兆６０００億ドルの費用がかかることになる。

　　エネルギーは、ますます「国家安全保障」問題となってきて
いる。ソーラーが分散型でクリーンなエネルギーであることを考え
ると、軍が太陽を利用した電力、暖房、冷房システムを採用するの
は最も道理にかなうことである。新しいクリーンエネルギーを発明
する起業家や、プラントを建設し、エネルギーを供給する人々にと
ってのビジネスチャンスは莫大である。

　　軍事ソーラーパワー発電へのレースは始まったのである。

マスダー: 太陽によって
１０５％エネルギーを供給されている町

　　アブダビ砂漠は暑い。晩秋（１１月）に訪れたとき、気温は
摂氏３８度(華氏９０度)であったが、夏には頻繁に摂氏５０度(
華氏１２２度)に達し、私のような訪問客だけではなく、現地住民
にさえ堪え難い。冷房は新築の家にはつきものである。余裕のあ
る者、お金が貯まった者は、すぐさま、ヨーロッパ、アメリカ、レバノ
ンや、もっと涼しい場所へ出て行く。

　　アブダビのあるアラブ首長国連邦は、一人当たりの炭酸ガ
ス放出においては世界最悪とされている。しかし、彼らはそれを
変えようとしている。アブダビの首都から数マイルほどのところに
は、広大な建設現場があり、現在は砂漠の砂しかないところに世

界でもっとも大きな空港の一つが建ち上がろうとしている。空港
の隣にあるサイトで、政府が世界で最もグリーンな都市と考えて
いるマスダーの建設が始まった。

　今はマスダーはクレーンと駐車場と大量の砂と太陽からな
っているに過ぎない。これが仕上がったときには、この２００億ド
ルの町は、５万人の人口と商業施設、それに科学と技術の大学を
擁することになっている。

　計画では、電力の全てをソーラーエネルギで賄い、アブダビ
グリッドに多少の余剰電気を送電する。マスダーの建設業者に話
を聞くと、彼らは得意げに電力の１０５％を太陽エネルギーから
持ってくると言っていた。飲み水は脱塩されたり再利用されたりし
たものを使い、冷房は太陽による熱水や電力を使う冷却装置によ
って行う。地元の交通機関（乗用車の利用は禁止される）は、中央
でコントロールされる電源で動くことになる。

図５．３　マスダーシティ予定地、アブダビ、U.A.E.　（写真　トニー・セバ）

地域暖房

　　　地域暖房は、電力と熱の両方を生産する中央集中型のパワープラントを使い、地域、あるいは比較的小規模の領域のユーザーにそれを届ける。先にも述べたように、一般的に、パワープラントは、利用可能なエネルギーの３分の１のみを電気に変換することができる。残りは、いわゆる廃熱として、環境に放出される。この廃熱は、温水として、川や湖に戻されるか、どこにでもある冷却塔より放出される。

図５．４　原子力発電所の冷却タワーと冷却水放出
（グラフィック：Michael Kaufman、ウィキペディア[173]）

　　　対照的に、熱電結合プラント（Combined Heat and Power plant, CHP）は、この廃熱の大部分を何らかの形で使用可能な熱に変換する。非常に一般的な形は地域暖房と呼ばれるものである。

　　　地域暖房は、新しい概念ではない。ローマ時代には、セントラルスチームプラントから熱を分配した。フランスには、中世以来、運営されてきた地域暖房システムがある。[174]米国エネルギー

省によると、国内に３万以上の地域暖房システムがあるそうである。[175]

　　地域暖房システムは、家庭や商業ビル、村全体や大規模な都市部までも網羅可能である。アパートメントは夫々の（非効率な）暖房システムではなく、中央部から熱と熱水を引き込むことが出来、コインランドリーは服を洗うのにスチームと熱水を得ることが出来、商店は中の温度を調整するためにサーモスタットを調節するだけでよいのであるある。

　　米国の最も古く大きな地域暖房システムは、マンハッタンにある。コンソリデーテッド・エジソン（Consolidated Edison）のスチーム事業は、ニューヨーク市の１０万を超える商業および住宅施設に１千４百万トン（３００億ポンド）のスチームを提供する。[160]ニューヨークスチーム会社は、１８８２年にローアーマンハッタンでこのシステムをスタートさせ、その後大きく成長し、今では、ローアーマンハッタンにあるバッテリー地区から９６番街までをカバーするに至っている。[176]

　　地域暖房は世界中での浸透性がまちまちである。アイスランドでは、９５％の住宅が、セントラル地域暖房の恩恵に預かっているが、米国では、その浸透率は１％にも満たない。しかし、エネルギーコストの上昇と、世界のエネルギー価格の変動によって、多くの政府が地域暖房・冷房に目を向け始めている。現在、アブダビからバルセロナまで世界中で、エネルギー効率を高める方法として、この手法を使用する努力がなされている。

　　地域暖房は、ローマ時代に遡るが、地域**冷房**は比較的新しい。幸運なことに、地域冷房は、地域暖房と同じインフラに

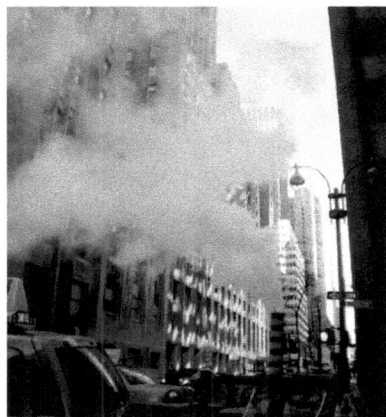

図５.５　マンハッタン：　レキシントン通りの地下からから放出される蒸気（グラフィック：ウィキピディア[177]）

頼ることができる。マスダーは、地域暖房・冷房の両方ともソーラーエネルギーによって賄おうと計画している。

地域冷房

　　　　マスダーの１０５％のクリーンエネルギーインフラは、太陽エネルギーを電源とした冷房装置を使用して町全体に冷房を提供しようと計画している。個別の冷房は許可されない。町全体が、集約的に冷やされるというわけだ。これを地域冷房と呼ぶ。

　　　　地域暖房のように、地域冷房は、村スケールの地域がもたらすことができる技術とエネルギー効率を利用できる。長距離を効率的に流れる電力と違って、熱はそうはいかない。アパートやオフィスにおける個々の冷房と違って地域冷房で何が節約でき、どんな効率があがるのか？２００８年度のユーロヒート＆パワー・コンファレンス（Euroheat & Power Conference）で発表された報告書によると、

- ３０％の電気節約

- ８０％の燃料節約

- ＣＦＯ（オゾン層を破壊するクロロフルオロカーボン）の除去

- ６５％の炭酸ガス削減[178]

　　　　これらの数字は、非ソーラー（化石燃料）ソースによるものである。ソーラーであれば、完璧に炭酸ガスを削減することができる。

　　　　マスダーで生産されるエネルギーの大部分は太陽熱発電（ＣＳＰ）によるものであるが、かなりの部分が太陽光発電（ＰＶ）からくることになっている。前章にお話したように、太陽熱発電（ＣＳＰ）は、電気と熱水の両方を生産できるが、太陽光発電は電力のみである。マスダーでは、３つの違った技術を使って、冷房を可能にしようとしている。電力による冷却、吸収による冷却、そして乾燥・除湿による方法の３つである。それぞれの方法は違った目的がある。除湿装置は、空気中の水蒸気を取り、（水は、アラビア半島では貴重な資源である。）再利用の為に保存される。電気冷却装置は、ソーラー電力により直接運転され、多くの住宅用冷房のように冷媒を圧縮し蒸発させる。吸収冷却装置は、大きな（産業用ス

ケールの）冷房装置で、主な入力源は熱水である。つまり、冷たい空気のために熱が必要なのである。[179]通常の冷蔵庫も、熱を必要とする（第４章参照）。マスダーの吸収冷却装置は、ソーラーパワータービンから過熱水をもってきて利用する。

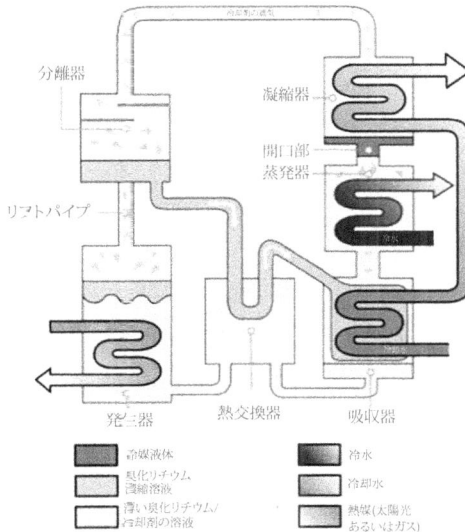

図５.６　　単一効果の吸収冷却装置（出典：USDOE[180]）

　　米国だけでも５百万の商業用施設がある。多くの建物の屋上スペースには、建物の環境を運営、維持するために、産業用装置（冷却・暖房）が置かれている。冷房と暖房は、米国の建物で費やされるエネルギーの３９％を使う。この数字を見るにつけ、多くの使用されている冷房・暖房装置が非効率であるということは驚くことではない。夫々が、熱利用技術の効率的な装置を使えば、ビルや地区は、少なくとも７０％を占める発電・送電における固有の損失を避けることができる。[181]地域

> 「地域冷房システムは、従来の電力に頼った装置よりも５倍から１０倍も高い効率性を持つのである。」

冷房システムは、従来の電力に頼った装置よりも５倍から１０倍も高い効率性を持つのである。[182]更に、ピーク時（最も暑い期間の暑い時間）の電力使用を避けるため、地域冷房は、８０％も電力需要を減らすことができる。

　ここチャンスは、例えば太陽熱発電を使って太陽を利用して、水を加熱し、直接、それを冷却装置に繋ぐことである。この手法によって得られる効率性は、地域冷房や商業用冷房において、かなり高いものである。世界の冷房市場は、２００６年に約４５億ドルに達している。[183]アジア太平洋地域においては、その内の２０億ドルを使い、中国は１３．１％のペースで、米国は６％のペースで成長している。

　マスダーの技術者と建築家は、可能な限りエネルギー効率の良い地域冷房環境を一からデザインしている。これは、ソーラーパワーによる熱水が大規模な吸収冷却装置に使われているということを意味する。地域冷房によって、アパートメントやオフィスやビジネスが必要とする量の冷たい空気が流されるのだ。

　要約すると、ソーラーエネルギーが分散型の性質をもっているので、グリッドに繋がっていない住宅、ビジネス、村、島などが電力、熱、冷房を効率的に効果的に発生させることを可能にしている。世界の何１０億人の人々は、電気のない何百万の村々に住んでいる。これらの村のほとんどは、比較的孤立しており、すぐに電気グリッドに繋がるチャンスは殆どない。

　たった一つのソーラーパワーを電源とするＬＥＤライトから地域暖房・冷房まで、ソーラーは、クリーンであるだけでなく、エネルギー効率の良い解決方法なのである。従来の電力生成方法は、７０％ものエネルギー変換損失があるが、地域暖房・冷房のようなメカニズムは、比較的小規模なコミュニティーにスケール効率をもたらすものである。

　我々がクリーンエネルギー社会に移行するにつれて、グローバルな照明、冷房、暖房ニーズに答え、これらの効率性の高い、ソーラーベースの方法を創造し実現できる起業家にとっては、ビジネスチャンスは、かなり大きいものである。マーシャル諸島からインド、アブダビまで、ソーラーエネルギーは、エネルギー不安、貧困、病気と言った絶えずつきまとう問題に対する解決方法のほとんどを提供する。米国やヨーロッパにおいては、２０世紀に作られた古いグリッドは、次の１０年で、新しくより良いものに置き換えられていくであろう。住宅や商業用のエネルギー需要が伸び続けるにつれて、地域ソーラー暖房・冷房は、電圧低下や停電を減らすことができる。では、次に、ソーラーパワーは他にどんなことができるのかをお話することにしよう。

「自動車が使われるようになったからといって、乗馬の習慣が変わるとは思わない。」

― スコット・モンターギュ（Mr. Scott-Montague）、
英国下院議員、１９０３年

「重要で奥が深い問題は、それ自体に解決法が備わっている。それを見つけるためには、考え方を変える必要がある。」

―ニールス・ボーア（Niels Bohr）、
ノーベル物理学賞受賞者、１９２２年

「一つ確かだと思えるのは（中略）、人類が最終的には太陽の力を直接利用しなければならない、さもなければ、文明前に逆戻りする、ということだ。」

―フランク・シューマン（Frank Shuman）、
ソーラー発明家、１９１１年頃

第六章

第四のチャンス――一般の人々への電力：住宅規模の太陽発電

マーク・トウェイン（Mark Twain）は、これまでに経験した一番寒い冬はサンフランシスコの夏だ、と言っていた。サンフランシスコの「夏」らしさを楽しむ一番の時期は、たぶん秋だが、２００８年１０月のサンフランシスコはとりたてて寒くも暑くもなかった。ニュースはもっぱら、ウォールストリートの金融崩壊と米国大統領選挙だった。同月、パシフィック・ガス＆エレクトリック（PG&E）社から、サンフランシスコにある私のマンションの電気代として１１．５５セント／キロワット時の請求が来た。ＰＧ＆Ｅ

社は投資家に還元する必要があるので、電気の生産・供給のコストは１１．５５セント／キロワット時未満だろうと私は考えた。ＰＧ＆Ｅ社が太陽発電所を建設したり、他の供給者から電気を購入したりするとしたら、それは１１．５５セント／キロワット時未満でなければならないだろう。

　　電気料金は激しくかつ大きく変動する。郡ごとにも、州ごとにも異なる。ネブラスカ州エネルギー事務所（Nebraska Energy Office）によると、２００８年７月のキロワット時あたりの平均料金は、ウエストバージニア州で５．６６セント、ニューヨーク州で１８．８１セント、ハワイ州で３１．５６セントと幅があり、米国平均は１０．５２セントであった。[184]

　　ハワイ州だけでも、島ごとに、使用者の種類によって料金が異なる。ハワイアン・エレクトリック社（Hawaiian Electric Company）によると、マウイ島の一般住宅は２８．０６セント／キロワット時、モロカイ島の「小規模事業所Ｇタイプ」は４１．６４セント／キロワット時といった具合だ（これは、１年後に石油価格が再び倍増してピークに達する前の２００７年の料金である）。[185]これほど変動する理由は、発電方式、利用する季節、時間帯などさまざまである。

　　ハワイ諸島は、それぞれの島に独自の発電所と予備施設がある。ハワイの全電力の四分の三以上が石油火力発電によっている。[186]前章で概説したとおり、ハワイはこれらの発電所に使う燃料すべてを輸入しており、商品市場に典型的な、予測しがたい国際的な価格変動に振り回されている。ハワイで石油を掘削したり、たとえば砂糖キビなど燃料となるものを栽培したりしたとしても、まったく効果はない。国内の燃料は、国際価格に基づいているからだ。

　　ハワイアン・エレクトリック社によると、同州の地形が電力の送配電を困難にしているという。[187]ハワイは多数の小さな島からなっており、これを地下送電網によりつなぎ、それぞれの島の個別のグリッド（送電線網）へ接続する必要があるからである。しかし既に述べたとおり、これを実現する技術は存在し、ニュージーランドの南島（ここで同国の大半のエネルギーが生産されている）と北島（ここで大半のエネルギーが消費されている）をつないでいるのだ。

　　ハワイは温暖でほぼ１年中好天に恵まれていながら、電気
料金が米国でもっとも高い。ここまで読み進めてきた読者には、既
に存在している技術の可能性を考えれば、この状況が不合理だと
同感していただけるだろう。しかし、必要と同じく、不合理が発明
の母ともなりうるのだ。

グリッドパリティの誤信

　　エネルギーに関する今日の誤信の一つが、「グリッドパリテ
ィ」だ。「ソーラーはいつ『グリッドパリティ』を達成するか」といっ
た会話がそれである。ソーラー業界の人たちでさえ、この誤った設
問に引っ掛かっている人が多い。
　　「グリッドパリティ」とは一体何だろうか。グリッドパリティ
は、**太陽光（ＰＶ）発電がグリッドの電力と等価か、より安価になる
点とされている。**これは、電気料金が相対的に高く、太陽光に恵ま
れた地域で最初に達成されている。ハワイやほかの島々ではグリ
ッドパリティはすでに達成されているのに、化石燃料（ディーゼル
オイル）で発電している。米国の大半の地域では、今後１０年で
急速に達成されるものと思われている。
　　しかし、それが何だろう。ハワイのような地域で電気料金
に３０～４０セント／キロワット時を払っている場合、２０セン
ト／キロワット時を若干上回る程度とされている太陽光（ＰＶ）発
電コストは十分意味があり、これはハワイに限らない。アトランタ
やサンフランシスコで太陽発電に投資するには、「グリッドパリテ
ィ」が達成されるのを待つというのだろうか。一方、世界の多くの
地域では、米国やヨーロッパの「グリッドパリティ」よりはるかに高
い電気料金を払っている。
　　太陽光発電に関するメディアの議論は、送電網の行き渡っ
た先進国におけるグリッドパリティに関するものがほとんどであ
るが、一つの重要な数字がまったく見過ごされている。２５億という
数字だ。国際連合教育科学文化機関（ユネスコ）によれば、発展途
上国の２５億人は、大部分が田舎に住んでいるのだが、商業的な
エネルギー供給をほとんどあるいはまったく受けていない。[188]
　　したがって、人類の三分の一は家庭での電力などといった
ものの恩恵を一切受けていない。電球、テレビ、電子レンジなど存

在しない。送電網は家庭まで達していない。こうした家庭の状況は、我々が考える２１世紀の生活環境よりは、むしろ１９世紀、さらに言えば１６世紀の生活に近いのだ。

こうした家庭に送電網がすぐに行き渡る可能性はまずないだろう。また、今後４０年にこの地球に生まれる２０億人のほとんどは、送電網が行き渡り産業化された社会に属することにはならない。こうした市場では、ソーラーやその他のクリーンエネルギーが、灯油やディーゼル燃料と競合している。「バイオマス」と言われる、暖房や料理に使われる木材とも競合しているのだ。

１９７９年に鄧小平が中国の「四つの近代化」政策を発表した時、同国には２００万台の電話が設置されていた。１９９９年には、その５倍にもあたる１，０００万人近くの電話利用者がいた。それから電話市場は爆発的に拡大した。２００９年５月現在、中国の約５億人が電話を持っている。[189]起業家精神や新技術・新市場の導入について教える者として、これは例をみない成長である。ほんの１０年間で、中国の電話市場は５，０００％も成長し、米国の全人口以上の人々が電話機を手にしたのだ。

こうした普及は、旧来の固定電話モデルではとても不可能なことだっただろう。米国電話電信会社（AT&T）によって米国のほとんどの家庭に電話が普及するには、１世紀近くかかった。ＡＴ＆Ｔ社は、政府公認で市場を独占し、価格決定力と資金力を有し、さらには試行錯誤しながらインフラ構築に必要な新技術を開発する余裕があった。

中国のように巨大で人口の多い開発途上国はいうまでもなく、どんな国においても、ＡＴ＆Ｔ社が９０年以上もかかった電話網の構築を、その２倍の人口に１０年間で実施するのは、とても不可能だっただろう。都市の通りを切り開き、地方の至るところに電柱をたて、何億もの家庭にケーブルを引くには、当時中国に不足していた資金面、技術面、運転面、管理面の資源を必要としたであろう。

中国が１０年間で５億の人々に電話を供給した方法は、世界が電気のない２５億人の人々に電力を供給できる方法、つまり**送電網を使わな**

> 「中国が１０年間で５億の人々に電話を供給した方法は、世界が電気のない２５億人の人々に電力を供給できる方法、つまり送電網を使わないやり方だ。」

いやり方だ。中国の５億台の電話は携帯電話であるため、地上の
インフラは不要だったのである。基本的に送電網が不要なのだ。
こうした地域に数兆ドルの送電網を敷設した場合の一人当たりの
費用よりも、送電網を使わずに利用者を一人増やす費用の方が
はるかに低いのである。
　　　これは、新興経済大国である中国の、しかも電話の場合で
あって、ソーラーパネルの話ではない。世界の貧しい国々や人々
は、ソーラーエネルギーをもつ余裕があるだろうか。

貧困層はソーラー利用可能か

　　　１９７６年、バングラデシュの経済学者ムハマド・ユヌス博
士（Dr. Muhammad Yunus）は、ほとんどの人が当時はばかげて
いると考えた構想を実行した。地方に住む貧しい人々に、他のい
かなる代替手段よりも低い金利でかつ担保なしで、融資を始めた
のだ。工具や家畜を購入する資本を得て、小規模事業者となり、
貧困から抜け出す手段を与えることが目的だった。
　　　１９７６年にユヌス博士は、自分の所持金２７ドルで最初
の融資を行った。その年に実施した融資は合計１０件であった。
バングラデシュのグラミン銀行（Grameen Bank）はこのようにして
つつましく始まったが、２００６年には６９０，７０４件の融資
を行うまでに成長した。驚くべきことに、グラミン銀行の顧客の９
７％が、これまで既存の金融機関に遠ざけられていた女性たちで
あった。また、この融資のおかげで、６４１，０００の貧困家庭が
家を建てることができた。[190]２００５年までに、５３０万人に５
１億ドル以上を融資している。[191]しかも２００８年の金融危機
以前でさえ、米国の銀行の返済率よりも高かったのである。
　　　ユヌス博士は、過去数十年でもっとも重要な金融上の革新
である**マイクロクレジット**（無担保小口融資）という概念を生み出
した。
　　　２００４年１２月現在、世界では、少なくとも３，２００の
マイクロクレジット機関があり、９，２００万人以上に現金を融資
している。信じられないようなことだが、「最初の融資の時点で、７
３％近くが最貧の状態で生活していた。」[192]２００６年、ユヌス

博士はマイクロクレジットを「貧困との闘いにおけるかつてない重要な手段」に育てあげたことでノーベル平和賞を受賞した。[193]

　世界中から感謝を受け、歴史に名を残すことが確実である６９歳の博士は、幸せに引退することも容易にできたはずだ。しかし、博士は貧困層に働き口と資産をもたらす幾つかの新たなベンチャーを始めている。

　バングラデシュの７割の人々が、電力を使うことができない。日射量が非常に大きい国としては、恥じるべき数字である。エネルギー不足では、社会的かつ経済的に向上することは、不可能ではないにしても困難である。エネルギーがなければ、養鶏や飲食業はおろか、基礎的な自宅での縫製業さえも効率的に営むことはできない。そこで、ユヌス博士はそうした人々がソーラーパワーを利用できるようグラミンシャクティ（Grameen Shakti, GS）を設立したのだ。グラミンシャクティは、グラミン銀行と同じ原理、すなわち、主流の機関や「市場」にこれまで無視されていた地方の貧しい人々が使える資源を提供する、という原理を採用することになる。

　１９９７年、グラミンシャクティはソーラーパネル２２８基を設置するノウハウと信用貸しを提供した。グラミンシャクティはソーラー発電の利点を売り込み、農村の集落を一軒ずつ訪問する設置技術者を育成した。家事を切り盛りするのはほとんど女性なので、設置技術者の半分もまた女性である。バングラデシュは社会的に保守的な国柄である。夫や家族以外の男性が女性を自宅に訪問することは不適切とみなされているため、男性にこの仕事をさせるには問題がある。しかし、女性に対する家庭でのこうした制限があるがゆえに、他の女性たちが技術を学び金銭を得る機会が生み出されているのである。

ソーラーホームシステム

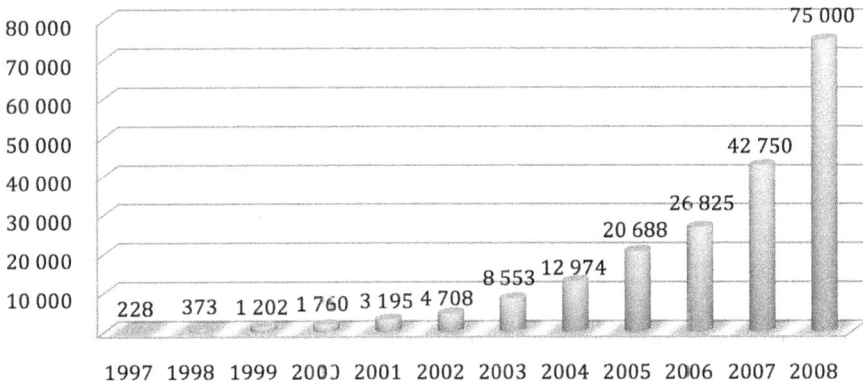

図６．１．グラミンシャクティ：「ソーラーホームシステム」年間設置数
１９９７〜２００８　（出典：グラミンシャクティ[194]）

　　１９９７年以降の１０年で、グラミンシャクティは約１，０
００倍にも成長した。２００８年までには、総計２２０，０００
基の「ソーラーホームシステム」を設置し、年１００％で成長を続
けてきた。その上、８，０００人に環境に関わる仕事を提供した
が、そのうち半分は設置技術者である。この４，０００人の大半は
学校中退者であり（バングラデシュでは、女児が家事を助けるため
に早い時期に学校を中退することは珍しくない）、この仕事がなけ
れば、きちんとした仕事につくチャンスがなく、経済的向上も望め
なかった人たちである。[195]
　　グラミンシャクティのソーラーホームシステム（SHS）は、屋
根の上のソーラーパネル（日本製）と電子部品とバッテリがつい
て３５０〜４００ドルである。購入者は、分割返済するため、この
価格の１０〜１５％を頭金として３年ローンを組む。[196]この時点
で、購入者は２０年間電力を供給するソーラー発電システムを所
有することになる。
　　２００９年３月時点でグラミンシャクティが設置したエネ
ルギー容量は１１メガワットで、セビリアにあるタワー発電所ＰＳ
１０に匹敵する。１日の発電量は４４メガワット時で、毎日最高
２００万人がこの恩恵を受けている。[197]家庭に明かりをもたらし、
テレビに電源が入り、夜には携帯電話が充電される。

　ソーラー発電は、主として、バングラデシュおよび貧しい世界の大半の国々で、照明と料理のエネルギー源である灯油にとって代わりつつある。灯油のコストは最高２ドル／キロワット時になることもあり、これはサンフランシスコで私が払っている電気料金の約２０倍である。最貧国の人々が、所得比からみても、絶対的に見ても、先進国の私達よりも高い料金を払っているのである。何たる「グリッドパリティ」であろうか。

　さらに、灯油は人を死に至らしめる。火事だけではなく、発生する有毒ガスによってである。ユネスコによると、２０００年に、２００万人以上の子供たちが急性呼吸器疾患で死亡している。死亡者の６割は屋内空気汚染とその他の環境要因に関係している。[198]灯油は高価なだけでなく、まったくもって危険なのである。

　一方で、ソーラーエネルギーは、送電塔も必要ないので携帯電話よりも分散運用に向いている。だれにでもどこにでも近代的なエネルギーが利用できる可能性はソーラー特有のものだ。「エネルギーの民主化」とも言えるだろうか。

　ソーラーエネルギーの成長可能性は無限だ。グラミンシャクティは２０１２年までに１００万軒の家にソーラーホームシステムを設置する計画で、２０１５年までに１０万人が働くグリーンな仕事を生み出したいと考えている。[199]貧困層に対する雇用や地位向上の機会を生み出し、子供の命を救い、地球をも救おうというのである。これは、ノーベル平和賞再受賞に値するように思われる。１９９７年にグラミン銀行からグラミンシャクティを分離独立させ、以来マネージングディレクターとなっているディパル・バルア（Dipal Barua）は、２００９年１月、ザーイド未来エネルギー賞（Zayed Future Energy Prize）を受賞し１５０万ドルを獲得している。[200]

　グラミンシャクティは、社会的目的をもち、市場を基盤として利益を生み出す企業が、送電網を使わずに、何百万もの貧しい人々へ電気を供給することが可能であることを示している。従来の電気通信インフラを使わず、同じく費用のかからないやり方で、

> 「グラミンシャクティは２０１２年までに１００万軒の家にソーラーホームシステムを設置する計画で、２０１５年までに１０万人が働くグリーンな仕事を生み出したいと考えている。」

何億もの人々に電話を供給できることを、中国政府が示したのと同様である。

太陽熱温水

　　２００８年１２月１日、ゼネラルエレクトリック（ＧＥ）社は、太陽熱温水市場に参入すると発表した。[201]２００７年には米国住宅市場において、総計１２，０００個の太陽熱温水器が販売されている。ＧＥ社は、売上高と時価総額いずれも世界最大規模の企業である。ＧＥ社が目立った変化を行うには、何１０億ドル単位の売上をあげ、将来的にも安定した成長が確実でなければならない。ＧＥ社はなぜこのような小さな市場に参入しようとするのだろうか。

　　少し遡って、２０世紀半ばのイスラエルを見てみよう。１９５０年代の第一次エネルギー危機を経て、イスラエルは太陽熱温水器利用を国民に義務づけた。１９８３年までには、イスラエルの家庭の６割は太陽熱温水器をつけており、現在の新築住宅は太陽熱温水器設置が義務づけられている。今日では、９割の住宅が太陽熱温水器をつけている。[202]これは、感覚的、感傷的な環境保護運動ではなく、法律なのである。

　　米国は（ソーラーエネルギー分野で）巻き返し中だが、太陽熱温水市場には非常に大きな成長機会がある。米国には９，０００万世帯以上あり、ほぼ全世帯に電気またはガス温水器がある。毎年１００万件以上の新築住宅が建設されており、この成長機会の大部分は米国の南部と西部、太陽のふりそそぐ地域にある。

　　太陽熱温水器のエネルギー効率は電気温水器の３倍であり、ガス温水器の２倍である。標準的な住宅の光熱費の１５％が温水のためにかかっていることを考えれば、太陽熱温水器に切り替えることで、この支出の最大１０％を節約できるのだ。

　　米国では毎年、９００万台の温水器（太陽熱以外）が売られている。イスラエル程度に市場に浸透すれば、ＧＥ社の事業は米国で飛躍的に成長するだろう。温水器の価格は様々だが、２００６年の買換え平均価格は４４０ドル（ガス温水器で５８１ドル、電気温水器で３５３ドル[203]）であった。これは、温水器市場が

年間４０億ドルであることを意味し、今後４０年間で合計１，６
００億ドルとなる。しかもこれは米国だ
けでの話である！

　　ハワイでは、２０１０年以降に
新築される全住宅に、太陽熱温水器設
置が義務づけられている。カリフォルニ
ア州の２００７年の太陽熱温水効率
化法（Solar Hot Water and Efficiency
Act of 2007）では、２０１７年までに同州における太陽熱温水
器設置数２０万台を目標としている。オーストラリアとスペインで
も、新築時の太陽熱温水器設置を義務づける法律が承認されて
いる。

　　多くの企業がハイテク技術を使ってソーラー分野で勝ち抜
こうとしているが、今現在、注目されている太陽熱温水器市場のよ
うな数１０億ドルの機会が存在するのだ。ＧＥ社はこれを知って
いるに違いない。

> 「温水器市場が
> １，６００億ドル
> となる。これは米
> 国だけでの話であ
> る！」

太陽光発電パネル

　　既に述べたとおり、太陽エネルギーは光の束である光子か
らなっている。光子が原子にぶつかると、光子のエネルギーが原
子に伝わり、原子の振動（固体の場合）あるいは、熱運動（液体の
場合）を加速する。この熱エネルギーを電気に変えるために、熱せ
られた液体を使ってタービンを駆動し、それによって発電機を稼
働する。モーター、駆動装置、パイプや高熱を利用すると、運転・
保守コストが高くなる。（自家用車を考えてみるといい。）だから太
陽熱発電技術は、技術者が工場を運転管理するような商業用、産
業用、そして公共事業規模の発電に利用する場合に適していると
思われる。

　　対照的に、太陽光発電は、太陽のエネルギーを直接、電子
に変え、つまりは電力に変える。太陽光発電は設置も利用も容易
である。水も、タービンも、化石燃料も必要ない。また、太陽光発電
は他のエネルギー技術と比べて十分確立もしている。米航空宇宙
局（NASA）は、１９５０年代以来、宇宙における無人船（人工衛
星と探査機）の動力源として太陽電池を利用している。１９５８

年、ＮＡＳＡは、初の太陽電池式衛星であるバンガード１号を打ち上げた。

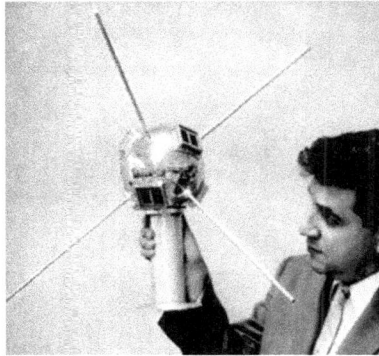

図６.２.　　１９５８年に打ち上げられた初の太陽電池式衛星、
バンガード１号（提供：ＮＡＳＡ）

　４５年後の２００３年、ＮＡＳＡがローバを火星に送った時、動力源として太陽電池パネルを備えていた。現在開発可能ないかなる技術にとっても、宇宙の条件は非常に厳しい。火星探査機ローバは、こうした条件に耐えるよう設計されていた。太陽電池パネルは、極端な温度や厳しい放射線や宇宙塵の中を通って５億キロメートル（３.２億マイル）を旅する宇宙船の１室に積みこまれていた。毎秒２０～２４メートル（毎時５３マイル）で着陸するだけでも、地球上であれば、衝撃緩和用のエアバッグを使ってもほとんどすべてが壊れてしまうだろう。（このスピードで車を運転して壁に突っ込むことを想像してみるといい。）

　ローバが火星に着陸すると、１４０ワットのソーラーパネルが主な電力源となった。モーター、カメラ、コンピューター、アンテナ、科学計測器など、すべての装置がリチウムイオン蓄電池式の太陽電池パネルを動力源としていた。腐食性があり有毒な火星表面の雰囲気や、両極端な温度や砂塵嵐にもかかわらず、３年後においても太陽電池パネルは、１日（地球時）あたり約３００～９００ワット時を発電し、[204]保守は不要であった。

図６．３．　太陽電池を使った火星探査機ローバ　２００３年
（提供：ＮＡＳＡ／ＪＰＬ）

　　太陽電池は太陽のエネルギーを直接電気に変換するため、タービンやピストンを動かすために水を蒸気に変える必要はない。太陽熱や化石燃料、あるいは核燃料による発電所（すべての電力の９割を占める）が必要とするボイラー、コンデンサー、コンプレッサー、タービン等々の一連の装置である「発電ブロック」を必要としない。

　　強調に値する点なので、繰り返したい。**すべての電力源の中で唯一、太陽光発電のみが、あらゆる規模でうまく機能するの**だ。太陽電池パネルは、一個のＬＥＤ電球から、一軒の家、陸軍基地、実用の発電所に至るまで、あらゆる発電に利用できる。家庭も事業所も、小規模のソーラーパネル設置から始め、必要に応じ太陽光発電容量を増やせばよい。

　　２００９年半ば時点で、最大の太陽電池発電所は、スペインにある６０メガワット規模のオルメディーヤ太陽光発電施設(Olmedilla Photovoltaic Park)である。ネバダ州のネリス(Nellis)陸軍基地は１４メガワット規模の太陽電池パネルを備えている。

カリフォルニア州サンノゼにあるイーベイ社は屋上に、６５０キ
ロワット規模の太陽光発電ソーラーを設置している。サンノゼに
近いロスアルトスにある比較的大型の住宅用屋上型ソーラーパ
ネルシステムは、５キロワットから１０キロワット前後を発電して
いる。太陽光発電の街灯は８０ワットの小さなパネルで十分であ
る。

　　私が見た中でもっとも小さくて便利な太陽光発電の利用法
は、世界中の何１０億もの人々に高質、安全、安価な読書を可能
にする太陽電池式ＬＥＤ灯である。（私は、かつての恋人にもらっ
たキーホルダータイプの太陽電池式小型懐中電灯を持っており、
いつか役立つと思うが、まだどのようにかはわからない。）これに
対して、原子力発電所が経済的に運用できる最小出力は約１ギ
ガワットであり、石炭火力発電所では約０．５ギガワットである。

　　いかなる太陽光でも発電できるのもまた太陽光発電が集
光型太陽熱発電よりも（比喩的に言って）光り輝いている点であ
る。散乱光(diffuse light)とは、雲、地面、建物、粉塵、大気汚染物
質等から反射した太陽光である。直射日光(direct light)とは、その
語が示すとおり、晴れた日に太陽から直接に、そして（ベストの場
合は）高角度から射し、大気による散乱が最小限の光である。

　　当然、陽光の質や量は、時間帯や季節、曇り具合、地勢、環
境汚染、近隣の影等の影響を受ける。しかし、同緯度の場所でさ
え地域間にある違いは驚くべきものである。この地図をご覧いた
だきたい。

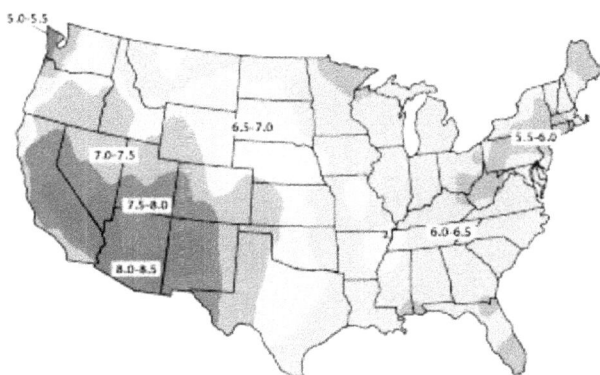

図６．４．　６月の米国に降り注ぐ日射量（キロワット／平米・日）
（出典：USDOE[205]）

　７月にアリゾナ州ユマ(Yuma)にそそぐ太陽エネルギーの量は、メイン州カリブー(Caribou)にそそぐ量の**９倍**にも達する。[206]この数字からだけでも、アリゾナ州のソーラー発電所建設にメイン州の住民が協力し、メイン州へ送電してもらうことも道理にかなうかもしれない。同じ発電所をメイン州カリブーに建設して太陽エネルギーを発電する際の１，０００％の違いに比べれば、アリゾナ州からメイン州に送電する際の１２％の送電ロスはわずかでしかない。(もちろん、そうした負荷に対処できる送電網が必要となるが、これは他の章で対象とする。)

　これまで見てきたとおり、パラボラトラフや発電塔のような太陽熱発電の技術は、高角度の直接入射光の多いところが最も適している。しかし、世界の大部分の地域は、散乱光を受けており、そのために、太陽熱発電には適さないような多くの地域で太陽光発電が魅力的なものとなるのだ。太陽光電池は、火星や惑星間空間と同様、南極やカイロでも機能する。

　グリッドの独立性。耐久性。拡張性。ほぼどんな光の条件下でも可能な機能性。こうした理由で、太陽光発電が世界のほとんどの都市や町で、小規模から中規模、大規模に至るまでの用途にわたり選ばれる方法となっている。太陽光発電は、他の発電技術が機能しない場所で使えるのだ。実際、送電網につながっていない何１０億という人々にとって、おそらく、太陽光発電は現時点で、電力としての唯一の現実的選択肢だろう。

　講演をしていると、次のような質問をよく受ける。「どうしてソーラーはもっと普及しないのか」「もっと普及させるにはどうすればいいのか」「資金力と政治力なのか」私は、サンフランシスコに住む親しい夫妻に尋ねに行った。

ソーラーの金融面

　アレックスとヘレンのニグ夫妻(Alex and Helen Nigg)は、サンフランシスコのノエバレー地区に住んでいる。私が訪問したのは１２月の快晴の日で、バルコニーからサンフランシスコの街並みが眺められた。アレックスはクリーンテクノロジー関連のソフトウェアサービス企業に投資する目的でベンチャー資金を集めていた。ヘレンは、太陽光発電会社の事業開発マネージャーで、ナ

パパレーのワイナリーまで運転して行き、ソーラー設備の販売、統括に多くの時間を割いていた。

「電力は金だ」とアレックス・ニグは言う。「電力の流れをキャッシュフローとしてみれば、クリーンエネルギーの展開は、金融業界のプレーヤー達に非常に多くのチャンスを提供していることがわかるはずだ。予測可

> 「ソーラー産業では技術が重要だが、偉大なイノベーションは金融面にあるのだ 。」

能で安定したキャッシュフローに関心がある人たちには特にあてはまる。ソーラー産業では技術が重要だが、偉大なイノベーションは金融面にあるのだ」。本物の投資家の語り口だと思った。

携帯電話業界の発展を牽引した大きな要因の一つは金融イノベーションであった。かつて、レンガ程の大きさの携帯電話は２０００ドルもして、裕福な初期ユーザー、あるいは街角やリムジンの後部座席から文字通り商取引を行う人達のものでしかなかった。主流となるマーケットはどこにも見られなかった。その後、業界は上位の顧客から学ぶことになる。つまり、１年または２年の独占契約を結べば、携帯電話を無料で（あるいは低額の頭金を払うだけで）提供するというシステムだ。後は周知のとおりだ。何１０億台もの携帯電話を販売してきたこの業界は、キャッシュフローマシンとなっている。このモデルがソーラーに適用できるだろうか。

クリーンエネルギーにおける金融イノベーションの最も重要なものは、１９８０年代のカリフォルニアで生まれた。ソーラー設置業者と電力会社間の標準契約制度（Standard Offer Contract, SOC）という方式だ。ＳＯＣとは、基本的に、購入者（通常は電力会社）が契約期間中、一定の価格で供給者からエネルギーを購入することを保証するものだ。１９８２年に最初のＳＯＣが締結され、１年以内に、最初のソーラー発電（SEGS）工場が建設された。この後、史上最大のソーラー建設ブームがやってくる。この金融イノベーションに牽引された発電所建設に、世界の他の地域が追い付くには少なくとも１０年かかった。

ＳＯＣはその後、電力購入協定（Power Purchase Agreement, PPA）に変わり、さらにフィード・イン・タリフ（Feed-in-tariff, FIT）へと変わる。後者は、ヨーロッパの各国政府が、まずは風力、そしてソーラーエネルギー投資促進のために採用したものだ。Ｓ

OC同様、PPAは、購入者が一定期間、一定価格で、ソーラー（または風力）エネルギーの購入を保証する契約だ。たとえば、電力会社のアリゾナパブリックサービス（Arizona Public Services）が電力供給者であるアベンゴア・ソーラー（Abengoa Solar）社と締結したPPAでは、今後30年間にわたり、電力会社が15セント／キロワット時を若干下回る価格で、毎年900ギガワット時のソーラー電力を購入することを保証している。したがって、建設・設置コストが償却されるにしたがい、電力供給者の利益は増加する。

　ソーラーに関わる金融分野での市場チャンスは、実際には、ソーラーパネルの製造や設置における市場チャンスよりも大きいかもしれない。GE社やGM社のような20世紀の製造大手がよい例だ。GE社では、金融サービス部門が、医療機器、ジェットエンジン、電力タービン等の高価格製品販売に貢献しつつ、同社収益の4割から5割を生み出した。同様に、GM社の金融サービス部門であるGMACは、GM車の融資および販売をサポートし、「自動車部門」よりも収益をあげるまでになった。（2000年代半ばGMACは抵当貸付にあまりにものめりこみ、GMから切り離されることになった。）

　ソーラーの住宅用および商業用市場における成功例を学ぶため、私は米国におけるソーラーの最大市場、カリフォルニアで急展開を遂げている会社を訪れた。

ソーラーシティ社とソーラー都市

　「業界で当社は、金融イノベーションで知られています」と、ソーラーシティ（SolarCity）社の戦略担当副社長のデイビッド・アルフィン（David Arfin）は語り、次のように続けた。「当社は金融イノベーターと言えます。しかし、当社が実際に導入したものは、顧客主導のターンキー方式です。パネルからワイヤまですべての部品を組み立て、設置し、接続し、運転するのです。」

　私の前著「勝者が全てを取る—ハイテク戦略基本法則9条」（原題：Winners Take All-9 Fundamental Rules of High Tech Strategy）のために調査をしていたとき、iPodの成功は、アップル（Apple）社がMP3プレーヤー市場の「商品すべて」をひと

つにした初めての企業であったところにある、ということを発見した。[207]リオ（Rio）やクリエイティブ（Creative）社のような多くの競合各社はまずまずのＭＰ３プレーヤーを生産して既に市場に参入していたが、聴くという作業を皆ユーザー側にまかせてしまっていた。つまり、マイクロソフトからＰＣメディアプレーヤーをインストールし、ＣＤから手作業で音楽を移し、疑わしいかもしれないサイトからダウンロードするといったあらゆる一連の作業は、ユーザーが自分で行わなければならなかったのだ。これをすべて一台で可能にする製品をアップル社が商品化したその時から、ｉＰｏｄは軌道に乗り、快進撃を続けている。

　　ソーラーシティ社は、米国における住宅用および商業用太陽光発電事業で、同じようなことをしている。今日、多くの消費者は「最良の」、あるいはもっとも効率的なＰＶパネル、インバーター技術、ソフトウェア、スマートデバイス、送電網への接続の仕方は何かについて調査を行うのだ。それから、設置業者を探す。それからやおら銀行融資に取り掛かる。これを使って第２のローンを組むことが出来るだろうか、家を売るときにはどうなるのだろうか。

　　クリーンエネルギーは、その点でハイテク製品と違わない。初期のユーザーは、技術を購入する際により詳細な調査を行う。たいていの場合、複数のサプライヤーからの購入となり、それぞれの部品を一つに組み立て、意図したように動くようにしなければならない。好奇心ある電子機器マニアが１９８０年頃、パーツキットと既成の部品から自家製コンピューターをつくりあげたようなやり方だ。

　　資金調達も、意思決定の過程において大きな要素だ。デイビッド・アルフィンは、ソーラーエネルギー購入を、携帯電話の購入と比較して次のように述べている。「３万ドルの携帯電話を買えば今後３０年で通信費をそれ以上節約できます、と言われて、その気になるでしょうか。消費者は、そんな風には考えませんよ。」私は、計算してみた。３０年間、ＡＴ＆Ｔ社の空中権を使用する代償として、もっとも平均的な携帯電話代である月額８５ドルを同社に払っていけば、最終的に３万６００ドル払うことになる。どうして誰もＡＴ＆Ｔ社に固定電話サービスとの「グリッドパリティ」について尋ねないのだろうか。

　　ソーラーシティ社は、携帯電話とネットワークプロバイダーを組み合わせたビジネスモデルをつくりあげている（iPhoneと

ＡＴ＆Ｔ社、あるいはブラックベリー（Blackberry）とベライゾン（Verizon）社を組み合わせたようなものだ）。ソーラーシティ社は、設備を所有し、設置を行い、サービスを提供する。長期契約と引き換えに、住宅用ユーザーにそれを貸し出す。ユーザーは、設備に３万ドルを一括払いすることなく、長期間、太陽の恩恵を受けることができるのだ。

このビジネスモデルを機能させる一つの要因は、コスト低減化だ。ソーラーエネルギーのコストの大部分を占めるのはＰＶパネルではない。主要なビジネスメディアはＰＶパネルのコスト（「ワットあたり１ドルを既に達成したのか」）ばかり取り上げ続けているが、設置、ラック（またはトラッキング）、インバーターなどのコスト、さらにはセールス・マーケティング費用が、ＰＶパネル購入価格の２倍になるのだ。それゆえ、最大のコスト削減はそこでなければならない。

大手太陽電池メーカーは過去数十年で、費用曲線を年２割程度ずつ、積極的に押し下げてきた。しかしながら、その他の「商品すべて」の価格を同等もしくはそれ以上に削減する必要があるのだ。厳密に経済的観点から見て、これは不公平である。第二章で既に指摘したとおり、競争の場は、まったくもって公平ではないからだ。（これについては次のセクションでもう少し述べる）。ソーラー業界大手企業は、こうつぶやくことだろう。「化石燃料は補助金を受けており、現実的には当面それが続くだろう。補助金なしのソーラーが、補助金付きの石炭や石油と競争していくためには、今後８年でコスト削減を図ることが必要だ。」

一方、サンフランシスコからバークレー、さらにパームデザートまで、カリフォルニアの都市は、グリッドパリティを待っていたりはしない。自分たちの都市をクリーンにするために、自らインセンティブをつくりだしている。たとえば、パームデザートとバークレーでは、ソーラーエネルギーの利用促進のために金融イノベーションを活用している。ソーラーパネル設置のために、長期低利子のローンを住宅所有者に提供しているのだ。住宅価値が上がると課税ベースが上がることで長期的に市の財政に寄与し、市はインフラを整備することができる。

「当市の目標は、（化石燃料）エネルギー使用を２０１１年までに３割削減することです」とパームデザート市エネルギー管理オフィス（Palm Desert's Office of Energy Management）

のディレクターであるパトリック・コンロン(Patrick Conlon)は語る。同オフィスはローンプログラムを提供しており、「多くのソーラーパワーとエネルギーの効率化なくして、これは達成できません」[208]という。

化石燃料向け補助金

　　第二章冒頭で述べたとおり、２００９年７月７日、ロバート・ブライス(Robert Bryce)が**ウォールストリートジャーナル**(Wall Street Journal、WSJ)のオピニオン欄で、オバマ政権は米国政府がこれまで石油および天然ガス業界に交付していた補助金１９．２億ドルをとりやめることを検討していると不満を表した。[209]政府が世界でもっとも巨大かつ利益の出る産業のひとつに補助金を与えていることは驚くことでもないだろう。二世代に亘る最悪の景気後退の最中においてさえ、補助金を、奪うことのできない権利だとみている人がいることに唖然とする。
　　米国エネルギー情報局の「２００７年エネルギー市場における連邦財政介入および補助金」(U.S. Energy Information Administration's "Federal Financial Interventions and Subsidies in Energy Markets 2007")によれば、連邦政府は２００７年、「精製炭」産業に合計２１億ドルもの補助金を出しているが、これに対しソーラー産業には１，４００万ドルである。２００年も続く、(非常に)成熟して、収益力もあるダーティな産業が、若く、有望で、クリーンな産業の数百倍もの補助金を得ている。これは、石炭に２．９８セント／キロワット時(一方、ソーラーに２．４セント／キロワット時)の補助金額となる。石炭は安いと言えるだろうか。もちろんだ。しかも、手厚い補助金を受けている。そして、これは米国だけの話ではない。影響力の大きい**スターン・レビュー**(Stern Review)によれば、世界中の政府はエネルギー補助金に年間２，５００億ドルを使っている。[210]
　　しかし、エネルギー競争市場を不公平にしているのは、数兆ドル産業である石油、天然ガス、石炭、原子力業界が世界中の政府から受け続けている巨額の補助金だけではない。エネルギーの経済学について議論する時には、化石燃料と原子力の業界が自らに都合のよいように規則や規制を歪ませている様々なやり

方についてすべて徹底的に調査し実態を把握することが必要である。

　逆説的だが、だからこそ、ソーラーや風力利用を後押しする政府の支援協力が必要となる。これは、クリーンエネルギー生産者が補助金そのものを必要としているからではなく、既存の法律、規則、規制、そして、まさに補助金が、クリーンエネルギーに対して妨げになっているからである。たとえば、第二章で、電力会社は、原子力発電所建設コストを、その発電所が（わずか１ワットの）発電を始めるはるか以前から消費者に転嫁できる実に驚くべき規制構造を議論した。同様のことが他にも多数あるのだ。「投資税額控除（Investment Tax Credit：ITC）は８年もせずに底をつくでしょう。今のうちに補助金なしのソーラーが補助金付きの化石燃料と競争できるところまで何とかコストをもっていかねばならないのです」と、ソーラーシティ社のデイビッド・アルフィンは語る。同氏は、市場に先駆けて対応すべき戦略担当副社長という立場にいる。

太陽光発電市場

　太陽光発電調査会社ソーラー＆エネルギー（Solar&Energy）社とその出版物によれば、２００８年に設置された太陽光発電の能力は５．５ギガワットに達した。[211]これは、２００７年の２．４ギガワットより、１２９％も増加している。群を抜いて世界最大の市場は、ドイツである。これは、ソーラー発電にフィード・イン・タリフ（固定価格買取制度）（Feed-in Tariffs, FIT）を義務づけた政策の結果である。

　フィードイン・タリフとは、一定期間、電力会社が、太陽光または風力の生産者から電力を購入する際の政府設定の料金である。フィードイン・タリフは、国により少しずつ制度が異なるが、基本的な考え方は同じである。２００７年末において、ドイツは、世界の太陽光発電導入量の４９．３％を占め、日本は２４．５％を占めていた。[212]しかし、２００８年には、スペインが新規太陽光発電導入では４１％を占め、ドイツは２８％で２位であった。[213]これは、スペインで新たに始まった手厚いフィードイン・タリフの直接的な結果であり、業界の急拡大に拍車をかけた。

　１９９０年代以来、２年ごとに太陽光発電量は倍増し、既に述べたとおり、数十年にわたり、価格が毎年約２０％減となっている。こうした技術の向上と価格性能比の増加はムーアの法則を想起させる。ムーアの法則は、数十年にわたって半導体（業界）に適用され、コンピューターを誰もが使えるものとして開放し、世界中どこにでもあるものとした。（念のため、大まかに言えば、２年ごとに、一定の演算能力単位のコストは半減する、というのがムーアの法則だ。）

　ソーラー＆エネルギー社によれば、ドイツのキュウ・セルズ（Q-Cells）社は、２００８年に市場トップの座にあり、太陽電池生産量は５７０メガワットであった。米国のファーストソーラー（First　Solar）社が生産量５０４メガワットで僅差の２位、そして中国のサンテック（Suntech）社が４９８メガワット、日本のシャープが４７３メガワットと追っている。この４社が太陽光発電業界の代表格だ。ドイツが長年、太陽光発電市場で優位を占め、太陽光発電製品全体を含めたバリューチェーンで今も優位に立っている。日本がドイツに僅差で続き、米国が最近ようやく追いあげ始めている。

　今日、中国が、太陽電池生産の拠点として頭角を現している。この業界で最大規模を誇り、もっとも急速に成長している企業には、中国企業あるいは中国に主要製造施設を有する企業が含まれる。中国ソーラーエネルギー協会（China Association of Solar　Energy）のデータによれば、２００７年の太陽電池生産の状況は以下のとおりである。[214]

- 中国：１，１８０メガワット

- ヨーロッパ：１，０６２メガワット

- 日本：９２０メガワット

- 米国：２６６メガワット

　しかし、消費国としての中国は出遅れている。２００７年の導入ベースでは、わずか１００メガワットで、同国の太陽電池生産の９％弱に過ぎない。中国は、国全体の発電の５％を太陽

光発電とすることを目標としており、２０５０年には、需要が１，
０００倍も伸びて１００ギガワットになると見込んでいる。[215]

　中国だけで太陽光発電量を０．１テラワットに拡大するこ
とが見込まれているのであれば、今後４０年で、世界の他の地域
ではどれだけの拡大が見込まれるであろうか。ヨーロッパ太陽光
発電産業協会（EPIA）会長ウィンフリード・ホフマン博士（Dr. Win-
fried Hoffmann）によれば、世界の太陽光発電市場は２０５０年
までにほぼ１テラワットの設置能力になるという。[216]住宅用太陽
光発電設備コストは６〜８ドル／ワット程度である。これには、太
陽電池だけでなく、設置、トラッカー、電気インバーター、ケーブル
等々の「製品全体」の費用が含まれている。そうすると、この業界
は６兆ドル超の市場になる。

　太陽電池メーカーは、太陽光発電コストを１ドル／ワット
以下にしようとコスト削減に懸命だ。しかし、６ドル／ワットの数
値を大幅に下げるためには、ソーラー製品全体の中の他の要素
の費用曲線をさらに下げる必要がある。「設置された太陽光発電
のバリューチェーンの三分の二は、システムのバランスによる」と
ソーラーシティ社のアルフィンは指摘する。「太陽光発電メーカー
は、コスト削減をがんばって進めていますが、バリューチェーンの
他の部分でも同様にやっていかねばなりません。これはプロセス
が牽引するイノベーションです。価格を半減するには、５０箇所
で１％削減しなければならないでしょう。」そうすることによって、
製品全体が２〜３ドル／ワットの範囲に到達することができるの
だ。

　２０５０年までに必要な１０テラワットのエネルギーの何
割が太陽光発電によって埋められるだろうか。ＥＰＩＡとグリー
ンピース（Greenpeace）の合同報告書によれば、２０３０年まで
に１９億人が太陽光発電による電力の供給を受け、その総計は
１．８テラワットに達しているとみる。そのうち、１６億人は、送電
線網を利用していないと思われる。[217]１０年で５億人に電話を
供給した中国の携帯電話モデルを覚えているだろうか。これはロ
ジスティック（物流管理）面では可能
である。しかし、ＥＰＩＡとグリーンピ
ースの試算より少し少ない量を達成
するのに、もう少し長くかかる、と慎重
に仮定してみよう。つまり、２０５０年

**「住宅用市場にお
いて２〜３兆ドル
の市場機会が浮か
びあがる。」**

までに住宅用市場において太陽光発電導入量が１テラワットという仮定である。また、製品全体でワットあたり２〜３ドルに価格が下がると仮定してみよう。そうすると、２〜３兆ドルの市場機会が浮かびあがる。

商業規模のソーラー

　　これまでまだ本章で掘り下げていない一つの巨大市場が「商業規模のソーラー」である。これは、ソーラーシステムを屋根の上や倉庫にとりつけるため購入するようなイーベイ（eBay）社やアドビ（Adobe）社といった米国の企業、また大規模小売店舗やスーパーマーケット、世界の企業本社向けのソーラーである。ソーラーシティ社の売上高の半分は商業用なのである。

　　米国には、５００万以上の商業用ビルがある。[218]これらのビルは、毎日、内部で消費する以上の太陽エネルギーを受けている。太陽がそそぎかけている無料のエネルギーを、何１０億平方メートルもの壁や屋根は、文字通りはね返している。米国では、毎年、５ギガワット分の屋根のスペースが新たにつくられている。[219]日中、ビジネスが行われているのだから、商業用施設にとってソーラーが適切なエネルギー源であることは明白だ。暗くなってから電気をつける必要があれば、もちろん、また送電網を利用すれ

> 「米国には、５００万以上の商業用ビルがある。れらのビルは内部で消費する以上の太陽エネルギーを受けている。」

ばよい。しかし、それでも節約分は相当なものである。償却設備と維持管理費用のみで、数え切れない程ぼう大なキロワット時となる。

　　太陽光発電というと、平らな屋根のソーラーパネルを考えがちだが、「建物一体型太陽光発電」（Building Integrated Photovoltaics, BIPV）と呼ばれるコンセプトの、まったく新たな市場機会がある。その名が示すとおり、太陽光発電は、商業用ビルの構造の一部に組み込めるよう設計されている。サンテック社のような企業は、多くのＢＩＦＶ製品を持っている。[220]たとえば、ＰＶガラスが従来の窓ガラスに取って代わったり、あるいは、クリアガラ

スタイルまたはれんがの形で、日よけ、天窓、採光窓のパネルとして使われ、従来の建築用ガラスを置き換えたりしている。これは「シースルー」で、完全に透明となるよう設計され、その上電気も生み出すものである。通常のタイルのように見えながら、光子を吸収し、電気に変えるような屋根・壁用ＰＶタイルもあれば、小さなＰＶパネルのように見える（ガラスのようで青っぽい）ものもある。これらを使って、屋根全体を簡単に張り替えることができる。しかし、ここで重要なのは、これらが建築時か改装時に、建築物の構造に一体化されるという点だ。

ファーストソーラー社のような企業は、まさしく壁や屋根の上に取り付けられる「薄膜」太陽光発電技術に取り組んでいる。アルミニウムのサイディング（外装材）の代わりに、「ソーラーサイディング」を使えば、それはただそこに取り付けられているだけでなく、お金を生み出してくれるの

> 「建物一体型光発電では、壁、窓、屋根、そしてレンガは、ただそこにあるだけではない。お金を生み出してくれるのだ。」

だ。目障りなタールや分厚い銀色のペンキを塗った屋根の代わりに、ビルの電気パネルに接続する「ソーラーレンガ」で屋根を覆うことができる。消費分以上に発電すれば、メーターが逆回りして、その余剰分は電力会社に売れるのだ。建物一体型光発電では、壁、窓、屋根、そしてレンガは、ただそこにあるだけではない。お金を生み出してくれるのだ。

図６.５　あのビルの一面にソーラーパネルが？（写真：トニー・セバ）

　今日、太陽電池パネルの効率は１０〜１４％である。つまり、太陽光エネルギーの１０〜１４％を電気に変換する。米国そして世界の多くの地域で、この効率はシステムの元をとるには十分である。ソーラーパネルと集光型ソーラーパワーを組み合わせれば、変換効率を約８０％に高めることができる。つまり、熱と電気の複合型(CHP)産業技術は家庭にもビジネスにも利用できるということだ。

　商業規模のソーラーの市場機会とはどのようなものだろうか。ソーラー技術が、世界の商業ビルの構造の一部になれば、ベンダーや設置業者はどのくらい収益をあげられるのだろうか。これは、少なくとも一般住宅規模のソーラーと同規模の市場である。今日、ソーラーシティ社は、両市場を対象としており、事業はほぼ均等に二分されている。これを外挿すると、２０５０年には商業市場において１テラワットの容量を持つソーラーが導入されていると私たちは推定している。再び、製品全体でワットあたり２〜３ドルに価格が下がると仮定してみよう。そうすると、２〜３兆ドルの市場機会が浮かびあがる。

ソーラーエアコンディション

　ドバイの砂漠の暑さの中でもっともおもしろいアトラクションの一つはモール・オブ・ジ・エミレーツ(Mall of The Emirates)にある屋内スキーゲレンデだ。６０ドルで砂漠の熱から一日逃れ、長さ１，２００フィート（約３６５メートル）、高さ２０３フィート（約６２メートル）の急勾配ゲレンデを全速力で直滑降しながら、涼しく過ごすことができる。松の木まで植えられている。スキー・ドバイ(Ski Dubai)には、巨大冷却装置を流れる淡水化水から作られた６，０００トンの雪がある（仕組みについては、第四章参照）。[221]
　エアコンは、米国人の夏の暑さの感じ方を変えたが、米国ほど豊かではない世界の比較的富裕な層でも同様になってきている。自動車や洗濯機・乾燥機と同じように、二世代も経ずに、エアコンはぜいたく品から中流の「必需品」となった。夏の暑さから逃れるために映画館に行くことはなくなった。

図6.6.　ドバイのモールでの屋内スキー（写真：トニー・セバ）

　　私たちはエアコンが好きだ。２００６年、エアコンの世界
市場は６，５００万台で、ほぼすべての市場が拡大していた。中
国は、数十年前まで、ほぼゼロだったところから、２，０００万台と
なり、世界最大市場である。米国と日本の市場は、それぞれ１，３
００万台、７５０万台程度で安定していたが、ヨーロッパは２０
０６年、５００万台とほぼ倍増した。[222]しかし、家庭用エアコンは
安く買えるものではない。ConsumerSearch.comによれば、米国の
家庭の標準装備となりつつあるセントラルエアコン（集中空調装
置）は、設置費を含め３，０００ドルから８，０００ドル程度かか
る。[223]

　　さらに、エアコンはやたらとエネルギーを食う。砂漠で雪を
つくるために石油を燃焼させるのはエネルギーを食うことだが、
モール・オブ・ジ・エミレーツにはエアコンをかけた店や娯楽施設
が４００以上あって５２メガワットを必要としていながら、このう
ちスキー・ドバイが使っているのはほんの４メガワットと言われて
いる。[224]米国の家庭でも、光熱費のうちエアコンに何百ドルとかけ
ている。何百ドルになるかは、家の立地場所による。本当に暑くな
ると、エネルギーを食うエアコンは、電圧低下や停電をもたらし、
エネルギーのインフラ全体をたやすく乱してしまう。

　　必要なのは、もっとも必要な時に、太陽熱から直接冷たい空
気を作り出す製品だ。暑くなるほど、より多くの冷たい空気を太陽

は作り出す。だから、ソーラーエネルギーのエアコン製品が参入できる市場が既にここにある。コロラド州デンバーにあるクールラド（Coolerado）社が製造している用途に合わせた能力を持つソーラーエアコンは既に市場に出回っている。フロン冷却材を使わずに、従来からある同じ大きさのエアコンに比べ電力使用量は９０％少なく、はるかに静かで、気温が上がると冷却能力も上がるのだ。従来のエアコンの巨大さを考えれば、ソーラーパネルでエアコンを運転させることは、とりあえずは理にかなっている。しかし、最終的には、もっと簡単で、一体化された製品となるようエアコンが設計されなければならない。

　　繰り返すが、**一体化された製品**が必要なのである。ｉＰｏｄは、アップル（Apple）社がＭＰ３プレーヤー（iPod）、ＰＣミュージックプレーヤー（iTunes）、そしてミュージックストア（iTunesストア）を一体化させて一つの製品とした時に成功した。他の多数のＭＰ３プレーヤー販売会社は、ユーザーが買っているのはプレーヤーだと思っていた。実際には、ユーザーが買っているのはポータブルで音楽を聴くという体験だということに、市場の誰よりも早くアップル社が気付いたのだ。同様に、エアコン購入者は、エアコンを買っているのではない。暑い夏の最中に、快適な温度で過ごせるための機能を買っているのだ。

　　市場規模は巨大だ。簡単な試算を示そう。いろいろなサイズのエアコン（マンション用からセントラル方式住宅用まで）を含めるため、価格を約１，０００ドルと仮定しよう。２００６年には、６，５００万台が売れたが、これは年間６５０億ドルの市場となる。２０５０年までの４０年間で、２兆６，０００億ドルの市場機会があるということになる。

　　これもまた、増え続けている電圧低下や停電から送電網を守り、地球を有害な汚染から守ることにつながる数兆ドルの市場機会である。ソーラーを利用したエアコンの必要性は、概念的にいうと、考えるまでもないことである。考えるべきは、そして何兆ドルもの価値を生み出すものは、一体化した製品をつくりだすことによって、送電網による電力を使う旧来のエアコンが競争できないようなレベルまでコストを下げることである。

> 「ソーラーを利用したエアコンにおいて２兆６，０００億ドルの市場機会がある。」

　　クリーンテクノロジーの起業家たちが、技術とそれに関わる議論の両方を変えようとしているので、太陽光発電は「グリッドパリティ」の固定観念から抜け出そうとしている。２００９年１０月、起業家たちは大統領から大きな後押しを受けた。大統領は、フロリダのアルカディア(Arcadia)にあるフロリダパワー・アンド・ライト（Florida Power and Light）社の１８０エーカーのソーラー工場にあるＰＶパネルの斜面の前に立ち、クリーンエネルギーとスマートグリッド開発のための景気刺激用マッチングファンド３４億ドルの支出を発表したのだ。[225]ソーラーエネルギーをとりまくメディアの枠はついに壊されようとしているようだ。

「もしも、他の方法と競争できる安い値段で、塩水から淡水を得ることが出来たら、それは人類が長い間願ってきたことであり、その他のいかなる科学的な成果をしのぐものとなろう。」

—ジョン・F・ケネディ（John F. Kennedy, 1961）

「 水はビンに入れた電気である。」

—ボブ・カー、オーストラリア、ニュー・サウスウエールス市長
(Bob Carr, Premier, New South Wales, Australia)

「 私が大統領として学んだことの一つは、水が国の、大陸の、
そして世界の、社会的、政治的、経済的な中心事項
であるということだった。」

—ネルソン・マンデラ、２００２（Nelson Mandela, 2002)

第七章

第五のチャンスー電力のビン詰め：
太陽熱による淡水化

２００９年４月２７日、私は資金調達の旅でヒューストンにいた。そこは米国のエネルギーの首都と呼ばれる都市である。私たちはベンチャ・キャピタリストや、そこに本社を置く石油サービス会社の会長、役員たちと、その日の午後ミーティングを行っていた。それは多くの資金調達ミーティングがそうであるように、緊迫して起伏の多いものであった。3時間半が経過したところで、私は、会議が堂々巡りになっていると判断した。私はマーカを取ってメモ用紙に「ここまでだ、終わりにしよう。」と書き、隣に座っているＣＥＯにちらっと見せた。

　私たちは間もなくミーティングを終わらせ、その街にある、石油会社の幹部向けのトレンディーなレストラン、カフェ・アニーに夕食に行った。注文したブロンジーノを一口、口にした瞬間、ライトが消えた。レストランの従業員は、慌てた様子はなかった。1分も経たないうちに、各テーブルにろうそくが運ばれ、人々の会話する声の大きさが元に戻った。外は雨が降っており、時折激しくなったが、誰も気にしている様子はなかった。数分のうちに電気はついたが、その後は最後まで、点いたり消えたりがずっと続いた。私たちが滞在したホテルも同様の状態であった。電気がつかない。インターネットも使えない。そして最悪なことは、水道が止まったことであった。

　私は、米国のエネルギー・ハブが開発途上国のグリッドでできているという皮肉なことを考えた。しかし、もう驚かなかった。私の居住地サンフランシスコも状況は同様だった。最初は電気、テレビ、インターネット・アクセスのないホテルの部屋で落ちつかなかった。一晩中フェイスブックやEメールが使えないなんて。インタネット以前は私たちはどのように連絡しあっていたのだろう。そして次にその夜、1、2時間余分に睡眠を取ることができるだろうという利点に思い至った。

　人類は、現代世界の快適さを知らずに何百年も生きてきた。これらの快適さの多くが、蒸気機関、次にディーゼル機関からの安価なエネルギー、および石炭火力により発電された電気、自動車による交通の便利さなどにより直接、間接的に可能になってきた。

　私は、エネルギと水の関係について考えてみた。

　私たちは水なしには絶対に生きられない。私たちの身体の3分の2、脳の4分の3が水でできている。私たちの血液中の血漿の92％が水分である。脱水するとすぐに命にかかわる。人間は食べ物をとらないでも何日も（あるいは何週間も）生き続けることができるが、水分が不足するとわずか2日も経たずに死ぬことがある。水分を失うことでわずか2．5％の体重減少が起こると体の効率が25％減退するといわれる。[226]幸運にも、ホテルの部屋に、私は余分に水のボトル2本を蓄えていた。

　現代社会では、エネルギと水は密接な関係を持っている。私たちは、どちらかを切らしてしまうまで往々にしてそのことを考えないでいる。発電のためには水が必要である。水をくみ上げ、純

化し、運搬するために電気が必要である。その夜、ヒューストン（少なくともヒューストンのガレリア地区）では、エネルギーもなく飲料水もなかった。

　　私は、ポリシーメーカーのＴ・ブーン・ピケンズ氏が、私よりもどの位先を考えているのかに思い至った。

水にも限りがある

　　Ｔ・ブーン・ピケンズは、一風変わった２０世紀の真のビリオネアオイルマンである。無鉄砲の２６歳のころ、彼は将来「石油会社」を作ることを決めたが、その事業モデルは、石油の採掘や輸送、販売を手がけるものではなかった。メサオイルと呼ばれたその会社は、ウォール街の金融工学を用いて自社よりずっと大規模の石油会社を攻撃・買収することで成長した。彼は１９８０年代に何社もの大手石油会社の大部分を買い取り、その後でそれらの会社のＣＥＯや取締役を変えることに熱意を燃やした。そのストーリーはその後何年にもわたってハリウッドの脚本家が関心をもつようなものであった。彼はこれらの会社を所有することに興味を示すことははとんどなかったし、まして経営することには全然興味を持たなかった。彼が本当に興味があったのは、彼の所有する石油会社の株式をずっと高値で売却することで利益を生み出すことであった。

水市場は曲がり角にきているか

　　しかし、政治やメディアの世界でのエネルギー関係の話題が「石油価格のピーク」に集まり、１バレル当りの原油価格が１４７ドルという天井知らずの高値をつけていた時、ピケンズは密かに（時にはそれほど密かにではなく）、彼の意見では間もなくより貴重なコモディティとなる水に関する支配力を強化していた。ピケンズはテキサス州の一角にあるオガララ帯水層から水をくみ上げることを計画していた。

　　オガララは世界中で最大規模で最大供給量を誇る真水地下水の「大洋」の一つである。それは北米大陸で縦方向にサウス・

ダコタからテキサスまで広がり、計１７万４千平方マイル（４５万平方キロ）、あるいはドイツ全土より２０％大きい面積を持っている。これにより、米国中西部が世界の農業中心地になっている。米国の全灌漑用水の３０％がこの「ハイ・プレーンズ帯水層」から汲み上げられている。[227]また、この境界線の内に住む人々の８２％に飲料水を提供している。

　産業革命が可能になったのは、安価なエネルギーと同様、安くて豊富な水があったからである。１９世紀と２０世紀中の企業のユーザ達は、実際の（外的）コストを支払うことなく水をくみ上げ、使い、汚染させてきた。彼らは川や湖や帯水層を、「無料」のクリーンウオーターの源と同時に廃棄物や公害の捨て場として利用した。長年にわたるこうした水の使用と誤った使用の結果、私たちはほとんどの河川や湖が汚染され、帯水層は過去にない程水量が減少したり水質が劣化したり、そして取得量消費量が過去最大、という状況に直面している。

　経済と環境のためのアパラチア・センター(Appalachia Center for the Economy and Environment)によれば、ウェスト・バージニア州だけでも、酸性の強い鉱山排液により、５００以上もの河川の質が損なわれているという。[228]これらの汚染された川は２度と新鮮な水源とはなり得ないであろう。こうした事態は、人間の消費用及び農業用や工業用の水を確保するために、他の水源に大きな圧力を与えている。世界銀行によると、中国の都市部地下水の９０％と河川や湖の７５％が汚染されているという。[229]

　オガララ帯水層は、私たちの時代に枯れてしまうかもしれない。あと２５年しか持たないという推計もある。地域によっては地下水面が毎年１．５ｍ（５フィート）ずつ下がっているという測定結果がでている。全体としてみると、オガララはおそらく毎年１２立方キロメートル（４２００億立方フィート、あるいは９７０万エーカ・フィート）の割合で激減している。これは１８本のコロラド川が毎年海に水を注ぎ込んでいる量に等しい。[230]

　この枯渇化のため、これ以上水をくみ上げるのに慎重な姿勢を見せる農家の人もいるが、同時に、Ｔ・ブーン・ピケンズ氏のように、これまで以上に急いで水をくみ上げ、何百マイルも離れたダラスのような水需要の多い都市に運んで売ろうとする多くの人たちもいる。

水とエネルギー

　　　水とエネルギは非常に密接に結びついており、エネルギー
に関するいかなる研究調査も、水に関する考慮がされていなけれ
ば完全ではない。「水とエネルギーは、現代文明を構成する最も
基本的な２つの要素である」。[231]一つだけ統計データを紹介しよ
う。カリフォルニア・エネルギー委員会によると、カリフォルニア州
で使用された電力全体の１９％が、水の汲み上げや運搬に使わ
れている。[232]水にまた食料の生産においても不可欠である。世界
中の真水の８０％が農業に使用されている。アメリカでは、農業
がクリーンな水の８５％を使っている。[233]

　　　しかし世界中で安価（あるいは無料）で直ぐに使える真水
の供給源が枯渇してきている。言うまでもなく、豊富な真水が使え
る国々は、もっと上手に水源の管理、水の運送、節約、及び再利用
を行う必要がある。例えば、イスラエルは廃水の７０％を再利用
している。どこの国もこの数値に遠く及ばない。

　　　世界中の全ての真水の約８０％が農業に使われているの
で、よりよい灌漑システムの利用やより水利用量の少ない食料へ
の転換が、重要な長期的戦略となる。しかし、世界の中のあまり温
暖でない広大な地域では、水の供給量を増やすためにはこれま
で海水の淡水化に頼ってきているし、今後もそれが続くことにな
る。

太陽からの水

　　　アタカマ砂漠(Atacama desert)は地球上で最も乾燥してい
る場所の一つである。チリ北部に位置し高度も最も高い場所で６
，８８５ｍ（２２、５９０フィート）もあるこの地域は、最近事実上
全く雨が降っていない。アタカマ砂漠は乾燥度があまりにも高い
ので、ＮＡＳＡは将来の火星探索計画用機器をテストするのに
使っている。[234]

　　　水や植物成長のない土地は通常、人間の居住には向いて
いない。しかし、アタカマは、１５００年代の後半にヨーロッパ人
が最初に訪問して以来、鉱物資源が非常に豊富であるため何度
も採鉱ブーム（とその崩壊）が起こってきた。信じがたい程の乾燥

状態が資源の抽出を困難で高価なものにしているが、それは採
鉱に使われる水や探鉱夫の飲料水や調理用の水の一滴一滴を
外から運び込まなければならないからであった。しかし、１８７
４年に、Ｊ・ハーディングとＣ・ウイルソンが初の商用の太陽熱利
用の蒸留器を作った。これは４，７００平方メートルを占める装
置で、太陽エネルギを利用して一日当り２万４千リットル（６千ガ
ロン）の真水を作り出し、アタカマ硝酸塩鉱山の何百人もの炭鉱
夫の渇きを潤している。[235]アタカマ砂漠は、多くの砂漠と同様に、
水とエネルギー、この場合、太陽エネルギーであるが、その組み
合わせにより居住可能地に変えられている。

　　　太陽熱利用蒸留器は、塩分を含む水や汚染された水を蒸
留水に変換する簡単な装置である。多くの単純な素晴らしい発明
と同様、太陽熱利用蒸留器は、大自然が水を蒸発させて雲を作る
ように大自然のやり方を再現している。これは新しいアイデアから
は程遠いものといえる。アリストテレスは紀元前４世紀に、丁度同
様の方法で海水を蒸発させて飲料水を作ることを提案している。
今日オーストラリア、ギリシャ、スペイン、チュニジアを含む幾つか
の国で何台もの蒸留器が設置されている。

淡水化プラント累積能力

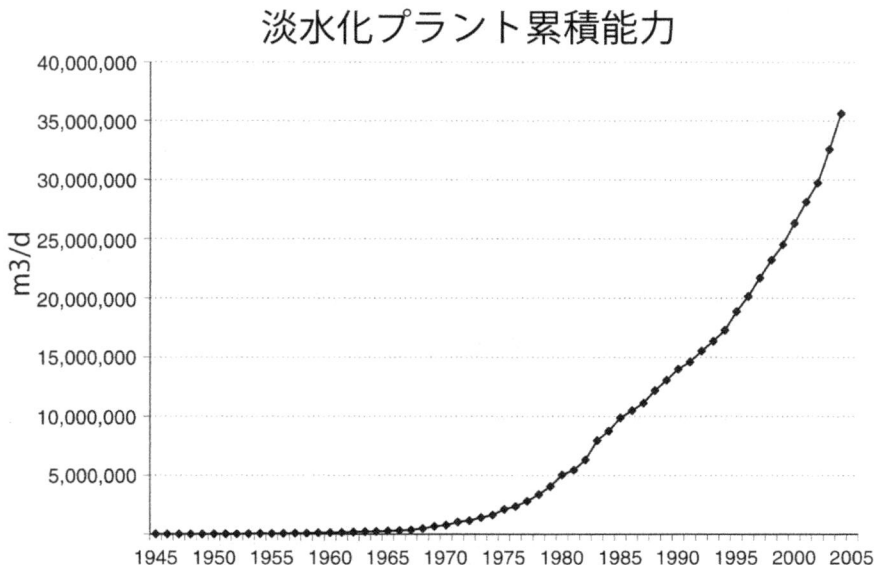

図７．１　世界の淡水化プラント累積能力
（出展および版権　Pacific Institute[236]）

　　しかし、２０世紀の半ばから、世界は大規模な工業化され
た、ほとんどが化石燃料を使用した淡水化プラントが主流になっ
た。１９４５年には稼動している淡水化プラントは１基のみであ
り、カリフォルニアにある水関連のシンクタンクであるパシフイッ
ク・インスティチュートによると、一日あたりの処理容量は３２５
立方メートル、あるいは８６，０００ガロン弱であった。６０年後
の　２００４年には１０，４０２の淡水化プラントがあり、合計
で３５，６２７，３７４立方メートルの処理容量がある。これは
１９４５年の１基のプラントの１０万倍の容量である。

迫りくる水危機と淡水化

　　国連の世界水評価プログラムによると、「世界規模の水危
機を避けるには緊急のアクションが必要である。」という。しかし、
世界中の多くの場所では既に水危機の真っ只中にある。南オー
ストラリアでは、歴史上記録されている限り最悪の７年に及ぶ旱
魃が続いている。その原因は、不適切な水管理、気候変動、農業
における濫用、及び昔からある単純な降雨不足が組み合わされ
たものである。オーストラリアの米の生産量は、２００１年の１
６４万メトリックトン（ＭＴ）から２００８年の１９，０００ＭＴ
へ、ほぼ９９％減少した。[237]農家への水の割当量は９５％も急
減している。エーデルエイド（Adelaide）は、おそらく、工業化地域
にある都市としてはじめて、恒常的な水危機の状況におかれてい
る。[238]
　　ウオータ・フットプリント・ネットワーク(Water footprint
Network)によると、１キログラム（２．２ポンド）の米を育てるの
に３千リットル（７９２．５ガロン）の水が必要である。[239]南オース
トラリアのマレイ—ダーリング盆地(Murray- Darling Basin) のよ
うにあまり肥沃でない地域で、なぜ米のような水多消費穀物を耕
作するのか筋が通らない。しかし、「水管理」という言葉は、前にも
でた自己矛盾を含む言葉のように見える。水は合理的に管理され
てはいない。近い将来も、合理的に管理されるようになりそうにな
い。世界中の各国政府が、海水の淡水化によってクリーンな水の
供給を増やすことが、より可能性があることである。

　サンフランシスコベイエリアの多くの地域は、その真水を１６０マイル（２５８Ｋm）離れたヘッチ・ヘッチー貯水池(Hetch-Hetchy Reservoir)から供給されている。ヘッチ・ヘッチーは大部分が１９２０年代に作られており、修復と耐震化が喫緊に求められている。幸いなことに、この貯水池はシエラ・ネバダの高度の高いところにあり、その水は重力によって私たちのところまで流れてくる。

　これに対し南カリフォルニアでは、コロラド川から年間４４０万エーカー・フィート（５４億立方メートル）以上の水を取得している。この強大な河川の水に対しては異なる７つの州から非常に大きな需要があり、しばしば、この川が太平洋に達する前に水が枯れてしまう。[240]これらの全ての州における人口の増加と農業や工業の成長により、コロラド川の水位は減少しており、その水を巡る戦いが増加してきている。

　しかしカリフォルニア州は、水危機の中にありながら、２００４年に２３０万トンの米を生産した。[241]合理的な水の管理だって？それはカリフォルニア州ではありえない。私たちはオーストラリアの例から学んだのではなかったのか。人間生活、産業、農業、及び発電にとって水が非常に重要であるにも関わらず、カリフォルニア州は水に関する情報を継続的に、信頼できる形で集めていない。「カリフォルニアは総合的な地下水監視システムを持たず、利用可能な情報は信頼度が低いことが多い。」と天然資源防衛協議会（ＮＲＤＣ）では言っている。[242]

　２００９年５月１４日、サンディエゴ地域水質コントロール・ボードは、３億２千万ドルの淡水化プラント建設を承認した。このプラントは２０１２年の完成時には、１日当り５万ガロン（２０万リットル）のクリーンな水を供給することができる。[243]（環境問題を理由に）淡水化に関して辛らつな反対活動が時折起こることで知られているカリフォルニア州で、このサンディエゴ・プラント建設の意思決定は全会一致であった。２００９年の半ばの時点で、カリフォルニアで更に２０もの淡水化プラント計画が承認を待っている。

クリーンな水、汚染された電力

　　　淡水化プラントに対する反対の理由の一部は、それが２種類の主要な環境汚染を生み出すから、というものである。ひとつは、発電そのものによるものである。淡水化プラントは、従来からのエネルギー・パターンに従っている。エネルギーの大部分が化石燃料の燃焼により生み出され、それにより二酸化炭素やその他の汚染物質を外部に放出してしまうパターンである。

　　　淡水化された水は、非常にエネルギー使用量が多く、各淡水化プラント投資には、同時に発電所投資を組み合わせなければならない。世界銀行によれば、「電力対用水量の典型的比率は、５０メガワットの電気に対して、一日当たり２２，５００立方メートルの水」というものである。[244]この比率に従えば、サンディエゴの淡水化プラントの場合、その塩水の浄化に必要なエネルギーを供給するために、真新しい４４４メガワットの発電所相当のものが必要ということになる。

　　　水の純化の為に石炭を燃やすのは、穏やかに言っても、機能不全のように見える。憂慮する科学者連合(Union of Concerned Scientists)によれば、「典型的」な５００メガワット石炭プラントは、３７０万トンの炭酸ガス、１９３，０００トンのスラッジ、１２５，０００トンの灰、１０，５００トンの二酸化窒素を排出するが、これは５０万台の古い車が路上を走っている状態と同等であるという。[245]これらの廃棄物の全てが、地上または地中のどこかに捨てられる。もしそれが地中に埋められると、地下水にしみ出し、地下水が水銀や砒素を含む有毒物質で汚染されることになるかもしれない。そうなればもちろん純水の供給を減らし、淡水化プラントの更なる増設に拍車を掛けることになる。本当に機能不全である。

　　　水にはクリーンなエネルギーが必要である。水の純化の為に化石燃料を燃やすことは、長期的に維持できないし経済的にも継続できない。

通常の淡水化プラント

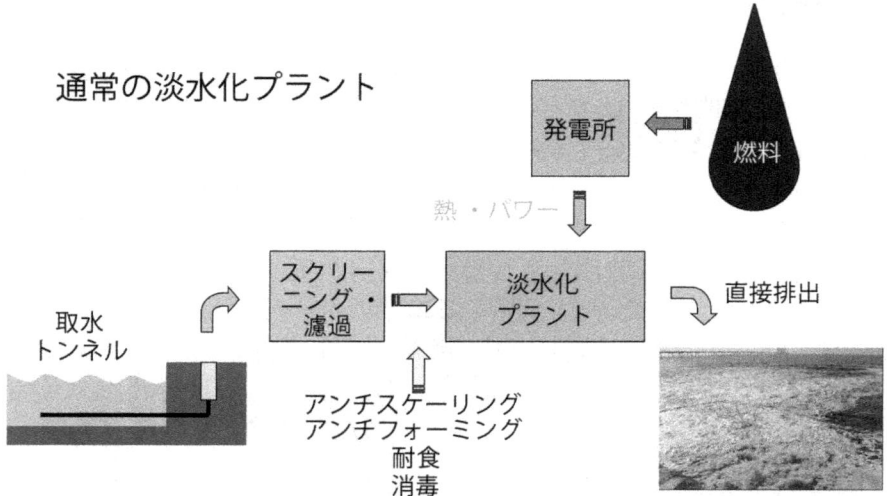

図７.２　通常の淡水化プラント（出展　AQUA-CPS[246]）

　　淡水化に伴う二つ目の汚染は、塩水を海に戻すことから生じる。サンディエゴの淡水化プラントは、１０万ガロン（４０万リットル）の海水を取水し、５万ガロン（２０万リットル）の純水を作り出している。これは、塩分濃度が2倍の塩水５万ガロンが毎日海に戻されていることを意味している。排水流出領域の塩分濃度の上昇は、海洋動植物に影響を与え、沿岸部の生態系を変えてしまう可能性がある。

　　大部分のとは言わないまでも多くのプラントは、環境に対する大きな懸念なしに建設されたが、より最近のものは、市民グループからの圧力の為に環境に対する配慮をするようになってきている。例えば、パース（Perth）の淡水化プラントは、プラント周辺の塩分濃度のデータを監視し、発表してきている。幸いなことに、塩水放出箇所から５００メートル（５／１６マイル）離れると、海水の塩分濃度は正常値に戻っている。[247]

　　環境に関する懸念がどうあれ、世界中の国の政府が淡水化された水の供給を増やしているのは確実のようである。国際淡水化協会によると、２００８年時点で世界中に１３，０８０基の淡水化プラントがあった。これらのプラントを合計すると、毎日５５６０万立方メートルの生産容量となる。[248]この容量はわずか７年後の２０１５年までに倍増されると考えられている。

　太陽は、水の必要性と特別の関係を持っている。より暑く日照りの強い天候は水が蒸発し、極端な場合、砂漠化の可能性を増大させる。

　しかしこれまで水不足の為に砂漠地帯では人口増加が自然に押さえられてきたが、近代のエネルギーに依存した技術によって、人間の大規模な定住化や工業化、更には農業を営むことまで可能となってきた。

エネルギー＋ドル＋水＝砂漠の大都市

　１９５３年には、ドバイはアラビア砂漠の小さな交易の村であった。人口は２万人で真水はすべて井戸から取水された。この都市で初めて輸入セメントを使ってコンクリートの建物が建てられたのは１９５６年であった。[249]

　私が２００８年の秋ドバイに行った時、おそらく上海以外ではどこで見たよりも多くのクレーンが立っているのを見た。ドバイの人々はその都市を「広大な建設地区」と呼ぶ。この都市は世界最大の海水港、世界最高のビル、更に２つの最大のショッピング・センタを持つことを誇りにしている。ドバイはまた世界有数の観光地になることを狙って、世界最大の空港や最大規模の娯楽・レジャー・センター（ドバイランド）を建設中である。

　私が訪問した時点で、ドバイには１５０万人の住人がいたが、これは僅か半世紀あまりの内に７５００％の成長をとげたことになる。これらの人々の渇きをいやし、全てのコンクリートをまぜ、工業で生じる熱を処理するための水のほとんどは、淡水化プラントから供給される。２００８年にドバイでは４億１４００万立方メートルの水を消費したが、この内井戸から取水されたのはわずか１８５０万立方メートルであった。[250]ドバイの真水は５％を除いて全て淡水化されたものであった。

　今日のドバイは、この巨大容量の淡水化なしには、明らかに存在しえない。自然水はその人口や経済の内のほんの僅かの部分しか支えきれない。ドバイは更に、わずか４年間で淡水化の容量を２５０％増加させる計画であるーしかもほぼ２００億ドルの資本コストをかけて。[251]

　　大量の石油精製、自然の純水帯水層の不足、急速な商・工
業の成長と身分不相応な向上心が組み合わされた結果、中近東
は世界最大の淡水化市場となってきており、世界の全淡水化容量
の半分を利用するにいたっている。サウジアラビアだけで、その全
容量の約２５％を占めている。ペルシャ湾岸諸国の真水の６０
％が淡水化プラントから供給されている。

　　しかし、真水確保の為に淡水化が必要なのは中近東だけ
ではない、ということは覚えておく価値がある。地中海にある島
国であるマルタは、電力消費の２２％を水の淡水化に使ってい
る。[252]その他の地域の淡水化に関しては、後ほど述べる。

　　中近東と北アフリカの諸国（Middle East and North Africa,
MENA）は、幾つかの共通点を持っている。少量かほとんど雨が降
らない、降った雨のかなりの部分が蒸発してしまう、人口が高成
長、都市化の進展、個人用・工業用・農業用の水消費の増大であ
る。これらにより、大規模な「水不足」が起こっている。

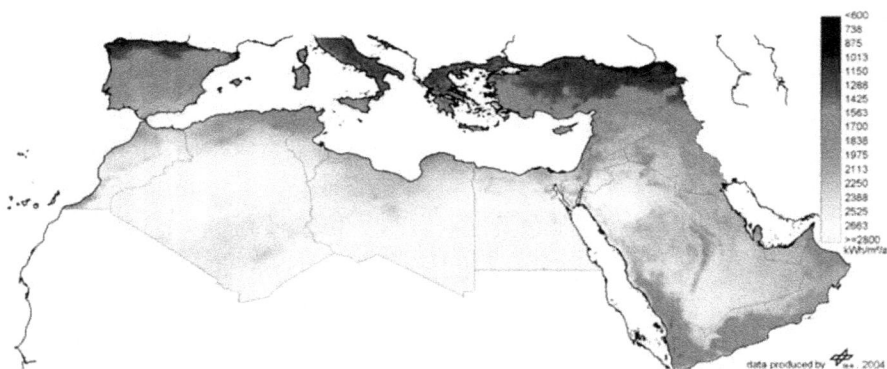

図７．３　南欧州、北アフリカ、中東における太陽照射。単黄色は太陽エネル
ギーが高いところ(出展　AQUA-CPS[253])

　　更に、ＭＥＮＡ諸国は、他にも共通点を持っている。それ
は、地球上、最も強力な直接的な太陽照射を受けていることであ
る。

水は機会均等な雇用主ではない

　　世界にある水の大部分は実際上塩水である。地球上の水の９８％は海にある。約２％だけが、「真水」あるいは飲用水であると考えられている。しかし、その内の８０％の水が氷冠や氷河のなかに閉じ込められている。[254]ということは世界に存在する水のうちわずか０．４％しか実際真水として利用可能ではない、ということを意味している。この水の９０％（地球上の水の０．３６％）は帯水層や井戸にある。地球上のわずか０．０３６％の水のみが川や湖という形で利用可能なのである。

　　世界の水地図を一寸見れば（図７．４）水の分布が一様ではないという最も基本的な事実が直ぐ分かる。北アメリカ、ヨーロッパ、中国、東南アジア及び南アメリカの多くの（全てではないが）地域は水不足の様子はほとんどないが、世界の残りの地域は物理的に水不足かそれその状態に近づいてきている。

　　国際水管理研究所（International Water Management Institute, ＩWMI）は、スリランカを拠点とする非営利科学機関で、地球全般の水に関する問題を何十年にもわたって調査してきている。ＩWMＩは水資源管理と人類の生存への水の影響に関する専門機関である。毎年彼らは「水予算」— 誰が食物を成長させ、人々の生活を支え、環境を保持するのに十分な水を持っているか（あるいは持っていないか）—に基づく世界地図を作成している。

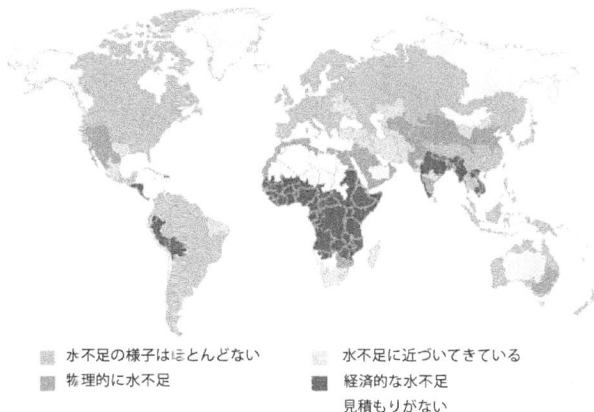

水不足の様子はほとんどない　　　水不足に近づいてきている
物理的に水不足　　　　　　　　　経済的な水不足
　　　　　　　　　　　　　　　　見積もりがない

図７．４　世界の水資源欠乏地図（出展　IWMI Report 2006/2007[255]）

　　図７．４が、ＩＷＭＩの全世界水資源欠乏地図である。暗
赤色の地域は、人口のニーズに比し、水が不足している。ピンク色
の地域は、水不足に近づいている地域である。興味深いことにか
つ便利なことに、ＩＷＭＩは、「経済的」な水不足地域、すなわち
地域としては水があってもそこに住む住民が経済的に買うことの
できない地域、という分類を使っている。
　　初めてこのＩＷＭＩ地図を見た時、私は、世界太陽放射地
図を見ていると思った。それは、高度な水不足地域を示す地図
が、高度の直接太陽照射地域と非常に似ていたからであった。私
は、世界太陽照射地図の幾つかの版を調べてみたが、どれもほと
んど１対１の対応をしていた。

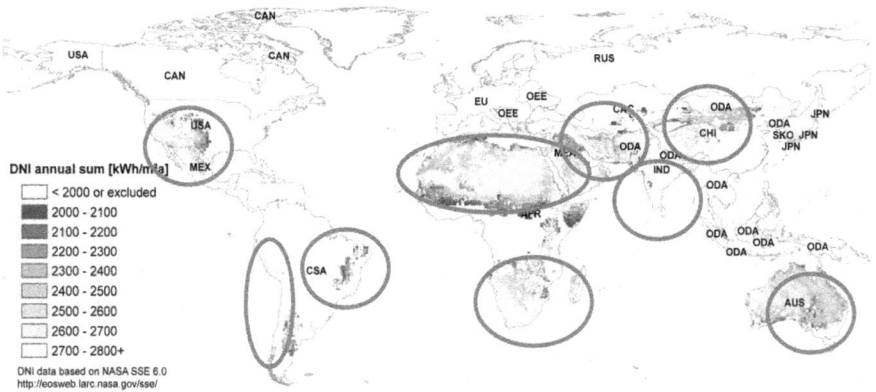

図７．５　　世界の直射日光照射（ＤＮＩ）地図（出展　ＮＡＳＡ）

　　ＮＡＳＡの直接日射（ＤＮＩ）地図は、世界中の最も強力
な太陽光を受ける地域を示している。これらは、太陽光を弱めた
り屈折させたりする大気層が最も薄い所を太陽光が通過する地
域である。
　　高いＤＮＩ値を示す地域は、タワー式やトラフ型の太陽熱
発電プラント設置最適地と非常に強い相関がある。この地図から
見ると、高いＤＮＩ値地域は、淡水不足地域と高相関がある。太
陽エネルギー生成に最適の地域は、水の淡水化が最も必要な地
域でもある。

今までに、誰か、この２つの事実を結びつけたことがあるのだろうか。北アメリカや中近東のような地域で水の淡水化を行うのに、太陽エネルギを使用すべきではないのだろうか。

「１平方キロの砂漠地域が得ている太陽エネルギーは、１日当り１６万５千立方メートル、１年当り６千万立方メートルの水を淡水化するのに十分なエネルギである。」とフランツ・トリープ博士は書いている。彼は、淡水化に集光型太陽熱を使うことに関しての最初の研究を行った人である。[256]（１平方キロメートルは約０．４平方マイルに等しい。）

瓶詰めの電気

この章の始めに述べたように、水の淡水化はエネルギ多消費のプロセスである。それは、豊富で低価格なエネルギーによって可能になった２０世紀型の産業のもう一つの例である。

エコノミスト誌によれば、１立方メートルの水を作り出すのに、３．７ｋＷｈから８ｋＷｈのエネルギーが必要である。エネルギー効率は、利用される技術（逆浸透膜法、多段フラッシング法、多重効果蒸留法）とそのプラントが設置された時期に依存する。一般的に言うと、昔の淡水化プラントは電力消費の上限値（８ｋＷｈ/㎥）に近く、最近のものは下限値（３．７ｋＷｈ/㎥）に近い値を示す。

エネルギーの価格がｋＷｈ当り１０セントであれば、水１立方メートル当り３７セントから８０セントの淡水化コストがかかることを意味する。これはまた、２００８年の容量である１日当たり５５００万立方メートルに掛かったエネルギー消費は、一日当り２０５ＧＷｈから４４４ＧＷｈの間、あるいは、２０５０万ドルから４４４０万ドルの間、ということになる。

> 「１平方キロの砂漠地域が得ている太陽エネルギーは、１日当り１６万５千立方メートルの水を淡水化するのに十分なエネルギである。」

これは、水の淡水化だけの為に、毎年７５億ドルから１６５億ドルのエネルギ需要があるということである。

　更に言えば、このＫＷｈ当り１０セントという数値は全貌を伝えていない。アラブ首長国連邦（ＵＡＥ）のような、新しい設備や豊富な化石燃料資源を持っている国は、より新型で大型の淡水化設備に投資し、自国の石油資源を使ってその設備を稼動させることができる。ＵＡＥの役人と話をして、私は、彼らが使用エネルギーの原価計算をする際、原油の市場価格の値を使わず、原油抽出に必要とされる差分コストを使用している事がわかった。これでは膨大な差が生まれてしまう。

　アブダビのような所では、原油抽出の限界コストは恐らくバレル当り１０ドル以下であろう。このような会計法では、水の淡水化用電力のコストは、恐らくキロワット時当り２セントに近い。ドバイの４億立方メートルもの淡水化された水のコストは、電力コストで年間わずか８００万ドルしか掛からない。２セント／キロワット時なら、外が夏の熱でうだっている時、そこのモールで屋内スキー・リフトを運転することも可能である。

　他方、２００７年のハワイにおける電力コストは、キロワット時当りほぼ３０セントであった。これは同州がオープン・マーケットで（例えば、バレル当り８０ドルで）原油を購入せねばならず、電力会社はその原油コストを使って消費者向け電力の価格を決めねばならなかったからである。同じ原油量を使った場合、ハワイでは同じ量の水で１５倍のコストがかかることになる。

　より旧式で小型でより効率の悪い淡水化プラントを使用し、それを運転するために燃料を輸入しなければならない国は、二重の問題に直面する。第一の問題は、彼らが世界の化石燃料価格の人質となることである。原油１バレルのコストが８０ドル（あるいは１４０ドル）となると、エネルギーコストはキロワット時当り３０セントに上昇し、水が非常に高価な消費財となる。第二の問題は、これらの国がこの燃料を購入する為の資金不足に陥る可能性があることである。

　ある種の商品価格は、連動して上昇しがちである。原油価格が高いと、とうもろこしや小麦の価格も上昇する。これは、近年の穀物生産に原油が使われるからである。商品価格が上昇すると、スーダンやアルジェリアといった独自の化石燃料によるエネルギー源を持たない貧しい国は、現金のリザーブもあまり持っていないので、人々に食糧供給を行うために小麦のような基本食品を買う

か、彼らの発電所や淡水化プラントの稼動を続けるために燃料を買うかの選択をしなければならなくなる。

　これらの国が豊富に保持しているものは、ヨーロッパ諸国が持ちたがっている多量の直射日射を受ける砂漠である。幸運なことに、これらの石油資源に乏しい砂漠の国にとって、淡水化の将来は集光型太陽発電に掛かっているのである。

　太陽熱エネルギーは水の淡水化をする上で、長期的に最善の方法である。これは幾つかの理由による。

　第一の理由は、水の欠乏と太陽熱照射の多さとの間に高い相関があることである。太陽熱照射が強いほど、土地は乾燥し、より多量の地上の水分が蒸発する。これはあまりにも常識的に聞こえる。だが、それほど当たり前とは思わないが、気温が上昇するにつれより多量の**地表下**の水も蒸発するのである。宴は地表であろうが地下であろうが、単純に水があまりない状況となる。ただ、正にこの水を蒸発させる太陽熱のゆえに、淡水化装置を動かすための燃料にお金を支払う必要がなくなるのである。一度太陽熱発電設備が設置されれば、淡水化装置の残りの使用可能期間は同一コストで水を製造し続けることが可能であることを、各国政府は知ることになるのである。

　第二の理由は、淡水化に関し、集光型太陽熱発電（ＣＳＰ）が他のどんな電力よりはるかに効率が良いことである。第三章で説明したように、ＣＳＰプラントは水を蒸気に変え、その蒸気でタービンを回転させ発電させる。どんなＣＳＰ技術でも、太陽熱エネルギの約２５％を電気に変換する。残りは熱の形で放散される。しかし、発電が淡水化プロセスと結合されると、ＣＳＰプラントは、そうでなければ捨てられてしまう熱エネルギーの５０％を淡水化に利用できる。このようにすれば、太陽エネルギの７５％から８５％もが生産的に活用できるのである。[257]

熱電結合

太陽による
集光装置 → 貯蔵

太陽熱　↓燃料

発電機

熱

MED

水　　　パワー

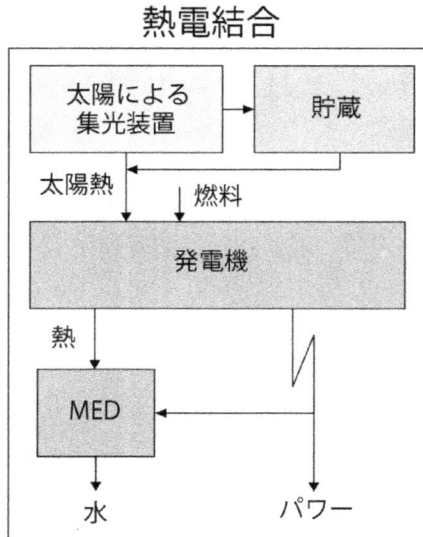

図7.6　太陽熱（ＣＳＰ）と多段蒸留（ＭＥＤ）を用いた淡水化（出展 "AQUA-CSP", DLR）

　この効率性は、各種の発電技術の中で並ぶものがない。米国エネルギー情報管理機構（ＥＩＡ）によれば、原子力プラントの変換効率は３２％から３３％である。[258]石炭・電力変換効率も同じ３０％台である。[259]
　ＣＳＰが最善の淡水化技術である第三の理由は、淡水化／発電統合プラントが、グリッドがそれを最も必要とする時（通常は電力ニーズのピーク時であるが）発電が可能であることである。電力ピーク時には、電気に対する需要も電気代も「通常時」の４倍に跳ね上がる。従って、私が第六章で述べた「グリッドパリティ」に関する議論では、石炭、天然ガス、及び原子力発電における通常時のコストに焦点を当てていたが、実際は、太陽が最も暑い夏の日の午後は、それらのコストも最も高くなっていることに注意しなければならない。太陽エネルギーがより多くなれば、ＣＳＰによる発電量は増え、余剰電力が生み出される結果となる。こうした時間帯には、ＣＳＰプラントは淡水を精製し続けると同時に、グリッドに対し余剰電力を供給することが可能なのである。

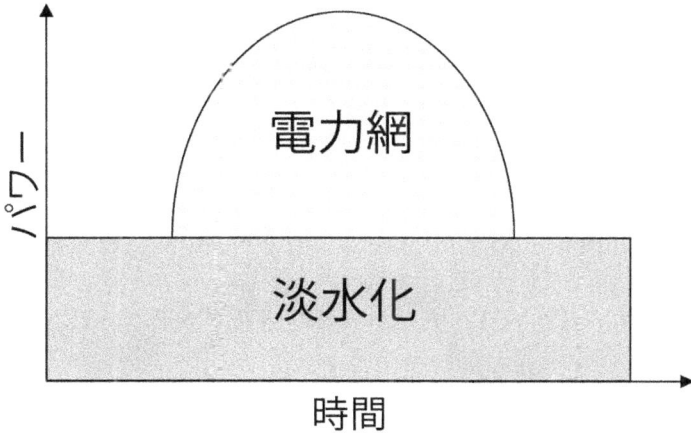

図７．７　太陽熱発電と淡水化プラントの組み合わせは、昼も夜も淡水化をし
ながら必要に応じてグリッドに電力を送る（出店　"AQUA-CPS"）

　　淡水化プラントは、１立方メートルの水を精製するのに３
．７ｋＷｈから８ｋＷｈの電力を必要とする。１立方メートル当り
の平均電力消費量を６ｋＷｈとすると、１日当り３億３，３６０
万ｋＷｈ（一日当り３３３．６ＧＷｈ）、あるいは能力１７ＧＷ（
１日当り２０時間淡水化を行うとして）の電力を使うことになる。
これはいかなる基準でみても莫大な数値である。そして、この需
要は必須のものであり、毎年増加している。
　　こうした理由で、私は、太陽熱利用の淡水化が、乾燥地域の
国々におけるクリーンな真水の供給という世界で最重要の、しか
も十分満たされていないニーズに対応しながら、同時に、近未来
の最大のグローバルなエネルギー市場機会の一つをもたらすと
考えている。

淡水グリッドの外の人々

　　世界の大部分の人は全てのグリッドに繋がっているわけで
はない。皆、電気、電話回線、淡水、或いは下水設備を利用できな
いでいる。その直接的な結果を示す暗い統計数値を上げてみよ
う；

・　全世界で１０億人以上が安全な飲料水を入手できでいな

い。

- 発展途上国における感染症の８０％は、水が原因で起こっている。

- 毎年、ほぼ４０億件の下痢の症例が起こっている。

- ７４ヶ国で２億人の人々が、寄生虫病である住血吸虫症に感染している。[260]この病気は、子供の成長・発育障害から臓器損傷、慢性疲労、ＨＩＶ感染可能性増大まで、幅広い悪性症状の原因となっている。

- 毎年２２０万人もの人が、不衛生な水が原因で死亡しており、内９０％が子供である。[261]

　　しかし、電気やクリーンな水なしで生活することで人間が受ける影響は、病気以外にも非常に大きなものがある。サハラ砂漠以南のアフリカや世界のその他の多くの地域で、女性や少女が、家族用のクリーンな水を入手するために、毎日７マイルに及ぶ距離を歩かなければならない。考えても見てください。彼女たちは、私たちのほとんどが水道の蛇口をひねるだけで入手できる水を得るためだけのために、２時間もの時間を使っているのである。これだけの時間を使うので、彼女たちの多くは、教育を受けたり、より良い仕事に就いたり、経済的社会的に動くことを妨げられている。[262]更に、女性や少女がこのように彼女らの時間を使うことが現実的に必要であるということがあるので、彼女たちに無教育な家庭の仕事以外の仕事をさせないという時代遅れの家父長制を一層強化している。水は、文字通り生活そのものである。水不足は、特に女性にとってはよりよい生活や暮らしができないことを意味する。

　　世界中のほとんどの女性は、水を頻繁に河川や小川、あるいは池から汲んでくることに時間を使っている。「これらは、基本的に、大気にさらされているか汚染された水源である。」とＭＩＴの上級講師であるスーザン・マーコット(Susan Murcott)は言う。彼女は土木・環境学科で教鞭をとる水の

「世界中のほとんどの女性は、水を頻繁に小川あるいは池から汲んでくることに時間を使っている。」

専門家である。「彼女らは汚染された水を飲み、家族にも与えることを強いられている。」。マーコット教授は、飲料水から砒素や微生物汚染物質を除去する、カンチャン(KanchanTM)と呼ばれる簡易水フィルタを発明した。[263]彼女は、自分の関心分野に創造性を注ぎ込んだのである。

適切な技術：超安価な太陽熱利用淡水化法

　　今後数十年の間に地球上の人口に付け加えられる２０億人の内、大部分とは行かないまでもかなりの人々が、相対的に貧しい地域で生活し、我々が大きな変化を生み出さない限り、電気よりもクリーンな水を利用できないであろう。太陽エネルギーは、これらの数十億人の人々と現存の人々のニーズを満たし、生活をよりよいものとする製品やサービスを開発するチャンスを提供する。一つの例を占めそう。

　　太陽の紫外線（ＵＶ）放射は、熱以外で人に害を与える太陽光のもう一つの特性であるが（それ故、私たちは日焼け止めローションを使用するが）、正しく使われれば、紫外線は文字通り「天からの贈り物」となり得る。紫外線は自然界の中の最も効果的な殺菌装置である。１９０３年のノーベル医学賞は、ニールズ・フィンセン（Neils Finsen）の紫外線の結核治療への利用に対して贈られた。[264]紫外線は、細菌や病原菌、ウイルス、及びカビの繁殖力をなくし阻害する。この目的の為に短波長の紫外線を活用することは、２０世紀半ば以降、病院や殺菌作業用設備において通常使われる方法である。[265]

　　さて、スエーデンのある会社が、世界中の貧しい人たちにクリーンな水を提供するための簡単なコンセプトを思いついた。ソルバッテン(Solvatten)と呼ばれるこの装置は、それに太陽光をあてることにより水を浄化するブリーフ・ケース状の製品である。[266]この「水ブリーフ・ケース」は両側に水５リットル（１１ガロン）を保持でき、晴れた日に２、３時間（曇りの日には5、6時間）太陽光に当てることにより殺菌することができる。

　　ソルバッテン浄水器は、汚染された水の中の有害細菌のほとんどを殺すために紫外線を利用している。同社によると、１００ミリリットルあたり２０万以上の大腸菌を含む水のサンプルが、

大腸菌1個しか含まないレベルまで処理できるとのことである。これは世界保健機構（ＷＨＯ）の安全飲料水ガイドラインの最低値である。

　　水の純化のために太陽光を直接利用することにはもう一つの利点がある。人々が飲み水を安全にするために非常に一般的に用いる方法は、それを沸かすことである。1リットル（1クオート）の水を沸かすために、1キログラム（2．2ポンド）のバイオマス（薪のような）が必要である。1家族が毎日2回、３００日間、水の純水化を行うのに太陽エネルギー法を使うと仮定すると、1年当り６０００キログラム（１３２００ポンド）の薪（あるいは石炭、その他の燃料）を節約することができる。これは、家庭が薪を入手するために伐採する木の本数が減るので、森林の減少を減らし、伐採されたであろう木材を燃やす量が減るので、炭酸ガス汚染を減らすことになる。逆に、これは貧しい家庭が薪や石炭を買うのに使うお金を節約させる。（これは勿論、その家庭がそもそもそのバイオマスを買うことができることを前提にしているが。）ソルバッテン浄水器は値段が約６０ドルなので、もし彼らがそれを1年間使うとすれば、**水1リットル当り1セント**（1ガロン当り3．8セント）ということになる。

　　これは、起業家が利益を上げながら善をなすことができる市場の一つである。ソルバッテンやマーコット博士のフィルタのような低価格商品があると、貧しい人々がクリーンな水を入手することができる。これらの商品は太陽（これは無料でクリーン）以外の燃料を必要としないので、化石燃料に依存することもないし、汚染を生み出すこともなく、また、毎年２００万人にも及ぶ子供たちの生命を救いうるのである。

　　浄水器を６０ドルとして、例えば2億5千万家族（これは二, 三十年の内に5億家族に増加するが）が使うと計算すると、年間１２５億ドル（２５０億ドルまで増加する）の市場規模ということになる。これは２０５０年までの４０年間で７５００億ドルということである。

何百万人もの水難民?

ドバイは、淡水化技術がなければ、現在の人口、商業、及び工業のわずか５％しか支えることができない。もし、ドバイからその淡水化の動力源である化石燃料が枯渇し、新たな燃料購入の為にお金を支払わなければならなくなったとしたら、どう

> 「浄水器を６０ドルとして......７５０億ドル の市場規模ということになる。」

なるだろう。もし、ドバイがわずか7万5千人分の水しか提供できないとしたら、どうなるだろう。

　　イエメンはアラビア半島にありドバイの近くの国であるが、２百万人の人口を持つ都市から水がなくなりうるという悲劇は、実際イエメンで起こりつつある。今日サナア（Sana'a）はイエメンの首都であるが、そこは同時にこの地域に古くから存在してきた都市の一つでもある。「世界遺産」であるサナアは、約２５００年にわたって人類が居住してきている。何世紀にもわたってこの都市は、イスラム期前のヒムヤル族アラブ（pre-Islamic Hymiarite Arab）時代、そして、紀元６世紀にはエチオピア総督統治下のサザン朝ペルシャ王国(Sassanid Persian kingdoms)時代、と、ずっと首都としての役割を果たしてきた。１６世紀にはオスマン帝国の一部となった。この都市は、１００以上のモスクを誇り、世界最古のコーランは、１９７２年にこの地で発見されている。[267]

　　サナアは、姉妹都市のドバイと同様、２０世紀に急成長した。１９３１年にはわずか人口３万１千人であったものが、２００５年には約１９０万人にまで増加した。この成長はほぼ同時期のドバイの成長と期を一にしている。

　　イエメンは石油を持っているが、ドバイと同様枯渇しつつある。イエメンの石油埋蔵量は２０２０年頃までには枯渇してしまうと考えられている。ドバイは、石油依存から脱する為に多角化に投資してきている。ドバイがアラブ首長国連邦の一部であることはドバイにとって幸いなことであった。２００８年末から２００９年初めにかけて金融市場が崩壊した時、ドバイにおける経済活動の最大のけん引役である不動産市場も崩壊した。同じ首長国のアブダビは、まだ多くの石油が地下に埋蔵されているので救済に動き、ドバイを救い出した。

図7.8　イエーメンの地図（出展 ＣＩＡファクトブック）

　　　石油があるにも関わらず、イエメンは比較的貧しい国であり、ＣＩＡのファクト・ブックによれば、人口一人当たりＧＤＰで世界第８８位にランクされる。この国は、地表にある水の面積はゼロ平方キロメートルである。ドバイと違って、イエメンは、その石油資源が枯渇したとき、アブダビのように救いの手を差し伸べてくれる親戚がいない。

　　　サナアは２０２０年までに水が枯れてしまうことが予想されている。従って、２０２０年までにイエメンは、石油も水もない国になってしまう。その頃までにこの都市の人口は２５０万人程度になると予想されるが、僅か４０万人分の基本的ニーズを満たす水しか供給できないと思われる。この時点で、イエメンには基本的に２つの選択肢しかない。つまり、

1. ２１０万人の人口をサナアから移住させる。
2. 海岸地域に淡水化プラントを建設し、真水を古くからの都市に供給する。

　　　しかし、一つ明確にしておかなければならない。それは、イエメンがどちらの選択肢をとるにしても、その人口を支えるため

に、淡水化プラントを建設しなければならないということである。この国は、もうほとんど真水がないに等しい。石油と同様、この地域の真水のほとんどを供給している帯水層は急速に枯渇してきている。

更に状況を複雑化させているのは、サナアが紅海から（１３０マイル）離れた海抜２５００メートル（８２００フィート）のところに位置している、という事実である。これは、淡水化された水をその都市に輸送するために、遠く高い場所へ汲み上げなければならないことを意味している。イエメンは２０２０年までに石油が枯渇すると予測されているだけでなく、２０３０年までに天然ガスもなくなってしまう。従って、淡水化プラントの運転やサナアへの水の汲み上げの動力源に化石燃料を使うことはできない。

他方、２１０万人もの人を移住させ、定着させることは、非常に大掛かりな人間的、社会的、運送上の事業である。イエメンは、全く新しい巨大都市を１つ作るか、幾つかの小規模の都市を更地から作り上げなければならない。しかも、家屋、学校、産業、道路、通信設備、及びエネルギー・インフラの構築が必要である。財務的コストも莫大であり、少なくとも３５０億ドルに達しよう。[268]

しかしイエメンは、全世界で最高の太陽資源を持っている国の一つである。他の手段に比べてはるかに優れた方法は、太陽発電プラントを作って、水の淡水化とその水をサナアまで運び上げるのに必要な発電を同時に行うことである。これを行うのにどれだけのコストがかかるであろうか。

４０平方キロメートル（１５．４平方マイル）の集光型太陽熱発電プラント（ＣＳＰ）と、太陽熱利用淡水化を組み合わせたプラントならこれができる。設備投資コストはどの位だろう。６０億ドル位だろう。これはサアナの住民一人の一生分の真水供給のコストが約３０００ドルということになる。

この正しい解決策は明確で、クリーンで、比較的低コストである。世界の比較的不安定な地域でもう一つの人道的な大災害が起こることは、そのコスト（人間的、軍事的及び経済的な意味で）があまりにも膨大で負担しきれないであろう。イエメン政府と世界は、富を創造し、経済を成長させ、同時にイエメンとアラビア半島を大規模な人道的危機から救うチャンスを手にしているのである。

中近東・北部アフリカ（ＭＥＮＡ）の水のチャンス

　　　イエメンの水不足は特別な問題ではない。ある意味で、サナア問題は、地球全体を襲っている水危機の縮図である。カイロからムンバイ、更に北京に至るまで、何百万人もの人々が日日の水不足に直面しており、この問題は益々深刻になってきている。既に中国では、３億人もの人々が、安全に飲める飲料水を手に入れられない状況になっている。[269]世界銀行によれば、現在の傾向が逆転されなければ、２０２０年までに水不足により３千万人の環境難民が中国で生み出されるとされる。[270]中近東と北部アフリカ（ＭＥＮＡ）における水不足は、既に大規模なものとなっている。井戸や帯水層は、継続的に利用できるレベルをはるかに超えて使われてきており、そのため状況は更に悪化し、これらの地域に１０年後のサナアのような壊滅的なシナリオにちかい状況をもたらしつつある。サナアは、大規模な淡水化施設を建設しなければならない多くの地域の一つにすぎないのである。

　　　人口増加や経済、産業、及び農業の成長は、予想される通り、水に対する需要を増加させる。気候変動も影響を及ぼすかもしれない。地上に降り注ぐ熱量が多くなると地表水の蒸発が増加するだけでなく、地下水の減少ももたらす。ＭＥＮＡや気候的に同様な国々にとっての唯一の実行可能な選択は、淡水化により真水を作ることである。そして、傷のついたＣＤみたいに聞こえるかもしれないが、これらのほとんどの地域における淡水化の唯一可能な動力源は、太陽エネルギーである。

　　　私が既に引用した驚くべき統計数値をもう一度繰り返したい。ドイツ航空宇宙センター（ＤＬＲ）のフランツ・トリープ（Franz　Trieb）によるレポート「水の淡水化のための集光型太陽熱発電」によると、ナセル湖（それが２.１ＧＷのアスワン水力発電所電力を生み出している）にある水力発電プラントの大きさのＣＳＰプラントを作れば、「現在の中近東の原油生産と同等のエネルギー量を収穫できる。」[271]

　　　この複数年にわたるＤＬＲレポートはまた、今日、太陽熱エネルギーは原油１バレル当り５０ドル近い価格と同等で生産されている、と述べている。太陽熱エネルギーは、２０２０年に

は原油バレル２０ドル相当、その後は１５ドル相当で生産できる
ようになる、と予想されている。原油価格は２００８年半ばには
最高価格１４７ドルに達し、この本を書いている現時点で６０ドル
ルから７０ドルで推移している。原油価格は何十年もの間上昇傾
向を示していることは、永遠ではないにしても、当分は変わらない
事実である。ＭＥＮＡにあるほとんどの国々は、原油を購入する
経済的余裕がない。しかし、たとえ原油購入ができるとしても、太
陽熱エネルギーがバレル当り１５ドル程度に低下し、今後上がる
ことがないと予想されている時、それは意味をなさない。

　このＤＬＲレポートは、中近東・北アフリカの国々の淡水ニー
ズを、２０５０年までにわたって調査している。この調査による
と、ＭＥＮＡ地域は２０００年に、年間４８９億立方メートルの
真水が不足している。**これは年間流れるナイル川の水量に匹敵し
ている。**２０５０年までに、運搬可能な水の不足量は３倍の１５
０４億立方メートルに達する、と予測されているが、これは年間ナ
イル川３本分の水量である。この数値は、この地域がより優れた
水管理を行い、人口一人当たりの水消費量を減らし、下水から浄
水を生産する量を（年間４０億立方メートルから）１６倍の年間
６４０億立方メートルに増やすことを前提としているのである。

　太陽エネルギを利用してこの淡水化容量を構築するには、
どれだけの面積が必要となるであろうか。ＭＥＮＡ地域の砂漠全
体の０．３％以下の利用で、増加してきているＭＥＮＡの国々と
ヨーロッパのニーズを満たすのに十分な量の電気と淡水化され
た水を生産できるのである。

　それでは、この淡水化インフラ構築の市場機会はどの位な
ものであろうか。それはもちろん、どのような技術が使われるかに
依存する。現在のコストを考える参照値として、イスラエルのアシ
ケロン(Ashkelon)淡水化プラントを見てみた。これは海水逆浸透
膜（ＳＷＲＯ）淡水化プラントである。これは太陽熱ＭＥＤプラ
ントと全く同じではないが、それでも現実的なデーターとして役
に立つ。このプラントは、年間２．５億ドルのコストで１億立方メ
ートルの浄水を作り出す。[272]したがって、アシケロン・プラントの
設備コストは、年間生産容量１立方メートルあたり２．５ドルとな
る。これは、設備を運転するために必要な電力コストは含まれて
いない。

　　ＭＥＮＡ地域だけで２０５０年までに年間１５００億立
方メートルが必要となる。年間生産１立方メートル当たり２．５ド
ルの設備コストとすると、ＭＥＮＡは淡水化による淡水需要を満
たすだけで３７５０億ドルの投資をしなければならない。
　　ＤＬＲのレポートによれば、予測される浄水需要を満たす
には、ＭＥＮＡは全世界の淡水化インフラの約半分を必要とする
のであるから、先の簡単な指標を使うと、世界は２０５０年まで
に淡水化プラントに７５００億ドルの投資をしなければならな
い。しかもこの数値には燃料費は含まれていないのだ。
　　もしＭＥＮＡの国々が化石燃料か原子力利用を選択した
とすれば、別個の電力プラントへの投資とそれらの運転のための
燃料コストは膨大なものとなる。原油やガスを持たないこれらの
国のほとんどは（イエメンのように）、単
純に、そうすることができない。そのた
め、サナアやこの地域の周囲にある何
十、何百もの都市や村の抱える人道的
危機は一層悪化する。

> 「太陽熱利用の
> 淡水化には、７５
> ００億ドルの市場
> である。」

　　しかしながら、もし、これらの国々
が代わりに太陽熱発電と淡水化の統合設備に投資することを選
択すれば、彼らは両方の設備に投資しないで済み、何千億ドルも
の設備コストを節約することができる。更に、長期間にわたる燃料
コストの節約により、運転・メンテに関わる何千億ドルのキャッシ
ュ・フローが節約されることになる。
　　２０５０年までに地球に加えられる２０－３０億人の新
しい人々の事を考えて御覧なさい。私たちは、これらの９０億人
のために食料を育て、工業製品を生産し、飲料水を用意しなけれ
ばならない。水、水、更に水が必要である。増加する人口に対し真
水を供給することは、２１世紀の最大の人道的、経済的課題の一
つである。そして、太陽がやるように水を浄化する方法は他にな
いのである。

「君の理論は気違いじみているが、真実というにはまだ十分気違いじみていない。」

—ニールス・ボーア（Niels Bohr）

「発明可能なものはすべて発明されつくしている。」

—チャールズ・H・デュエル(Chales H. Duell)
米国特許商標庁・コミッショナー、１８９９

「我々は皆我々が作り上げる未来を生きぬけるのだ。」

—エドワード・ケネディー(Edward Kennedy)上院議員

第八章

第六のチャンス一箱の中のエネルギー：
バッテリーとエネルギーの貯蔵

２００８年１１月２日の朝、スペインのレッド・エレクトリック社（The Red Electrica de Espana, REE)は、３つの原子力発電所に匹敵する大きさの２８００メガ・ワットの風力発電の全て又は一部を停止する指示を出した。スペインの電力発電供給量が需要を超え、その原因が風力発電なのであった。この停止の指示は発電システムが送電グリッド網へ過剰負荷を与えない事と、全てのシステムの安定稼動が損なわれる危険性を防ぐために必要だった。[273]

　　「過剰エネルギー生産」という言葉は頻繁に耳にするものではない。特にクリーン・エネルギーに関してはあまり聞かない。これらの過剰電気発電においては炭酸ガスも排出しないし、川などの環境への水銀汚染もなく、十万年も持続する放射性を持った

ウランやプルトニウムを排出するものでもない。クリーン・エネルギー支持者にとっては夢が叶ったかのような話である。米国に於いてもこのような問題が起こって欲しいものである。

　しかしＲＥＥはなぜ発電停止指示を発したのだろうか。エネルギー経済学者達は電気の需要と供給を一致させるのは大変で手の込んだ仕事だから仕方がないのだというかも知れない。しかし、少し掘り下げてみると、エネルギーの貯蔵ができないことが問題なのである。この日、蓄電の採算性が悪く不十分であったために、スペインにとって数百万ドルものコストが強いられた。全世界の風力発電オペレーターはこの問題で苦痛を強いられている。

　風力発電は良く知られているように不安定なので、精巧なグリッドが必要である。エネルギー供給源として、風力はある日は全く発電を行わない日があったと思ったら次の日はフル回転で発電をするという極端な状況が起こる。ＲＥＥによると、２００８年１１月２４日午前４時２７分の時点での風力発電はスペインの総電力供給の４３％を占めていたが、その３日も経たない１１月２７日午後４時２２分では１．１５％までに落ちたとのことである。[274]

　エネルギーを生産した時にそれを貯蔵し、必要なときに放出できるという技術のニーズに対して、電力技術革新は未だ解決策を見出していない。それは今日の再生可能エネルギーの電力技術革新ではなく、一世紀前に始まった全国的なグリッドが出来たころの電力技術革新からのニーズである。重要な点を強調するが、電力貯蔵は新しい問題でもクリーン・エネルギーに関する特別の問題でもない。エネルギー貯蔵は化石燃料（及び原子力発電）の時代からの未解決で、エネルギーを無駄にする、知られざる大きな問題の一つなのである。

　すべての形のエネルギーの貯蔵、特に電力の貯蔵は、エネルギーに関する２１世紀最大の市場機会を生み出すものである。蓄電技術を開発することにより、市場での新しい大きな勝利者が生まれる可能性が大いにある。なぜならば、そこには使う側の大きな苦痛があり、はっきりとしたマーケットリーダーが不在

「蓄電技術を開発することにより、市場での新しい大きな勝利者が生まれる可能性が大いにある。」

で、２１世紀を支配するようなすぐに使えるブレークスルー技術がいまだ存在しないからである。

　興味深いことに、太陽熱発電、つまり集光型太陽熱発電、ＣＳＰ、は多分エネルギー貯蔵の問題を本当の意味で解決した唯一のエネルギー発生方法であろう。ソーラー・ミレニアム社とアンダソールについて先に述べた様に、産業レベルのＣＳＰは、現在市場にある最も費用効率が良く、そして環境的に安全なエネルギー貯蔵の解決法なのである。それではその技術についてもっと詳しく議論してみよう。

　その前にエネルギーの無駄ということについて考えてみよう。

知られていない廃棄電力：
既存発電所の最も汚い小さな秘密

　２００９年６月２４日は北半球における昼の長い夏の一日である。昼が最も長い夏至より３日後のことであった。サンフランシスコではその日の日の出は午前５時４８分で、日没は午後８時３分であった。電力会社にとっても長い一日であった。

　我々が使うエネルギー量は太陽と共に動いている。朝起床し、電気をつけ、コーヒーを沸かし、シャワーのお湯を使い、会社へ車で出勤したり学校へ行ったりまたは工場へ働きに行ったりする時点から、我々のエネルギー需要は空を横切る太陽の軌跡と一緒に上下する。

　カリフォルニア・インディペンデント・システム・オペレーター（ＣＡＩＳＯ）は州の高電圧卸売り送電網の殆どの運用を任されている組織である。図８・１は２００９年６月２４日のカリフォルニア州におけるＣＡＩＳＯの電力需要曲線を示している。グラフを見ると午前２時３０分と午前５時の間に２２，０００メガ・ワットという最低値を示し、その後は午後４時と５時の間に正確に言うと３５，０４０メガ・ワットを示すまで定常的に増加している。６月２４日は水曜日なので工場やオフィスは開いている。

しかし、学校は夏休みで閉まっているのでその電力需要はグラフ
には現れていない。

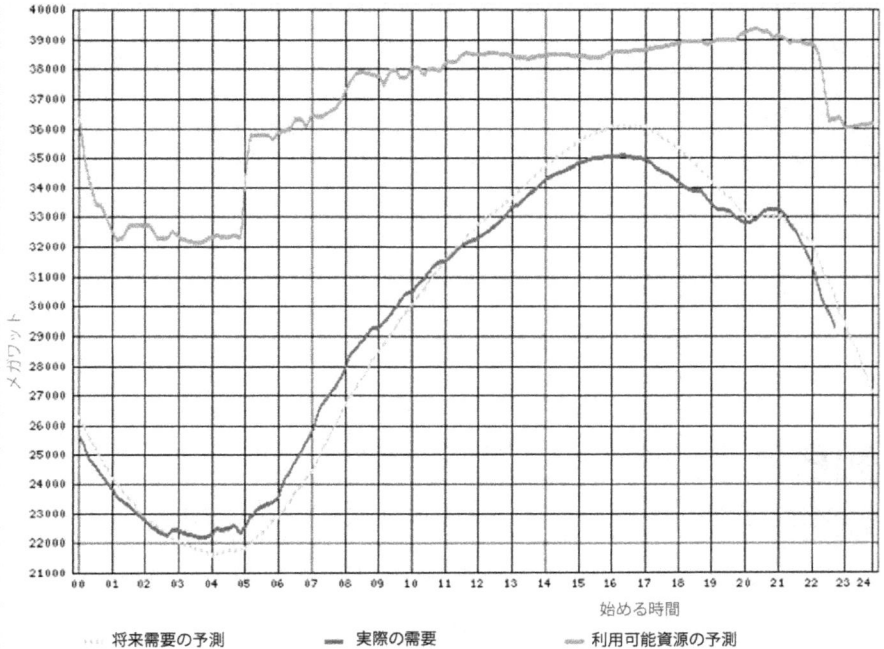

　　　　　⋯⋯ 将来需要の予測　　　　　── 実際の需要　　　　　── 利用可能資源の予測

図８・１ カリフォルニア州の電力需要：２００９年６月２４日
（出展とコピーライト：カリフォルニアＩＳＯ[275]）

　　　システムは電力の需要の予測ピーク（点線）を３６，０２
４メガ・ワットとしていたが、それは実際の需要ピーク（下の濃い
線）よりも１メガ・ワットほど高かった。一方、使用可能だが使われ
なかった電力量（上の薄い線）は、予測ピークよりも約２５００メ
ガ・ワット高いものであった。ということはピークの需要よりかなり
余裕のある電力量が用意されていたことになる。午後１１時から
午前５時までの値を見ると実際の電力消費と使用可能な電力量
に大きな隔たりがある。つまり最大３分の１の電力量は文字通り
廃棄されている。具体的に言うと６月２４日の夜において９，０
００から１０，０００メガ・ワットの電力が捨てられていることを
グラフは示している。
　　　石炭による火力発電は電灯の様に簡単につけたり消したり
出来ない。このようなプラントは能力を上げたり下げたりするのに

何日もかかる。従って石炭火力発電では昼間のピーク時の容量に合わせて発電容量が設計されている。すなわち、日中の最大消費量にあわせた発電を行っているわけである。夜は事務所や工場や学校は閉まっていて電力消費量は極端に下がる。家庭ではテレビを消しパソコンもライトも消し、そしてベッドに入る。

　しかし、発電所は電力の需要があろうがなかろうが石炭を燃やし続けている。夜我々が寝ている間にも、石炭発電所は空気中に炭酸ガスを吐き出し、多くの灰を地上に撒き、多くの水銀を川に流し続けている。そして発電された電力は廃棄されている。夜に発電されている石炭は殆ど無駄に捨てられていることになる。

　原子力発電所も殆ど同じ状況である。原発は数日かけて作動したり停止したりするので基本的に常に作動状態にしておく必要がある。原発は燃料を日夜燃やし続けておかねばならず、さらに発電した電力が使われなくても、温度を下げる為に大量の水を必要とする。そして常にウランをプルトニウムに変え続け、原子炉の壁や部品をほかのラジオアイソトープに変え続け、これら全てのものを何千年もの間どこか安全な場所に保存しておかねばならないのである。廃棄物、廃棄物、そして廃棄物である。

　ほぼ一世紀の間、公益事業電力会社はこの電気の需要と供給のアンバランスを平均化させようと努力してきた。以前から電力会社が行って来た方法としては夜間の需要を増やすことである。夜間には余った電力供給があるため、電気料金は昼間のピーク時間よりかなり安い値段となっている。

　人々の活動を夜間にシフトさせるという試みはあまり成果を上げることができなかった。幾つかの工場は確かに２シフトや３シフトで稼動させたが、それは主として設備投資が大きい（高価な装置を遊ばせたくない）からであり、さらにエネルギーを大量に使うからである。例えば自動車工場などは生産工場に巨額な投資を行っているので、それを一日中なるべく長い間稼動させたいと考えるのである。自動車生産はまた大量にエネルギーを消費し、以前の様な労働集約型ではなくなった。しかし、１００年以上もの工業化の進展と電気の使用実績およびより正確な資源計画にもかかわらず、人間の活動を夜の時間に動かすことはほとんどできなかった。

　もう一つの側面からＣＡＩＳＯのグラフ（図8・1）を眺めると、別の事実が見えてくる。実際の需要量と予測需要量の差はプラスマイナス１０％まで達している。この差はそれ程大きくはない様に思えるが、６月２４日は実際に２，０００メガ・ワットもの差があった。この量は二つの原子力発電所又は火力発電所に匹敵し、短時間の通知で二つの発電所を足したり、除いたりしなければならないということになる。しかしながらそれは無理な話で、火力発電所や原子力発電所は簡単にオン・オフができない構造になっている。

　恐ろしい統計データがここにある。もし全世界の１４テラ・ワットの全ての発電が公益事業規模のものであり（実際はそうでないが）、実際の需要と予想が異なる為その１０％を余分に走らせていたら、**１４００箇所の火力又は原子力発電所（１．４テラ・ワット）を常に何も電力を供給せずに稼動させなければならない**ことになる。この問題に対し、この公益事業規模発電会社はどんな解決策を用意してきたのだろう。

　一つの解決策として、天然ガスによる発電は３０分以内で稼動状態にすることができることがあげられる。天然ガスがここ数年「ピーク時発電」としての市場シェアを増やしてきた理由がここにある。また、電気は隣の州、この場合はネバダ州、から購入することができる。しかし、最近ラスベガスに行ったことがあるなら、夏の極度の暑さ（春も秋も暑い）を思い出すだろう。ネバダ州も多分、夏の実需要と予測需要の違いの問題に直面しているだろう。要は、たとえ電力会社が規制緩和によってできたスポット市場でもっと電力を買うことができたとしても、近くの州（又は電力会社）もおそらく同じような、太陽の強さに追従する需要曲線を持っているだろう。従って、電力は電力会社が好むほど入手可能ではないし、値段も高くなるだろう。

　需要と供給の違いを吸収するもう一つの究極的で、もっと有望な方法はエネルギーの貯蔵を行うことである。しかし、現在どのような大規模蓄電が行われているだろうか。以下に、あまり知られていない方法を示そう。

揚水蓄電水力発電法

　　サンルイス貯水池は自称「世界のニンニクの首都」であるカ
リフォルニア州ギルロイの近くにある。サンルイスは実際には二
つある貯水池の高い方で、それより低いところにフォーベイ貯水
池がある。これは通常とは異なる水力発電のタイプである。この二
つの貯水池は揚水蓄電（Pumped Hydro Storage：PHS）という技
術を使ってエネルギーの蓄積を行っている。

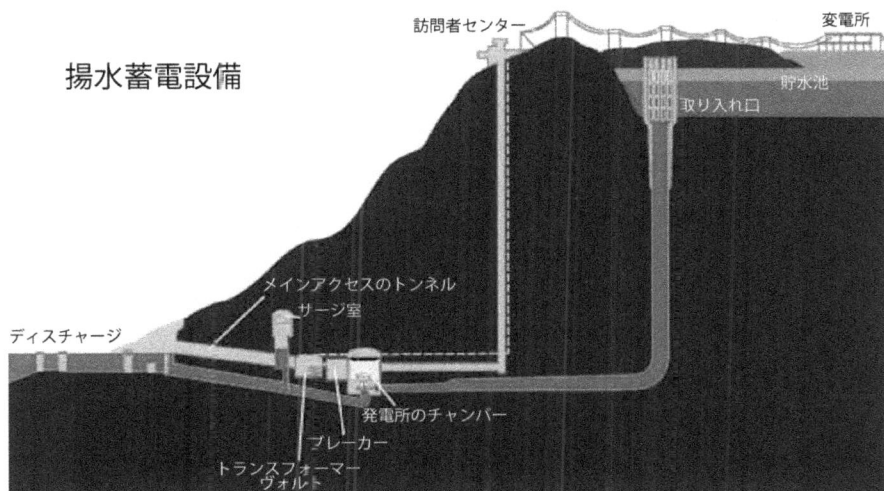

図8・2　揚水発電(PHS)プラント（出展　ＴＶＡ[276]）

　　これは次のように作動する。余剰電力があり価格が安い夜
の間に、低い方の貯水池から高い方の貯水池に水をくみ上げる。
日中のエネルギー需要のピーク時は電気料金が高いので、その
間に上の貯水池の水をパイプへ流し水力発電のタービンを稼動
させ高く売れる電気を発電する。サンルイス揚水蓄電は１９６８
年に稼動を始め８つのタービンで合計４２４メガ・ワットの電力
を生産している。２．５２億立方メートルの水で米国内最大の貯
水池が出来ている。揚水発電は真に大容量グリッドエネルギー蓄
積の稼動例である。
　　これは世界中で広く採用されている巧妙な解決方法であ
る。１９９９年にＥＵは１８８ギガ・ワットの水力発電において
約３２ギガ・ワットの揚水発電を行った。米国は揚水発電によっ

て１９．５ギガ・ワットが生産できる容量を持っている。[277]しかし、揚水発電の最大の問題点は発電する電力より水をくみ上げるのにより多くの電力を必要とすることである。[278]

つまり、低い貯水池から高い貯水池へくみ上げるエネルギーの方がその同じ水でタービンを回し発電するエネルギーより大きいということである。実際他の揚水発電と同様に、サンルイスは電力のネット消費設備である。米国エネルギー情報局(US Energy Information Agency)によると２００７年に揚水発電が消費したネット電力量は７．０ギガ・ワット時であった。[279]

使える電気以上にエネルギーを与えねばならない電池を買うだろうか。ポイントは何なのだろう。多分読者はすでに判っていると思うが、揚水発電のポイントはグリッド網の「スタビライザー」として働いていることである。前の章で説明したように、原子力発電や火力発電は夜の間に簡単にスイッチを切ることはできない。つまりこれらの発電所は夜も発電を続けて、それの殆どは誰にも買われることがない電力である。もしこの電力の一部が幾つかの貯水池で揚水に使われないとしたら、夜の間はもっと多くのエネルギーが全く使われずに捨てられることになるだろう。

また、揚水発電は電気価格裁定システムとしても機能している。文字通りに言っても、形式的に言っても、揚水発電は電気を安く買い高く売っている。エネルギー量レベルで純損益が出ているにも関わらず、安い価格の時の電気で水をくみ上げ需要のピーク時に高い価格で売り、金額レベルで利益を出している。

我々はなぜもっと揚水蓄電を持たないのだろうか。揚水発電の大きな問題は水力発電一般の問題と似ている。つまりこれは成長産業ではないということである。蓄電を行うのには大きな場所が必要であり、最良な場所はもうすでに使われてしまっている。実際、米国でこの十年間余りで４３０のダムが取り壊された。[280]コンピューターのメインフレームの様に揚水発電貯水池を含むダムが盛んな時期があった。しかし、現在の最大のニーズはもっと小規模で分散された蓄電方法である。さらにこの比喩を使ってストーリーを完成させてみよう。多分次の段階ではミニ・コンピューターの様な中規模の蓄電が求められるだろう。そしてパソコンの様なより小さい住宅または個人レベルの分散されたバッテリーが作られるだろう。この比喩で興味深い点は、**メインフレーム・コンピューターは現在もまだ存在している**ということである。形を変え

ニッチな分野に特化しているが、まだデータ処理の分野の一部で
生き残っている。だから、新しい、太陽を使ったグリッド網において
も、揚水発電と同等なより効率の良いエネルギー蓄積の「メイン
フレーム」が必要となるだろう。すでに使っているような冷たい水
の中ではなく高熱の塩の中にエネルギーを蓄積するものがそれ
である。

太陽の塩バッテリー

　　先に述べたジェマソーラー(Gemasolar)はスペインのセビ
リア近くで開発している太陽熱発電タワーである。予定通り２０
１１年に完成したら１７メガワットの容量を持ち１５時間のエネ
ルギー蓄積能力を持っている。これは私のタイプミスではない。１
５時間の「バッテリー」なのである。よって完成した折には、ジェマ
ソーラーは世界で最初の２４時間・３６５日のソーラー発電所
となるのである。

　　２４時間休みなしに稼動する太陽発電は幾つかの過去の
誤った神話を消すことが出来る。第一の誤った神話は、太陽発電
は昼間だけの技術ということである。第二の神話は「再生可能な
エネルギー」はエネルギー蓄積が出来ないということである。太
陽発電はエネルギー蓄積の問題に対して、採算の取れる、エレガ
ントで環境にやさしい解決策を見出しているのだ。その解決策は
溶融塩蓄電（MSES）であり、またの名を塩バッテリーと呼ばれ
ている。これが最初に開発されたのはスペインではなく、１９９
０年代初期のカリフォルニア砂漠であった。

　　１９９２年にソーラー・ワンとしてソーラー・タワー概念の
正しさを証明した発電所はその後ソーラー・ツーとして再生した。
カリフォルニア州バーストウ(Barstow)に作られたソーラー・ツー
は、ソーラー・ワンにエネルギー蓄積能力を付け加え、太陽が沈
んだ後も長い間稼動でき、砂漠に雲がかかっても稼動できるよう
にすること主たる目的にしたものである。[281]エネルギー貯蔵（バッ
テリー）技術は溶融塩を熱交換流体として使っている。ここで使わ
れている塩のタイプはナトリウムとカリウムの硝酸塩混合物で、９
９％の熱を２４時間まで保つことが出来る。この数字を別の言い
方で表すと、一日当たりのバッテリーのロスが熱エネルギーの１

％ということである。溶融塩で蓄熱した後は、需要があるときにいつでも発電することができるのである。

　硝酸カリウムは幸いなことにもどの化学薬品を使ったバッテリーと比べても環境にやさしくしかも安く提供できるものである。[282]中世の時代にはこの材料は食料の貯蔵に使われ、現在でもコーンビーフの生産に使われている。[283]硝酸カリウムは歯磨き（敏感な歯用）や庭の植物の肥料にも使われている。この数少ない塩のメーカーにとっての最大の売り上げは肥料市場からである。エネルギー提供会社がこれを「クリーン」と言った時に、彼らがそのエネルギーを蓄積する物質を食べることができるかと聞いてみたらどうだろう。

> 「エネルギー提供会社がこれを「クリーン」と言った時に、彼らがそのエネルギーを蓄積する物質を食べることができるかと聞いてみたらどうだろう。」

　ソーラー・ツーは１９９６年４月から１９９９年４月まで稼動していた。（１０章を参照）この発電所は、太陽発電が日没後何時間でも発電し配電することができることを広く知らしめた。そしてその溶融塩エネルギー蓄積技術の実測効率は９７％であった。この技術は全ての期待に答えることが出来、１０年後でもパラボラトラフ型とソーラー・パワー・タワー型で使われる最も効率的な手法となっている。[284]

　スペインのジェマソーラーはソーラー・ツーの後を引き継ぐかたちで始まった。実際にジェマソーラーはソーラー・ツーで開発されたものと基本的に同じソーラー・パワー・タワー技術で設計されている。その理由からジェマソーラーはソーラー・トレス（ソーラー・スリー）と名付けられスタートした。つまりカリフォルニアで最初に作られたものから名前の番号を一つ増やした新しいバージョンのものであることを示唆している。ジェマソーラー／ソーラー・トレスのホワイトペーパーでは溶融塩技術のことを**今日もっとも良く開発されたセントラル・レシーバー・システム**と言っている。[285]

　ソーラー塩バッテリーの市場機会は大きい。米国内の多くの大規模太陽発電所はピーク発電所であり蓄電量は少ない。ネバダ州のソーラー・ワンは３０分の貯蔵しかできない。セビリア

のＰＳ１０は一時間分の蒸気による熱エネルギー貯蔵しか出来ない。

　　暑い晴れた日は電力の需要と価格のピークは夕方の早い時間に起こる。一方太陽エネルギーのピークは午後の早い時間である。この市場要求に太陽エネルギーの供給を一致させるためには、太陽発電供給者は６時間から７時間のあいだエネルギーを蓄積しておかなければならない。つまりこれにより発電の「時間の移動」が可能になるのである。ＴｉｖｏやＤＶＲを考えて欲しい。テレビの一視聴者としては、番組がいつ放映されているかは気にしない。画面の前に座ったときにその番組が見えるかが重要である。ソーラー・ミレニアム社のアンダソール１（スペイン）が７時間の溶融塩貯蔵が可能であることと、アリゾナ州のアベンゴア・ソーラーのソラナ発電所が７時間貯蔵を計画していることは偶然の一致ではない。

　　エネルギー生産者が電気を最大の価格で販売できるように、比較的廉価な貯蔵装置を提供することは大変価値あることである。溶融塩貯蔵の費用は現在キロ・ワット時当たり約百ドルである。しかしながら風力発電では熱を貯蔵することは出来ず電力貯蔵で行うしかなく、その費用はキロワット時当たり千ドル台になる。業界内では電気貯蔵の技術のコスト・パフォーマンスの改善が十倍以上躍進するには十年以上かかり、それまでは商業ベースでのものは現れないと言われている。暫くの間は既存のバッテリー技術に多少の改善がなされる程度と考えられている。

　　今日、溶融塩蓄電（ＭＳＥＳ）は産業用レベルの施設が必要であり、しかも操作と保守には熟練が必要なので、主に費用対効果の高い産業用や公益電力会社レベルの発電で使われている。島規模の太陽発電所の場合は塩貯蔵は「ベースロード」発電のための有効な選択肢となっている。ジェマソーラーのように２４時間通して電気を供給することができるのである。しかし、過渡期においては、昼間は太陽発電を行い、夜間やバックアップのためには、ディーゼルや天然ガスなどの化石燃料を使うことになろう。

　　溶融塩蓄電はまたかなり経済的でもある。２００９年６月３０日から７月１日にかけてサンフランシスコで行われたＣＳＰ（集光型太陽熱発電）サミットで聞いた業界の上層部の話によると、キロワット時当たりの蓄電コストは８５から１００ドルの範囲

に落ち着くようだ。溶融塩によるエネルギー蓄積製品の革新により、蓄電が使いやすくなり、値段も下がり、より簡単に導入や保守ができるようになる。そして、この技術により大きな市場が作られるであろう。

　　簡単なシナリオを考えてみよう。5時間のエネルギー蓄電能力を持つ1テラワット規模の公益電力会社規模もしくは産業用規模の集光型太陽熱発電所（ＣＳＰ）が作られたとしよう（発電時間をその分時間シフトすることができる）。これにより5テラワット時のエネルギー蓄積が可能になる。さらに価格がキロワット時当たり５０ドルまで下がったとする。すると2

「２５００億ドルの市場規模が見えてくる。」

５００億ドルの市場規模が見えてくる。もしＣＳＰ市場が成長して、この４０年間に地球で追加が必要とされる１０テラワットのかなり大きな部分を占め、ベースロード、つまり常時電力供給源として使われるとしたら、市場規模は更に数倍の大きさになるだろう。では、小規模蓄電に関してはどうなるだろう。

　　公益電力会社規模や産業用規模や島規模などより小規模な発電に対しての重要なエネルギー蓄積方法は、電気そのものを蓄積する**バッテリー蓄電**である。幾つかの規模に応じた多くの種類のバッテリーが存在する。パソコンで使われているリチウム電池から夜中に水をくみ上げる大規模水力発電所で使われるものまである。廉価で拡張性のあるエネルギー蓄積製品を開発するには高い技術が必要とされ、この先数十年間力を入れて開発が行われるだろうと見られている。ＧＥやグーグルやインテルなどの規模の会社が狙う分野である。

　　電気の生産地で、変送電所で、そして消費地でのそれぞれの蓄電が、２１世紀のエネルギー・インフラの一層重要となる要素になってくる。しかしそのインフラも変わらざるをえない。すでに述べた通り、米国でのパワー・グリッドのアーキテクチャと技術はすでに時代遅れである。そして実際の発電所は老朽化している。次に、グリッドと蓄電に関して少し話をしよう。懐中電気規模より大きい新しい蓄電技術は、物理的にそして開発過程としても、２１世紀のグリッド網形成に深く関わっているのである。

新しいグリッド網と「クラウド蓄電」

　　前世紀における発電はトップダウンで集中型であった。我々が使う電気はどこか遠くで発電され、自分のところで消費する。これは以前のメインフレーム・コンピューターモデルに似ていて、データは高価な集中管理されたコンピューターにより処理され、結果だけがＩＢＭとして知られる白衣の宣教師たちによって我々のいるガラス板のこちら側に送られてくる。グリッド蓄電のかたちで存在するのは、揚水蓄電や溶融塩蓄電のように、同様にどこか遠くにある大規模な設備のみである。

　　電力インフラの再構築を進めるにつれて、グリッド蓄電のコンセプトが根本的に変わるであろう。これは現在のパソコンとインターネット上のデータ保存、つまり「クラウド」モデルのコンセプトに似ている。データの一部はパソコンのハードディスクに保存され、その他のデータは（一部はプロセスされ）インターネット上のどこかにある「クラウド」に保存される。つまり、プロバイダーによって運営される巨大なデータセンターにある種々のドライブとサーバーに分配されるわけである。もしGmailやHotmailやYahoo mailなどのウェブ・メールを使っているとしたら、そこで使うデータはクラウドのディスクに保存されている。もし会社のメールと個人のメールの両方を使っているとしたら更にもっと分散されたデータ保存モデルを使っていることになる。つまり一部は自分のパソコン内に、そして一部は会社のデータセンターに、そして更に一部はクラウド上にそれぞれ保存されている。グリッド網ではいたるところに重複性を持たせてあり、例えばオハイオ州内で木が倒れ電線が切断されても国の半分が全て停電にならないようにしてある。

　　クラウドの例と同じように、蓄電の場合も更に分散化されるであろう。「グリッド蓄電」そのものの概念すら変化し、大規模で集中型蓄電が行われる施設は分散された「クラウド」蓄電の中の一つでしかなくなるだろう。しかしこの変化を進めるに当たって、費用効果が高い中小規模の蓄電技術を開発するという非常に難しい問題を解決しなければならない。

　　電力バッテリーは現在キロワット時当たりの価格が１０００ドルから３０００ドルであり、おおよそ溶融塩熱貯蔵のコストの１０倍高い。風力発電（又はＰＶ）の蓄電の価格が高く、普通

は蓄電設備を設置しない理由がこれである。蓄電コストが高いので電気自動車のコストも高くなっているのである。

拡張性のあるエネルギー貯蔵：
複数の市場機会

　　　風力発電の価格は技術の進歩と設備の数が増えたためかなり下がっている。世界風力エネルギー協会（The World Wind Energy Association）は世界的な不景気にも関わらず、２００９年に市場は２５％伸び、１５万２０００メガワットに成長すると予測している。しかしながら世界中の色々な場所で風力タービンに大きな問題が生じている。一般的に風は単に予測が付かないというだけでなく、まさに夜の過剰生産時点に強く吹くかもしれない。また、風が吹いてタービンが回る時、高電圧送電線が急に許容量を超えるかもしれない。水道管に許容量以上の水を流し込んで見るとわかるが、どんなに水を流そうともこぼれ出てしまう。

　　　これらの問題に対する解決策は、**蓄電装置を風力発電装置のそばに設置すること**である。費用効果の高いバッテリーがあれば、タービンに最大の容量で発電させその場で蓄電することが出来る。発電者は送電線の容量が空いていて価格が最大の時にグリッドに電気を流す。風力発電はすでに火力発電より安く、均等化発電原価（ＬＣＯＥ）で表すとキロワット時あたり５セント以下である。[286]

　　　先に述べた様に、昼間の電気価格は夜のものよりかなり高く、時と場合によって２倍から４倍する。蓄電システムを投資するに当たり、風力タービンが、少なくとも午前４時の発電から午後６時の消費まで時間をずらすことができれば大きな投資効果を生み出せる。５メガワットのタービンを２５％稼動（１日あたり６時間）させ、６時間の蓄電を行うと３０メガワット時のバッテリーが必要となる。現在のキロワット時当たり千ドルの価格だと、バッテリーの価格だけでも３０００万ドルとなる。何が問題だろうか。５メガワットのタービンの価格は７５０万ドルである。現在のバッテリーの価格で蓄電装置を設置するのは到底見合わない。

　もしバッテリーの価格をキロワット時当たり百ドルに下げることができたら、３０メガワット時バッテリーの価格が３００万ドルになる。質問：タービンの価格に４０％の費用を乗せても元がとれるだろうか。回答：もしそれによってキャッシュフローを４１％増やすことが出来れば元がとれる。現在のピーク時と夜中の価格差であれば価値のある投資である。これは中規模サイズのバッテリーで、コンピューターに例えるとミニ・コンピューター（メインフレームより小型だがパソコンより大きい）ということになる。それでは蓄電におけるディジタル・イクイップメント（ＤＥＣ）は誰だろうか。彼らの市場機会は何なのだろうか。

　世界風力エネルギー協会は２０２０年までに風力発電は１．５テラワットの容量に達すると予想している。投資家は普通予想を低めに見積もることが多い。従って容量を少し減らし、期間を少し長くとることにしよう。すなわち、約１テラワットを２０５０年までに達成するとしてみる。そしてこれらのタービンは５時間蓄電できるバッテリーを内蔵していると考える。つまり、５テラワット時の蓄電能力である。さらに、蓄電のコストがキロ・ワット時あたり５０ドルになると予想する（現在の価格の２０分の１以下）。これらの予想に立つと、風力タービンの蓄電の市場機会は約２５００億ドルとなるだろう。

> 「風力タービンの蓄電の市場機会は約２５００億ドルとなるだろう。」

　これは住宅用の太陽光発電用蓄電は含んでいない。この市場に関してはこれから述べてゆく。

全てを電力化する・・・

　２００９年７月６日、ベスト・バイ社は「グリーン・ビヒクル」を販売することを発表した。「グリーン・ビヒクル」とはバッテリー駆動の自転車、スクーター、自動二輪車などである。発表ではセグウェイ・パーソナル・トランスポーターと１１，１９５ドルする未来風のオートバイで、家庭用電源で４５マイル走り、時速５０マイルまで出すことができるブラモ・エナーシャ（Brammo Enertia）を発売するとのことであった。[287]

　　　ベスト・バイ社は大型テレビや音響システムなど電化製品
の量販店として有名である。彼らの販売するものは中産階級の家
庭で使われるもので、電気コンセントにつなげる物なら殆ど何で
も販売している。フォードのディーラーが４２インチのＬＣＤテレ
ビを売るのは考えにくいが、ベスト・バイ社が運輸ビジネスに入る
というのはおかしな話だろうか。

　　　本田モーターズは最初スクーターで米国市場に参入した。
その５０年後には米国でフォード社を抜き４番目に大きな自動
車メーカーになった。[288]明らかにスクーターで始めても自動車産
業を支配することができる。そこで質問：将来の自動車は車のディ
ーラーで販売されるか、または家電量販店で売られるだろうか。

　　　それでは一歩下がって見てみよう。この本の最初では**現在
におけるエネルギー**の全体像について見てきた。輸送に使われ
る石油、肥料工場で使われる天然ガス、送電線網がない貧困国で
使われるバイオマス、そしてグリッド網につながっている住宅やオ
フィスや工場のために発電する原子力発電や石炭発電所などで
ある。

　　　電気は世界で消費されているエネルギー源の一部でしか
ない。しかしながら電気の需要の全エネルギーに対する割合は
依然として増えていて、これからも暫くは増え続けるとされてい
る。全エネルギーの需要は今後４０年間で倍になると予想され
ており、電気の占める割合も更に増えるであろう。１９４０年では
米国におけるエネルギー消費のたった１０％が電気であった。
１９７０年までにその数字が２５％となり、２００３年には４
０％となった。[289]

　　　電気の価値を測るもう一つの方法としては経済における重
要性である。Global Smart Energy[290]によると、電気に直接依存し
ているＧＤＰ製品の占める割合は、１９５０年の２０％から２
００８年の６０％へ増加した。電気消費の伸びとＧＤＰの伸び
は殆ど直線的な関係にある。(図8・3）

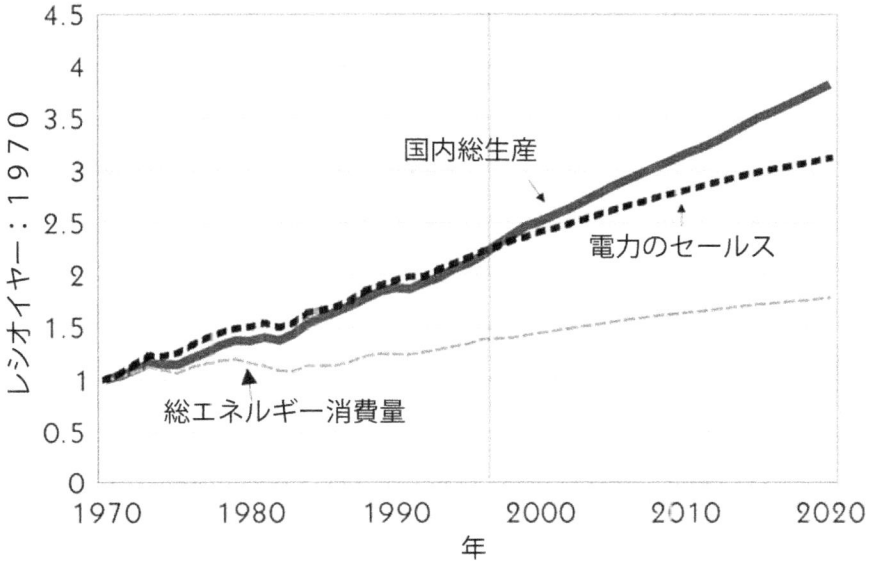

図8・3　電気と経済の発展（出展：ＵＳＤＯＥ[291]）

　　事実としては、世界における身の回りの器具や道具は電化が進んでいる。パソコンは３０年前には存在していなかった。今日、パソコンは米国のエネルギーの２．５％を消費している。同じような統計が、電子レンジ、エスプレッソ・マシーンそして携帯電話にも現れている。米国社会がより豊かになるに従って、２台目のテレビそして３台目ものテレビが我々の家庭に置かれる。そして現在は２台目、３台目のパソコンが買われようとしている。

　　これは米国だけのことではなく、他のＧ８の国も同じプロセスを踏んでいる。中国やインドの様に急速な工業化が行われている国では多くの中産階級層が増えている。中国だけで３億人の人が貧困層から中産階級層に移ったと言われている。その量は米国の全人口に匹敵する。これは２０世紀における、表に現れないが最も重要で人道的な喜びであろう。

　　発展途上国の新しい中産階級は、既存の中産階級の人のパターンをフォローして、さらに電力を使う新しい冷蔵庫、エアコンそしてコンピューターを購入している。我々が電気の効率的利用を進めるので、これらの製品はエネルギー消費量が少なくなっている。しかし以前に無かった数１０億個の電気製品（ｉＰｏｄから携帯電話まで）も出てきている。私の今の電気歯ブラシは３

年前にあったものより省エネ対策がされている。しかし１０年前
に使っていた昔懐かしい手動の歯ブラシの頃より電気を使ってい
る。過去になかったiPod, iPhoneそしてラップトップ・パソコンもそ
れと同様である。

　　電動歯ブラシは一つの側面だが、ハイブリッドまたは電気
自動車は電気消費に関する別の側面である。電気自動車（Bat-
tery Electric Vehicle, BEV）が主流になると、化石燃料の消費が
減り電気消費量が増えると皆さんは考えるだろうか。

　　そうとは言えないのだ。電気自動車は電力消費を増やすこ
とになろう。そして製品として中規模のバッテリー技術開発を促
進するだろう。しかしこれらは環境に対して大きなダメージを与え
ることになるだろう。

電気自動車：より環境に悪影響？

　　今日、世界中に自動車は約７億台ある。国際通貨基金（Ｉ
ＭＦ）は２０５０年までにこの自動車の数は４倍になり３０億
台になると予想している。[292]これらの新しい車は殆ど中国やイン
ドなどの急速に工業化した国で作られそこで走ることになる。もし
これらの車がガソリン車なら石油業界はガソリンの生産を倍にし
なければならない。（それまでに車の燃費が１００％向上すると
して。）

　　しかし、自動車業界にプラグイン・ハイブリッドあるいはバ
ッテリー駆動車（ＰＩＨＶ）というトレンドが新たに起こっている。
このシナリオに沿って考えると将来の殆どの車はガソリンではな
くバッテリー駆動になると予想される。ガソリンの力を機械的力
に変えそれを駆動トレインに伝えるエンジン機構の殆どをこれら
の車は必要としない。バッテリーは直接車を動かすのだ。

　　これらの車はガソリンを使わないのでプラグイン・カーはガ
ソリン駆動の車より「グリーン」で環境にやさしいと、多くの人は当
たり前のように考えている。真実はもっと微妙だ。たとえば中国の
電力の８０％は石炭火力発電で作られている。[293]この電気を使
って自動車を動かすと、多分ガソリンを使った場合と比べてもっと
多くの環境に悪影響を与える有害な温室効果ガスを排出するだ

ろう。米国に於いても状況はあまり変わらない。米国の電気の半分は石炭から来ているからである。

　　本当に環境に考慮してプラグイン・バッテリーやハイブリッド車を使うとしたら、クリーン・エネルギー源から電力を供給しなければならない。さらにクリーン・エネルギーのインフラとバッテリー・カーのインフラを構築することは多くの意味でお互いに利点がある。まず車で使われる中規模バッテリーの経済効果を、それがもっとも使われる車においてみることから始めてみよう。

テスラ・バッテリー：中規模の蓄電

　　ザ・テスラ社のロードスターは電気自動車（ＢＥＶ）であり、いくつも積み重なった５３キロワット時のリチウム・イオン・バッテリーを積んでいる。それはガソリンでいうと８ガロンと同等である。１ヶ月間に米国の１家族で使う平均は９３６キロワット時で、それは１日あたり約３１キロワット時である。[294]ということはテスラが蓄電できる量は米国の一軒当たりの平均で４０時間分ということになる。

　　もし全ての家でテスラのバッテリーを所有していたら、我々はエネルギー蓄積の問題は解決するだろうか。いや、そうはいかない。テスラ社のスペアバッテリーの値段は３６０００ドル以上すると言われている。[295]蓄電の値段はキロワット時当たり約６８０ドルになってしまう。しかもこれに含まれていないパッケージング、冷却そして安全システムなどを含めるとキロワット時あたり１０００ドルをゆうに超えてしまうだろう。これではリチウム・バッテリー業界の、皆が探していてまだ見つからない聖杯（Holy Grail）、のようなものである。この値段は我々にとって投資するに値する金額ではない。

　　電気自動車とガソリン（またはディーゼル）内燃機関エンジンによる車との大きな違いは、電気自動車は電気バッテリーから直接駆動力を得ているが、今日のガソリンエンジンは石化燃料又はバイオ燃料エネルギーを機械的な力に変換するために一連の駆動トレイン部品（エンジン、変速装置、シフトギア、クラッチなど）に頼っている。[296]ここまでの差は明らかではあるものの、この違いはもっと大きな重要な意味を持っている。

　それは次のことである。電気バッテリーが３６００ドルまで
値段が下がったら、公式な内燃機関エンジン車（ＩＣＥＶ）の生
産が終わりになるだろうだろう。つまりそれはテスラ・ロードスター
（５３キロ・ワット時）を２４４マイル（３９２キロ・メートル）だ
け動かせる電気バッテリーが、現在の価格の約１０％、すなわち
３６００ドル程度になるということである。それは、今日のＩＣＥ
Ｖの騒々しい、メンテナンスが難しい、高価な、トランスミッション
装置が、よりシンプルなバッテリー電気車両（ＢＥＶ）より高い値
段になる時である。この計算は先に述べたようにＢＥＶにとって
一桁安いであろう燃料の価格を考慮していないし、現在のＩＣＥ
Ｖの数百個のパーツのメンテナンスや環境のコストも考慮してい
ない。（これらのパーツには非常に複雑なエネルギー変換プロセ
スを制御する半導体チップなども含まれている。）

　しかし、ＩＣＥＶの終焉はここに述べた時点よりもっと前に
起こるだろう。今日のＩＣＥＶは非効率で重たくてメンテナンス費
用が高い。その理由は以下のとおりである。

　バッテリーは内燃焼機関エンジンより何倍も効率的である。
その効率性がほかのパーツの効率性を作り、引き出し、ＢＥＶの
コストをさらに引き下げるからである。

- 今日の自動車はガソリンエネルギーの約２０％しか使っ
  ていない。他の８０％は文字通り排気口から捨てられてい
  る。[297]この計算は蓄電においては逆転する。電気バッテリ
  ーエンジンは約８０％のエネルギーを使いわずか２０％
  を無駄にしているに過ぎない。

- 電気自動車は駆動トレインが全くないので大変軽く作れ
  る。パワー／重量比が高いので燃料効率もよくなる。時速
  ２００マイル（３２０キロ・メートル）を出すフランスのＴ
  ＧＶ高速鉄道が電気で動いているのはその理由だ。[298]

- 他の場所でも書いたように、近い将来クリーン・エネルギー
  はダーティー・エネルギーよりずっと安くなるだろう。公益
  電力会社規模の集光型太陽熱発電所はオイルに例えると
  バレル当たり５０ドルで発電を行っている計算になる。太
  陽熱発電は１０年以内にバレル当たり２０ドルかそれ以
  下になるだろう。一方オイルは２００８年にバレル当たり

１４７ドルでピークに達し、その１年後７０ドルから８０ドルレベルに戻り、そしてまたその後３桁に向かっている。

２０５０年には３０億台の車のうち何台が電気自動車になるであろうか。基本経済の観点からすると、車のバッテリーの価格が十分に下がった時点でほとんどの車が電気自動車になるだろう。これは一世紀前に起こった馬車から自動車への移行と似ている。抵抗しても無駄である。

市場の大きさを決めるために、車のバッテリーは約５０キロワット時のエネルギーを蓄電できるとしよう（今日のテスラは５３キロ・ワット時蓄電できる）。さらにバッテリーの価格がキロワット時当たり５０ドルまで下がり車当たり約２５００ドルになるとしよう。もし１０億台だけが電気バッテリー車になるとしたら、市場規模は２兆５千億ドルになる。これはまだ３３％の市場浸透率である。

その他の２０億台の車にはどのようなパワー源が使われるだろうか。これらの車は「シティー・カー」

> 「カーバッテリー(蓄電)の市場規模は２兆５千億ドルになる。これはまだ３３％の市場浸透率である。」

、すなわち、近所を走る電気自動車で小型又は低価格の車と仮定しよう。そうすると、最小限の小さなバッテリー（１０から２０キロワット時）の容量を持ち、短距離の市内（４８キロ・メートルまたは３０マイル）を走ることになる。キロワット時当たり約５０ドルであるから、５００ドルから１０００ドルのものを２０億台の小型又は低価格の車に搭載することになる。計算をしてみるとすぐわかるが、小型バッテリー蓄電マーケットの新しい市場機会は１兆から２兆ドルの規模になる。

パーソナル・エネルギー蓄積システム

３０年程前、最初のマイクロ・コンピューター（当時はパーソナル・コンピューターはそう呼ばれていた）が市場に現れたとき、今の標準から考えるとばかばかしいほど非力であり、高価であった。数学やコンピューターオタク向けの興味深い玩具と考えられていた。しかし、デジタル・イクイップメント・コーポレーションのＣＥＯ

であるケン・オルソンの様な業界人たちの主な意見は「誰もコンピューターを家で使おうとは思わない。」との認識が優勢であった。

　　パソコンの価格は急速に下がり、ソフトウェアとハードウェアの開発者達がパソコンを一層有用にするために働き、そしてその後はすでに歴史となっているとおりである。シリコンバレーが生まれ、それと共に、数兆ドルの資産、多数の高給職が作られ、以前には殆どの人が予想しなかった新しい産業が出来上がったのである。

　　太陽電池もパソコンと同じように価格効率曲線が下がってきた。毎年、太陽電池（ＰＶ）の値段が大幅に下がり、効率化と信頼性が上がっている。この３０年もの間この傾向が進んでいて、パソコンがそうであったようにＰＶもこれから数十年これが続くだろう。パソコンと同様に、ＰＶは優れた「破壊的」技術なのである。

　　ＰＶがより使われるようになると、太陽発電をサポートするハードウェアやソフトウェア製品が開発され、太陽のパワーをもっと有効に使えるようにするであろう。その中で最も重要な製品が（再び繰り返すが）エネルギー貯蔵である。個人的に使う蓄電システムが、太陽電池（ＰＶ）システムと平行して、広く使われるであろうという理由をいくつも見つけることが出来る。ちょうど今日のハードディスクデータへの格納やインターネット接続のように太陽電池の一部として使われるだろう。

- もしＰＶシステムがグリッド網に繋がっていなかったら、ユーザーは昼間にパワーを蓄積し、時間差を設けて必要なときに使えるようにしなければならないであろう（一部は昼間に使って、一部は夜に使う）。同じ論理は村規模そして島規模の太陽発電の場合にも適用されるが、この場合はより大規模なエネルギー蓄積システムが必要になる。

- グリッド網が不安定であったり需要が供給を上回ったりする市場では、電圧低下や停電が頻繁に起こる。これは多くの開発途上国や経済急成長国などで起こっている。２５％のエネルギー不足があるインドでは、頻繁に計画停電が実施される。[299]グリッド網に繋がっているインド郊外の家庭の４４％でさえも、一回当たり最大１２時間停電になるのが普通である。[300]

- 電気自動車またはハイブリッド車は電気をその時点の価格で購入するので、安いときに蓄電し後で使うとトータルコストは安くなる。これは自動車用のエネルギー貯蔵の機会をうまく補い合っている。ＰＶパネルを使って自分自身のエネルギーを作り出すことができるし、あるいは、エネルギー価格が安いときに購入し家にある車に蓄電することが出来る。もし１０億台から３０億台の電気自動車オーナーの期待が叶えられるとすれば、この用途だけでももう一つの数兆ドル市場機会を作り出すことが出来る。

- 最後に、スマートグリッドが作られるにつれ、エネルギーにおけるe-ＢＡＹのような売買マーケットが現れるだろう。（詳しくは次章）

　現在のところ家庭で使われないＰＶ電力は、公益電力会社が設定した価格で彼らに販売され、それにより電気のメーターが逆方向に動いている。ニュージーランドのような市場ですでに行われている様に、パワーショップというサービスを使って比較的小型の発電所が電気を一般ユーザーに販売している。[301]（パワーショップやその今後の発展の可能性に関しては次の章で述べる。）この概念が世界で受け入れられる様になれば、パーソナル蓄電システム（ＰＳＳ）は今日のパーソナル・コンピューターの様にビジネス手段となるだろう。

　この家庭用市場またはビジネス市場が実現するためには、テスラで使われる様なバッテリーが、パソコンやフラットパネルＬＣＤテレビのような価格になることが必要となってくる。太陽電池やハイテク製品で見られる典型的な価格低下曲線を考えると、これが起こることは容易にありうる。私が１９９４年にスタンフォード大学院を卒業したときはフラットパネルＬＣＤテレビの価格は１４，０００ドルしていて、これは車の新車の値段程であった。初物好きの裕福な人しか買えなかった。現在では高品質のＬＣＤやプラズマ・テレビは１０００ドル以下で見つけることができ、世界的な不況といえども店の棚から飛ぶように売れている。先日、ベストバイ社の広告で１９インチのＬＣＤ　ＨＤテレビが３０９ドルで販売されているのを見た。

　１０年や１５年後のある時点で蓄電装置の価格が低下し、多くの太陽電池ユーザーが蓄電装置を買い、家庭や会社において数時間分の電気を蓄える時が来るだろう。

> 「１兆ドルの規模の蓄電システムの市場があることが見える。」

　今日のパソコン市場の様にこの市場は数兆ドルの域に達する可能性がある。１０億人のパソコンユーザーや、１０００ドルの個人用エネルギー蓄電装置（１０から２０キロ・ワット時を蓄えるもの）を喜んで買う電気自動車のオーナーを考えると、１兆ドルの規模の蓄電システムの市場があることが見える。この市場の消費者にとって、ニーズだけでなくこの装置を購入する経済的なインセンティブもあるのである。

　パーソナル用又は家庭用蓄電システムの価格が３００ドルから４００ドルの範囲に入ってきたら、携帯電話と同じくらい一般に普及するだろう。国際電気通信連合（International Telecommunication Union）によると２００８年の終わりに世界で４１億台の携帯電話が使われた。[302]同様に、突如としてこの蓄電装置の購入可能な消費者が３０億人増え、１兆ドル規模の市場が付け加わることになろう。

> 「パーソナル用又は家庭用蓄電システムの価格が３００ドルから４００ドルの範囲に入ってきたら、携帯電話と同じくらい一般に普及するだろう。突如として１兆ドル規模の市場が付け加わることになろう。」

　携帯電話そのものの売り上げより携帯電話サービスからの売り上げの方が多いし、またパソコンそのものからの収入よりソフトウェアや情報処理サービスからの収入の方が多いという事実と同様に、「電気マネージメント」サービスの市場が蓄電システムに追加され、最終的には数兆ドルの市場になり、蓄電システム販売の売り上げを超えるだろう。

　パソコンは家庭だけで使われるものではない。企業市場に大きく浸透している。つまり企業における仕事の生産性を向上させ、同時に会社の利益を増やしている。最も簡単なワープロソフトですらも、タイプライターよりも桁違いに優れている。なぜだろうか。一つの理由は、パソコンでは下書き資料を保管でき、後で更に何度も編集できるし、同様に過去の記入履歴も再生できるから

である。効率のよい蓄電装置はエネルギーの使用において同じような便利さを与えてくれる。

　２００１年の夏に北カリフォルニアに住んでいた人は覚えていると思うが、ここシリコンバレーにおいて計画停電が行われた。質の悪いエネルギーでは今日のビジネスを運営できない。停電は企業に対して年間多くの金銭的被害を与えている。例えば１時間の停電は、航空会社の予約システムには６０，０００ドルの損失、半導体の製造施設には２，０００，０００ドルの損失、そしてクレジットカード会社には２，５８０，０００ドルの損失を与えている。[303]（インテルとＶｉｓａはシリコンバレーを本拠地にしていることを思い出して欲しい。）グリッド網の信頼性やそれが配電する電気の品質（ワット数）が悪ければ悪いほど、電力会社がそれを修復している間にでも、企業は自社の業務を順調に行うために蓄電装置への投資を行うだろう。

　家庭用と業務用の個人用蓄電装置市場は、パソコンがそうであったし、太陽電池がそうしようとしているように、手に手をとって同時に発展するだろう。ソーラー・シティー社というカリフォルニアで業績を急速に伸ばしている太陽電池エネルギーのシステム・インテグレーター（６章で述べている）では、業務用市場からほぼ半分の売り上げを得ており、残りの半分を家庭用から得ている。

　同じように、興味深い市場機会が蓄電装置と電気自動車のサプライ・チェーンで起こるだろう。メインフレーム・コンピューター（そしてミニ・コンピューター）はメーカーから直接販売されていたが、パソコンは新しい小売販売チャネルを作り上げた。コンプＵＳＡ社（Comp USA）と後に出てくるベストバイ社(Best Buy)そして小売店を持っているアップル社は、コンピューターとソフトウェアとサービスを販売する数十億ドルのビジネスを作り上げた。ベストバイ社はすでに車載用蓄電装置の販売競争において先行している。テスラ社は十万ドルする車をオンラインで販売している。もっと多くの販売チャネルの破壊、そしてチャンスが訪れるのを見てほしい。

　一兆ドル市場の可能性はこれだけだろうか。そうではない。蓄電装置の市場機会は次の章で紹介する別の物と結びついている。それはスマートグリッドである。その前にまず技術中心の起業家達に警告の言葉を与えたい。

セルデン対ベンツ：技術イノベーションと
ビジネスの注意すべき物語

　　　１８８６年１月、ドイツの発明家であるカール・ベンツの４ストロークエンジン車の特許がヨーロッパにおいて認められた。彼の会社、ベンツ・アンド・シエ社（Benz & Cie）は「モーターワゴン」を７月に生産し、７年間に２５台販売した。３０年後、ベンツ社はダイムラー社と合併し、ダイムラー・ベンツ社として、メルセデス・ベンツという、二十世紀の最も重要な産業において最も長続きのする製品ラインを作り上げた。[304]

　　　自動車の発売後まもなくして、馬が引っ張る馬車は博物館に追いやられてしまった。ガソリンの力で動く内燃機関エンジンを持つ自動車は、その値段と性能において、馬車の性能に比べてずっと優れていた。車はより早く、より遠くまで、そしてより長く走る事ができる。自動車はより重たい荷物を運び、メンテナンスが少なくて済み、（馬がいらないから）そして馬糞を落として行かない。（今となっては妙な話だが、１９世紀の殆どの大きな都市の道では、車や客車や乗り合い車などを引っ張る馬の相当量の馬糞が放置され、深刻な衛生上での問題があった。）

　　　馬車の製造会社がどんなに頑張っても、新しい自動車の性能と競合することは到底できなかった。馬車当たりの馬の数を増やしてもだめであった。より安い素材で馬車を作成しても、金属合金を使ってもだめであった。小さく、廉価な犬用の代替品を作っても駄目であった。たとえ経済的に成り立ったとしても、中国にアウトソーシングすることも駄目だっただろう。

　　　１８９０年代後半から１９００年代初期にかけての自動車の発展は、「破壊的イノベーション」の例であった。このようなタイプのイノベーションでは、確立された既存の製品よりも価格性能比がすくなくとも一桁高い新しい製品を市場に投入しており、既存の製品はすぐに廃れてゆくのである。

　　　このことから、エネルギー蓄積市場において二つの注目すべきポイントが見えてくる。最初のポイントは、エネルギー蓄積産業は**破壊的イノベーションを強く求めている**産業であるということである。革新的な新しい蓄電技術をベースにした、既存の製品より１０倍価格性能比の高い「バッテリー」を発明して、首尾よく市

場に投入することが出来た企業は、２１世紀における新しいエジソン電気社又はダイムラー・ベンツとなるだろう。

　　二つ目のポイントとして述べたいことは、**製品を首尾よく市場に送り出すことは、技術そのものを発明することと同じくらい**、あるいはもっと重要なこと、であるということである。カール・ベンツは一般的に自動車の発明者として認められているが、他の多くの人が自動車の同様な技術を発明し特許を与えられている。１８９５年、米国特許庁は、ニューヨーク州ローチェスターの弁護士であるジョージ・セルデン(George Selden)に特許番号５４９１６０を与えた。セルデン氏は１８７８年に「馬なし客車」を発明して次の年に特許を申請した。しかし彼は幾つかの追加項目を元の申請に追加したので、米国特許庁の登録決定を１６年も遅らせてしまった。ジョージ・セルデンは公式に自動車を最初に発明したのである。[305]しかしながら、セルデンは歴史上最も価値が高い特許のひとつの名誉ある所有者ではあるものの、製品を市場に送り出すことができなかった。カール・ベンツが技術の歴史のメインステージに立ち、ジョージ・セルデンは追い出されてしまった。

　　今日、多くの企業や研究機関は「次世代」のエネルギー蓄積技術を開発している。ＭＩＴのような研究大学やＩＢＭ社のような大企業、そして小企業や起業家は、今日のリチュウムイオン電池より安く、１０倍のエネルギー密度を持つ革新的なバッテリーの開発を猛烈な勢いで行っている。

　　この開発競争の重要な参加企業のひとつに、昔懐かしいビッグ・ブルーがある。ＩＢＭ社は自分自身をエネルギー技術会社と再定義している。インテリジェント・ネットワーク及び全ての種類のグリッド向けの製品やサービス、すなわち、エネルギー、水、輸送ネットワークの分野の開発に対して、何１０億ドルもの投資を行っている。ＩＢＭは今日の最も性能の良いリチュウムイオン電池より、さらに１０倍のエネルギーを蓄積できるバッテリー技術の開発を行っている。「高密度で拡張性の高いエネルギー蓄積技術が、再生可能エネルギー源とスマートグリッドという新しい時代の偉大な新製品として、急速に姿を現しつつある。」とＩＢＭのビッグ・グリーン・イノベーション組織の副社長、シャロン・ニュンズ(Sharon Nunes)が言っている。[306]

　　蓄電の将来のエジソンはＩＢＭやインテルやＧＥの実験室から出てくるのだろうか。または、デービッド・パッカードとビル・

ヒューレットがパロアルトのガレージで始めた様な、小さな個人の
ワークショップで働く小さなチームの科学者やエンジニアから出
てくるのだろうか。第十章で述べるが、典型的な「ガレージにいる
二人のビジョンを持った人が世界を変える」というストーリーは多
分急速に成熟している情報産業界では時代遅れかもしれないが、
クリーン・エネルギー分野ではまだ成熟市場には至っていない。
しかしながら、コスト効率の良いエネルギー蓄積の開発は一層驚
くべきチャンスを与えてくれるだろう。

「電気の流れとは金の流れである」

—ベンチャー・キャピタリスト、アレックス・ニッグ（Alex Nigg）

「クリーンで入手容易なエネルギーが世界中で生まれている。米
国はリーダーになれるか遅れを取るかのどちらかだ」

—ジェフ・イメルト（Jeffrey Immelt）、ジェネラル・エレクトニリック
社最高経営責任者（ＣＥＯ）

「地図は境界を示すものではない」

—アルフレッド・コージブスキー（Alfred Korzybski）、ジェネラル・
セマンティクス社創業者

第九章

第七の機会—インターネットの１０倍の 規模：スマートグリッド

　ニュージーランドの首都ウェリントンの北にあるジョンソンビ
ールという町で、ジー・ペリー（Gee Perry）は妻のクリスティン
と６歳になるハナとともに、２ベッドルームの家に住んでいる。ネ
ットワーク・エンジニアリングの訓練を受けてきたペリーは、私に、
トレードミー（TradeMe: ニュージーランド版イーベイ（eBay）のよ
うなウェブサイト）でテレビのモニターが２ドルで売れたと喜んで
話してくれた。彼はさらに嬉しそうに、ここ６ヶ月間、電力小売業サ
イトのパワーショップ（Powershop）を使って、週当りの電気料金
をおよそ２０ＮＺドル（約１２ＵＳドル）節約したと話した。
　パワーショップは、ニュージーランド・ウェリントンにある発
電・電力小売企業メリディアン・エナジー（Meridian Energy）の
一部門である。「パワーショップの理念は電力のイーベイになるこ
と」とＣＥＯのアリ・サージェント（Ari Sergent）は言う。さらに、「ニ

ュージーランドでは、当社の競争相手を含め、発電事業者は独自ブランドの電力を異なる価格で異なる時間に売ることができる」と言う。イーベイにある機能に加えて、パワーショップにはｉＴｕｎｅｓストアのような機能もある。すなわち誰でも自分のコンテンツをオンラインで売ることができる。もちろん何も実際に「発送」はされないが。

　多くの国において電力事業者は、住宅や商業施設に設置された太陽光発電を買い取り、それを消費者に売ることが義務付けられている。しかしパワーショップはそれにとどまらない。パワーショップのモデルでは、例えば私が１ＭＷの太陽光発電所を建設し、パワーショップで「セバソーラー」というブランドの電力を自ら――電力事業者ではなく――決めた価格で売ることができる。このためニュージーランドの人々には、世界中で最も豊富な電力の選択肢が与えられていると言える。例えばキウィ (Kiwi) の電力利用者は、「ネオゲオ(NeoGeo)」ブランドをユニット当たり９セントで３００ユニット（ＫＷh）買い、「セバソーラー(SebaSolar)」をユニット当たり１０セントで４００ユニット購入、また「ウィンディ・ウェリー(Windy Welly)」をユニット当たり６セントで３００ユニット買うという具合だ。つまり、誰もが誰に対しても電力を売ることができる。ちょうどｉＴｕｎｅｓが音楽の世界を変えたように、この仕組も電力産業の技術革新を促す可能性のある技術だ。

　パワーショップの収益モデルは、エネルギー産業よりはインターネット産業のそれと似ている。つまり、取引毎にあるパーセントを得るというものだ。多くの電力事業者（ケーブル事業者や電話会社も含めて）が課すような「接続費」は徴収しない。それをすれば消費者が採用する時のハードルが上がってしまう。イーベイは生産もしないし、輸送もしないし、何も販売していない。同社の成功は、ほとんどあらゆるものについて誰もが売り手にも買い手にもなれる仕組みを作ったことによる。

　ペリー氏はパワーショップを週に２―５回利用し、自宅の電力消費状況をチェックし、お得な取引がないか探している。「電力はどれも一緒なのに、なぜ高いお金を払う必要がある？」彼は私に雄弁に語った。「クリスティンと私にはもうすぐ赤ん坊が生まれる。節約したお金を使うことができるよ!」

　　ニュージーランドはカリフォルニア州と同じ程度の大きさだが、サンフランシスコ・ベイエリアよりも人口が少ない。電力市場は比較的開放され、競争的で、消費者には選択肢があり、先進国の中では最も安いレベルの電力料金が提供されている。

　　スマートなやり方だ。

カリフォルニアの電力網

　　２００９年２月１７日の午後は、スタンフォードのいつもの冬学期の火曜日と同じように始まった。私は家のオフィスで、シリコンバレーの企業を事例に使った「パートナーシップ戦略」の授業の準備をしていた。私がいつも、企業からの学生（executive students）がビジネス戦略を作る際に聞く質問の一つは「立地は重要か？」であった。サンフランシスコ・ベイエリアはグーグル、インテル、アップル、シスコ、ＨＰ、ジェネンテック、オラクル、セールスフォース、アプライド・マテリアルズ、フェイスブックやその他の世界的技術系企業の集積地である。またスタンフォード大学とカリフォルニア州立大学バークレー校の本拠地でもある。

　　私はちょうどその夜のクラス用のパワーポイント・ファイルをｉＭａｃからラップトップＰＣへとコピーしているところだった。私はサンフランシスコに住めてラッキーだと思っていた。その日のように寒く、風がふき、雨が降っていても、私はここ以外にどこにもいたくなかった。今夜の講義概要とケーススタディの重要点を記した「講師用資料」を印刷しようとした時、停電になった。プリンター、インターネット・ルータ、マック、スピーカー、照明、その他すべての補助電池のないものは止まった。私は自分のコンピュータの「電力バックアップ」が全く役に立たないことを知った。コンピュータやバックアップ・ディスクを保護しないだけではなく、甲高い警告音があまりにも大きく不快なので、電源を切らざるを得なかった。

　　サンフランシスコで雨の日に停電を経験したのはこれが初めてではない。世界のハイテクの中心地―エネルギーで言えばヒューストンのような存在―が、このような第三世界並みの電力送配電インフラ・システムしか有していないという皮肉に衝撃を受けざるを得なかった。電力の中断によって、カリフォルニア州だけ

で年間１７０億ドルのビジネス損失が生じている。[307]問題はカリ
フォルニア州にとどまらない。

図 9.1　サンフランシスコの配電線（写真: トニー・セバ）

　　２００３年８月１３日、オハイオ州のある送電線に木が
倒れ落ちた。数時間のうちに、米国北東部のほとんどが真っ暗に
なった。ニューヨーク、ボストン、デトロイトまで５０００万人以上
の人々が最長２日間電気のない生活を強いられた。この停電で
１１人の命が失われ、５００億ドルの経済損失が生じた。[308]配

電網に問題があるために、本来は小さなローカルな障害（倒れた木）であるべきものが制御できないほど増幅され、米国北東部をすべて真っ暗にしてしまったのである。

　　経済損失をもたらすグリッドの問題は、停電だけではない。米国ビジネスは瞬間停電によっても毎年１３５０億ドルを失っている。グリッドは、現代社会の技術という身体の血液循環システムである。米国は、ちょうど我々の多くがジムに通うのを先延ばしするように、グリッドへの投資を延期してきた。停電、部分停電、その他の関連する問題はシステム全体が病んでいることを如実に示している。

　　米国の電力網は２０万マイルの高圧送電網（電力の高速道路）と５５０万マイルの配電網（一般道）によって、家庭、学校、企業に電力を運んでいる。[309]グリッドは間違いなく２０世紀が生んだエンジニアリングと技術の最高の成果である。これが米国の経済成長と社会の結合に与えた貢献は、他に比肩するものがない。

　　しかし、米国の電力網は電灯、洗濯機、トランジスタ・ラジオなどに電力を供給することを目的に２０世紀初頭から中頃にかけ作られたものだ。今日の空港、情報を駆使した軍隊、ウォルマートサイズのコンピュータ・データセンター、ましてや半導体製造施設、数百万個のプラグイン自動車用バッテリーなどをサポートするようにはデザインされていない。

　　電力網はまた、電力の「卸売」取引用にも作られていない。かつてほとんどの電力会社は、市場が必要とするであろうと考えるだけの電力を発電していた。しかし、能力が足りなくなるにつれ、電力会社は他の事業者から「卸売」電力を購入するようになった。過去数年間、電力取引は拡大し、発電事業者やその仲介業者さえも電力事業者に加わって取引を始めた。２０００年～２００５年にかけて、卸売取引は３００％も増加した。[310]

　　１９７０年代以降、グリッドへの投資はずっと不足している。我々は親が投資した信託基金で生きている子供のようだ。我々は、ウォールストリートの終わりのない資産の成長という約束を信じてきた。しかしグリッドに投資しなければ、我々の子供たちは崩壊したインフラを受け継ぐことになろう。「平均的な米国の変圧器は４２年前のものだ」とシスコ・システムズのスマートグリッド担当副社長マリー・ハター（Marie Hattar）は言う。「変圧器の想定

寿命は４０年なのに」。つまり平均的な米国の変圧器は、時間を
前借りして生き残っていることになる。
　　同じような話は、米国のグリッドの全体を結ぶあらゆる重要
なハードウェアにも当てはまる。エネルギー省によると、

- ・　７０％の送電線は少なくとも２５年前のものである
- ・　６０％のサーキット・ブレーカー（回路遮断器）は少なくと
  も３０年前のものである

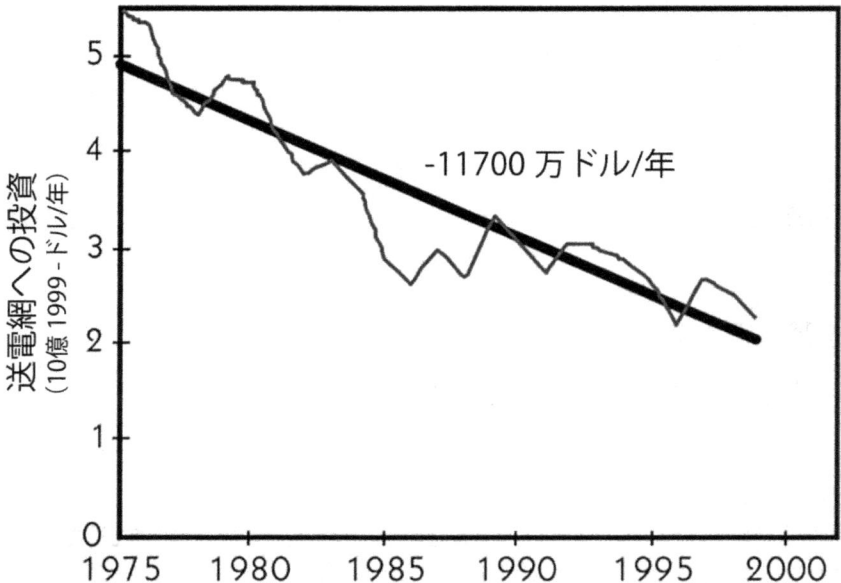

図９.２　米国の送電網への投資（出展　米国エネルギー省）[311]

　　１９７５年以来、電力需要とＧＤＰは２倍以上増加したに
もかかわらず、送電網への投資はこの間毎年１１，７００万ドル
づつ低下し、すでに１９７５年当時の半分以下に減ってしまった
（図９.２）。
　　米国北東部を襲った停電は、激しい心臓発作のようなもの
だ。エリック・ラーナー（Eric Lerner）によれば、２００３年８月の
停電を引き起こした原因は未だにそのままである。[312]米国が２１
世紀においても経済大国であろうとするならば、グリッドを生き返
らせ、世界トップレベルに引き上げるだけの投資が必要である。

　それにはいくら必要か？　現在世界の送電網・配電網への総
資本投資は、およそ８５０億～１０００億ドルと見られる。[313]こ
れは現在の需要を満たすのにやっ
との水準だ。最も低く見積もって今
後４０年間、毎年１．７５％電力需
要は伸び（１４ＴＷから３０ＴＷ
に伸びるのと同じ計算）、それに合

> 「世界の電力網（送電・配電）への投資は５．５兆ドルになる。」

わせて投資も拡大すると仮定しよう。すると世界の電力網への投
資は５．５兆ドルになる。需要増に応えるだけでこの額である。近
代化を進め、需要増の一歩先を行くには、これよりはるかに多額
の投資が必要になる。
　国際エネルギー機関（ＩＥＡ）は投資はもう少し迅速になされ
ると見ている。ＩＥＡによれば、２０３０年までにエネルギ
ー・インフラのために世界で１１兆ドルの支出が必要になる。そ
の半分の５．５兆ドルが送電網向けである。「グリッドの更新と近
代化のために、北米だけで２０３０年までに１兆ドルのコストが
かかる」という。[314]

図９.３　ドバイ向けの高圧送電線（写真：トニー・セバ）

　このことは古くなって壊れかけている変圧器、ブレーカ、送配電線の交換を意味するだけではない。旧来のグリッドは、地方独占の中央制御モデルであり、そこでは電力事業者が発電と送電能力を計画することができた。しかし世の中はより分散型電源モデルへと移行しており、誰もが電力の生産者にも消費者にもなれるように変わりつつある。しかしこのモデルであっても旧来モデルと同様、すべての消費者とすべての電力生産者を結ぶのはグリッドである。新しい電力生産者の登場によって、非常に多くの接続—そして電流—を管理せねばならない。

　中央制御モデルがなくなるとグリッドに渋滞が起きやすくなる。例えば悪名高いサンフランシスコとサンノゼを結ぶ国道１０１号の混雑が、断続的ではあるが永続化したことを想像してみたらよい。この影響は１０１号を運転中のドライバーのみにとどまらない。サンフランシスコからサンノゼに向かおうとする多くのドライバーは、１０１号の数マイル西を並行して走る２８０号に迂回せざるを得なくなる。すると２８０号もまた渋滞する。両線に沿って進む支線も避難をする車で混み出す。地元の一般道も、土地に通じたドライバーが抜け道として使えば混むようになる。

　交通渋滞が一定の度を過ぎると、２つの都市はかなり隔絶されることになる。買い物客はどうにもならなければ２つの都市を行き来するのを止めるだろう。一方の端にある企業は、慢性的な配達の悩みのために、他方の端に物を売ろうとするのを止めるだろう。これは事実上、一つの大きな市場（サンフランシスコからサンノゼまでの半島全体）が北と南の二つに分断され、競争が減るために両方とも効率が低下していくことを意味する。

　送電網も同じである。グリッドの渋滞は、一つの大きな卸売市場を二つかそれ以上の小さな市場に事実上分断する。小さな市場にいる利用者は、他地域にもっと低コストで発電できそうな事業者がいても、地区内の発電事業者から電力を買うしかない。それぞれの小さな市場は、異なる時点と異なる電力量において電力価格を決めるので、効率性が低下する。

　この問題には、ＭＩＴのポール　Ｌ　ジャスコウ（Paul L Jaskow）教授が唱える**理論的**解決法がある。それはすなわち、成功する卸売市場を作るには、能力の「過大投資」が必要であり、それは完全にコントロールされた中央管理市場よりも、真に競合する市場を作るというものだ。[315]ジャスコウ教授はさらに言う。「ある

特定地域において、需要を満たしネットワークに信頼を与えるために競合する電力生産者の数が、送電の渋滞や制約が起こることで著しく限定されることがない時に、規制のない卸売市場はもっともうまく働く。」

　　言い換えると、我々は何兆ドルをも投資して、配電グリッドを新しい技術と信頼性の標準に高め、適切なネットワーク配置図（すべての電力線がどこにつながるかを示す大地図）を作り、予想される電力需要増に応えなければならない。そして渋滞を最小限に減らすために能力を増強して、成功する電力市場を作ることが必要である。

電力のバックボーン

　　ニュージーランドが、２１世紀のエネルギー変革の興味深いケーススタディである理由の一つは、世界中の国が今まさに直面する多くの問題について既に対応していることである。これまでの章で述べたように、ニュージーランドの電力のほとんどは、南の島の水力発電によるものである。他方、人口と需要の多くは北の島にある。そして二つの島を結ぶため、水中に長距離送電線を建設している。

　　中国の三峡ダム（Three Gorges Dam）は世界最大の水力発電所で、１８．２ＧＷの発電能力を持つ。公益電力会社が運営する水力発電所や、太陽光、風力発電所の多くは、電力を消費する人口や産業の中心から遠く離れた場所にある。このダムもまた人口密集地の上海からは９７５キロメートル（６０９マイル）、産業集積地の常州からは８９０キロメートル（５５６マイル）も離れている。

　　１９９０年初頭、中国にはグリッドと呼べるようなものはなかった。そこには過去の「遺産」のハードウエアやソフトウエアという障害物がなく、かつ将来に向けての国家的グリッドを建設するという意志があったので、三峡ダムから送電線を引くという決定が可能であった。この送電線や初期の中国のグリッドを建設する業者は、高圧直流（ＨＶＤＣ）という技術を選んだ。これは、北アフリカ砂漠で巨大な集光型太陽熱発電所を建設中のコンソーシアムが、そこで発電した太陽電力を、灰色の空のエネルギー不足

の北ヨーロッパへ運ぶために選んだ技術と同じものだ。ブラジル
が当時世界最大の水力発電ダムをイタイプ(Itaipu)に建設したと
き、電力を国内に運ぶためやはり高圧直流線を敷設した。ニュー
ジーランドの最新の水中送電線バックボーンも高圧直流である。

　　なぜこれらの国は高圧直流を選んだのだろう。それにはい
くつかの理由がある。

　　第一に、長距離送電において高圧直流は、現在市場化され
ている技術の中で、最もエネルギー損失が少ないのである。損失
は１０００キロメートル（６２０マイル）あたり３％である。アリ
ゾナ州フェニックスからニューヨーク市までの距離は約３４００
キロメートル（２１００マイル）である。仮にフェニックスに発電
所を建設し、その電力を全て専用線でニューヨークに送るとする
と、エネルギー損失は１０．２％である。これに対し高圧交流シ
ステムのエネルギー損失は１０００キロメートルあたり１５％（
３８万ボルト）〜８％（７５万ボルト）[316]である。これはフェニック
スからニューヨークまで最大で５１％の損失があることを意味す
る。

　　これは重要なポイントだ。ある地域の太陽光の年間平均
照射率は、別の地域の２倍もあることがある。前述のようにフェニ
ックス近郊に建設された太陽発電所は、ニューヨークの同じ発電
所の２倍の出力を想定できる。１０．２％の損失（２１００マイ
ル／６２０マイルＸ３％の損失）があったとしてもフェニックス
の発電所は９０％生産性が高くなる。効率が良く、クリーンなエ
ネルギー発電は効率のよい長距離送電網を必要とする。

　　高圧直流が必要な二つ目の理由は、交流送電に比べて敷
設用地がはるかに狭くて済むことである。敷設用地は送電線、鉄
道の線路、道路などを建設する際に確保（購入または「土地収用
権」の設定）しなければならない、細長い土地である。わずかな敷
設用地の節約でも送電線の長さに比例して増大するので、積み重
なると大きい。１０００キロメートル（６２０マイル）の送電線に
おいて施設用地が１メートル（３．３フィート）細くなるだけで、１
０００平方キロメートル（３８６平方マイル）の土地に匹敵する。
これは広大な森、農地、砂漠である。

　　高圧直流はどのくらい敷設用地を節約できるのだろうか。
ドイツ航空センター（German Aerospace Center: DLR）による
と、同じ能力の交流送電線よりも空間効率が最大で４倍あるとい

う。[317]私の裏庭ではやめてくれ」（Not In My Back Yard　ＮＩＭＢＹ）問題が送電網プロジェクトの迅速な認可を妨げていることを考慮すると、７５％も土地の権利を減らせることは、このプロセスを早めることに役立つであろう。

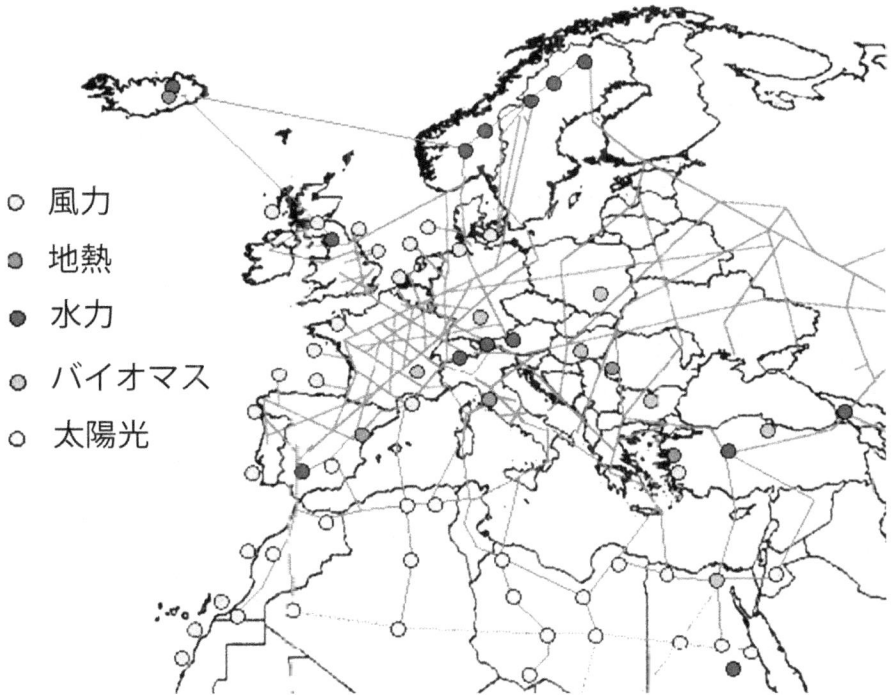

図 ９.４　太陽発電の電力を、地中海を越えてサハラ砂漠から欧州まで
運ぶ高圧直流構想図（出展　TRANS-MED 最終報告書）[318]

スマートグリッドの市場機会を持つシスコ

　２００９年４月２１日、フロリダ・パワー＆ライト（ＦＰＬ）社とマイアミ・デード郡は２億ドル規模のワイヤレス・スマートグリッド政策を発表した。これは郡内１００万軒の家屋とビルディン

グに「スマートメーター」を設置するものである。[319]計画がうまくい
けば、ＦＰＬは管内の全４５０万軒にも拡大させるという。
　　　ＦＰＬがスマートグリッド技術を早い段階で採用したのは
驚くに値しない。（第一章で書いたように）ＦＰＬは、１９８０年
代からカリフォルニア州でＳＥＧＳ（太陽エネルギー発電システ
ム）による発電を続けてきた。
　　　この発表に参加する企業には、今日の産業界をリードする
ＧＥやシスコシステムズらが含まれている。ＧＥはエジソン・ジェ
ネラル・エレクトリック社を起源とし、２０世紀における最も成功
した企業の一つである。電力ビジネスには１００年以上携わって
いる。シスコシステムズは、そのコンピューターでインターネットの
流れを動かしているネットワーキング会社である。
　　　シリコンバレーのベンチャーキャピタル達にとって、２００
９年は「スマートグリッドの年」であった。我々が資金集めを行っ
ている間、投資家がスマートグリッドでのビジネス機会を探して
いることを頻繁に聞いた。数百万ドル規模のスマートグリッド・プ
ロジェクトの発表がなされない週はないと言ってよかった。７月
１３日、ボルティモア・ガス＆エレクトリック（ＢＧ＆Ｅ）はメリー
ランドにおいて５億ドルのスマートグリッド・プロジェクトを発表
した。[320]ＢＧ＆Ｅによると、スマートメータとその他の機器によっ
て、消費者は最大で２６億ドルの電力・ガス料金を削減すること
ができるという。
　　　それにもかかわらず―あるいはそれゆえかもしれないが―
スマートグリッドは誇張されすぎているのではないかと、多くの人
が疑問を呈していた。オバマ政権は、景気刺激策の一環として３
９億ドルを超える予算をスマートグリッド育成に投じた。電力事
業者がスマートグリッド計画を表明するのは、その資金の一部を
獲得するためだけだろうか？　どのような市場機会がスマートグ
リッドによってもたらされるのか？　それは長期そして短期の機会だ
ろうか？　１０月２７日、オバマ大統領は太陽電池製造工場を視
察した際、特に再生可能エネルギーの導入を促進するため、同政
権が３４億ドルをスマートグリッド・インフラ育成に割り当てると
発表した。いまやスマートグリッドを真剣に取り上げ、それが何な
のかを学ぶ時が来た。

スマートグリッド：いくつもの層のチャンス

　　スマートグリッドとは、パワーグリッドの上を走る、末端から末端のデータ・ネットワークとインテリジェンスの層である。グリーンテック・メディアのデビッド・リード（David Leed）によると、スマートグリッドは以下の三層に分類される。[321]

- 電気／電力の層
- データネットワークの層
- アプリケーションの層

　　それぞれのスマートグリッド層が市場機会を提供している。ＧＥの最高執行責任者ジェフ・イメルトは「もし上位５０～１００の都市がスマートグリッドを採用すれば、毎年３０億～５０億ドルの収益が我々に生まれる可能性がある」と述べている。[322]ＧＥの副会長兼エネルギー・インフラ・ユニット最高執行者のジョン・クレニッキ（John Krenicki）も「今後３～４年でＧＥはスマートグリッド技術から毎年４０億ドルの収益を得る体制にある」と述べた。[323]

　　このことは現時点から２０５０年までに、ＧＥだけでも計１２００億ドル～２０００億ドルの収益機会がある事を意味している。そしてＧＥは、言わば「スマートグリッド（電力層）のＧＥ」になろうとしている。

　　シスコ最高執行責任者のジョン・チャンバース（John Chambers）は言う。「これ（スマートグリッド）はインターネットの再現だ。データ、音声、ビデオ、そして０と１を動かす代わりに、電力を動かすのだ」。[324]シスコ・ネットワーク・システムズ＆セキュリティ・ソリューションズ・グループ副社長のマリー・ハター（Marie Hatter）は、スマートグリッドはインターネットよりも１０～１００倍の市場規模があると言う。なぜなら「どの家庭や企業にも電気はあり、すべての家庭と企業のすべてのデバイスがこのネットワークに参加するからだ」。[325]

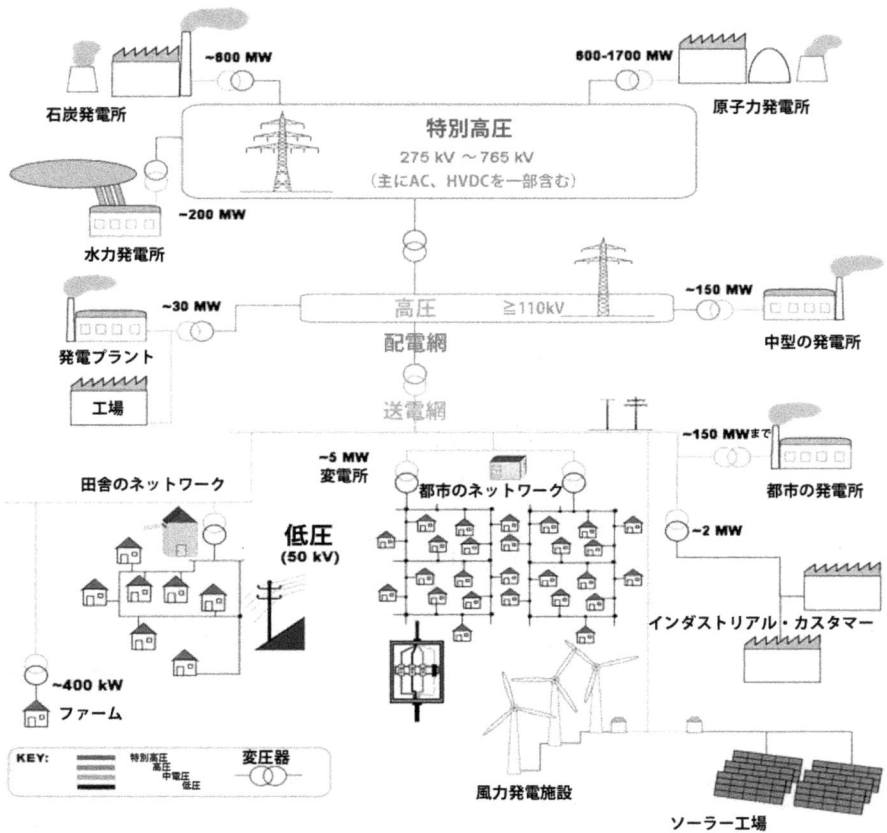

図 9.5　市場機会　すべての住宅、企業、工場、バッテリー、発電プラント、
電源、送電・配電柱のデバイスにインテリジェンスを加える。
（図の出展　ウィキペディア）

　　　考え方は、電気インフラの層に、ネットワーク（「エネルギー・
インターネット」）が並行して走るという考えだ。ネットワークは電
力生産者から送電線と配電線を通じ、電気を必要とするあらゆる
工場、企業、家庭へと走るわけである。
　　　家庭内のすべての家電がこのネットワークに繋がる可能性
がある。エアコン、洗濯機・乾燥機、テレビ、冷蔵庫、もちろんコンピ
ュータも。家庭には「ルーター」が置かれ、家庭の電気データを集
め、グリッドに送り届けるのである。
　　　今日電子は一瞬にして「ダウンロード」されるが、電子に関
するデータは月に一回「アップロード」されるのみである。スマート

グリッド網では、電子の流れとデータの流れがリアルタイムでかつ双方向で行われることが可能になっている。リアルタイムのエネルギーデータの流れが、家庭や企業にある数１０億個の機器から発信され、数百万もの変圧器を通り、数千マイルもの配電線、送電線を通る激流となることを理解するのは容易ではない。これは既存インターネットの数倍もの大きさを持っている。数百ものウォルマート級のデータセンターが世界中で必要となるが、それらはこのデータに追いつくだけで精一杯だろう。「スマートグリッドは年間２００億ドルの市場になるだろう」とシスコのハターは言う。

　　しかしシスコの見通しはやや控えめではないだろうか。頭の体操をしてみよう。投資調査会社モーニングスター社によると、シスコには２００８年に３９５億ドルの収入があった。もしスマートグリッドのデータネットワークが既存インターネットの１０倍の潜在的大きさがあるとすれば、年間３９５億ドルの現収入よりもずっと大きくなる筈だ。といってもこの数字はすでにハター氏の慎重な数字の倍にはなっている。

　　スマートグリッドへの支出が２００８年のゼロから２０５０年に４００億ドルへと増加すると、計８０００億ドルの収入機会があるということができる。シスコはインターネット市場で８０％のシェアを持っている。この新たなエネルギーインターネット市場で同じシェアを持つとすれば、１兆ドル

> 「スマートグリッドの ネットワーク層(エネルギーインターネット)には 1兆ドルの収益機会が期待できるといえる。」

の収益機会が期待できるといえる。シスコがなぜスマートグリッドのデータ・ネットワーク層の「ザ・シスコ」になろうとしているかがよくわかるであろう。ＧＥのような(おそらく極めてＧＥのような)企業は電力層の開発に参入しようとしているのに対し、シスコはデータ・ネットワーク層の構築で競争しようとしているのである。

　　スマートグリッドの第三の層は、まったく新しいアプリケーションやインテリジェンスとサービスのビジネス機会を起業家に提供するプラットフォームである。現在のインターネットの構築過程を振り返れば、我々はほとんどとは言わないまでも、多くのビジネス機会がネットワーク構築よりもネットワーク上のサービスや応用によってもたらされたことを知っている。グーグル、イーベイ、ア

ップル、イントウイット、フェイスブックなどの企業がそのような手法で数１０億ドルのビジネスを創り上げてきたのである。

　　つまり概念的には、スマートグリッド・アプリケーション層は電力層やデータ層に匹敵する（それより多いかどうかはわからないが）多くの機会をもたらすだろう。

スマートグリッドの応用の機会を探して

　　前の章で述べたとおり、１９８０年代にはマイクロコンピュータがあった。これらはメインフレーム・コンピュータが行った基本機能の多くを行うようになったが、総じて独立した単純なものであった。つまり多くの場合、当時の家庭用・オフィス用ＰＣの主要機能は、ワープロやビジネス用数値演算処理だった。やがて、マイクロコンピュータは処理速度を上げ、能力を増し、パソコンへと発展した。いくつかの先進的な企業は、これらを小さく分割されたネットワークと繋ぎ始め、「インター・ネットワーキング（inter-networking）」ルーターを通じ他の分割ネットワークへ繋いだ。これら構内ネットワークまたはイントラネットは、新しく生まれたインターネットを介して大きなネットワークへと繋がった。過去２０年で、この控えめなマイクロコンピュータは、能力不足の玩具から、インターネットと呼ばれる巨大世界ネットワークにおける最も重要な機器へと変貌した。

　　我々は、スマートグリッドを規模と範囲においてインターネットに似たものとして想定し設計しているが、容量がより大きいところだけが違う。このスマートグリッドは、数百万の発電機からエネルギーを得ている数１０億個のデバイスを所有している電力のユーザーをマッチングさせる、という複雑さを処理せねばならないし、数百万ものエネルギー貯蔵デバイスのエネルギーの出入りや、送電・配電線上に亘って存在する数百万個のその他のデバイス（変圧器など）をも取り扱わねばならない。

　　しかし世界の多くは小さな町や村から成り立っており、多くは国はおろか地域のグリッドにすら接続されていない。インド一国を取っても、５０万以上の村がグリッドに繋がっていない。彼らは恐らくディーゼル発電機、太陽光発電や風力発電、あるいはバイオマス発電を持っているかも知れない。そこには数十世帯の家

庭とビジネスがあるだけである。そのようなところに使えるスマートグリッドモデルがあるだろうか？

　私は**スマート・マイクログリッド**は、スマートグリッドのネットワーク層と電力層に使える、初期の成功したアプリケーションと見ている。スマート・マイクログリッドがあるために、村や、比較的小さな人口地域や、ビジネスセンターが知的な方法でエネルギー供給、貯蔵、需要をマネージすることが出来ている。太陽発電がエネルギーの共有化を可能にしたように、新しく始まったスマート・マイクログリッドは、賢く効率的な村規模の太陽発電ができるようにしている。

　マイクログリッドの例として、マウンテンビューにあるヴァレンス・エナジー社(Valence Energy)の共同創設者アレキシス・リングワルド(Alexis Ringwald)と話したことがある。リングワルトは素晴らしい話をしてくれた。エール大学環境経営プログラムの同級生らが卒業後ウォールストリートで就職しようとしていた時、彼女は地球の反対側に目を向けていた。インドである。フルブライト奨学金を受けた彼女は、インド大陸を縦断しながら、エネルギー資源研究所（ＴＥＲＩ）で再生可能エネルギーの金融や気候変動についての研究を続けた。自由時間にリングワルドは、インドの２４００マイルを太陽電池車で走行し、気候変動の最善の解決策を記録に残すツアーを組織した。米国に戻った後、彼女は自分の起業家精神に従い、インド市場を想定したスマートグリッドを開発するために、カイラッシュ・ジョシ（Kailash Joshi）、ラジュ・インヅクリ（Raju Indukuri）、ジェームス・ビクフォード（James Bickford）とともにヴァレンス・ニナジー社を創設した。リングワルドはインドで２００９年末までにヴァレンス・プロジェクトを始めると言っていた。

　パーム・メドウ（Palm Meadows）はハイデラバッド(Hyderabad)内に作られつつある地域で、スマートメーターを備えた３３０戸の高級住宅からなる。この開発が仕上がると、ここはグリッドに繋がれ、８３キロワット相当の太陽光パネルと２メガワットのディーゼル発電機を備えることになる。

　「我々のソフトウェアが自動的に太陽光か、ディーゼルか、グリッド電力かを選ぶことになる。我々は太陽光を優先し、補完的にグリッドからの電力を使う予定である。ソフトウェアは需要対応機能も備えている。グリッド電力が低下したとき（インドでは頻繁

に起きる）自動的にディーゼル発電機を回し、必要でない負荷を切断するようになっている」。バレンス社は、今どの電気を使っているかと同時に、どのくらい炭酸ガスを排出しているかを消費者に正確に示すことにしている。

　ちょうどローカル・エリア・ネットワークとワイド・エリア・ネットワークがあって、最終的に大きなインターネットに全てが繋がっているように、スマート・マイクログリッドの開発は「マクログリッド」ないしは「インターグリッド」と平行して開発されるだろう。その一方で、島や村に住むユーザーは、国や地域の送電グリッドに依存しない形で、中央で管理している発電所がもたらす、規模の効率性や経済性の便益を受けつつ、安定的な電力供給を受けることができる。「インドでは4億人もの人々が近代的なエネルギーサービスを受けられないでいる」とリングワルドは言う。「彼らにとって地域のスマート・マイクログリッドは理にかなっている」。

　インドのような発展途上国と同じように、家庭（消費地）に近いという意味では、この技術は大学のキャンパスや企業キャンパスにも適用できる。実際多くのキャンパスは村のようであり、一次自家発電機、バックアップ発電機、エネルギー貯蔵装置があり、そこに特有の電力利用パターンを管理している。また軍事設備も適用可能だ。軍の基地は自己充足型であり、小さな町のように隔離されたコミュニティを作っている。そこでは信頼できるエネルギーサービスが必要であり、グリッドの電気が低下したとしても電力供給を止めることは出来ない。多くの軍事基地では独自の発電装置を持ち、それを補完するためにグリッドに接続しているのであろう（これが私が先に、軍の基地は「島規模ソーラー」に非常に適していると述べた所以である）。

　太陽エネルギーは、個々の家庭、近隣一帯、村のレベルにおいて並行的または同時に採り入れられていく。スマート・マイクログリッドによって、エネルギー源が自動選択され、社会に変化が起きる。つまり太陽光や風力が優先的に使われ、バックアップとして化石燃料の発電機が必要な時または必要になったら使われることになる。人が家にいない時にはエアコンを切り、家に戻る数分前にスイッチを入れることができる。あるいは余剰電力を一定の価格でグリッドに売り戻すこともできる。

　可能性は無限だ。いくつかの追加例を挙げよう。

アプリケーション層の機会１―
スマートグリッドのイーベイ

　今日のグリッドは、発電と貯蔵を中央で計画することで成り立っている。ソビエト・スタイルのようなトップダウンの中央計画構造では、柔軟性、消費者からのインプット、市場主導型のイノベーションは期待しにくい。

　前章で議論したように、スマードグリッドはより分散した双方向のアプローチができるものである。雑誌の出版の仕組みは良い比較例だろう。かつて、ニュースや意見は新聞や雑誌など中央に集中した場所で作られ、読者に配信されていた。人は出版側か読者側のいずれかであった。ウェブはこのモデルを根底から変えた。つまり現在は誰でも出版者になることができる。もちろん「出版」といってもブログのようなやや手の込んだものから、単純なフェイスブックのページまでいろいろである。かつてはモノを買うには市場や店に出向かなければならず、モノを売るには物理的な店を構えサプライチェーンを構築するしかなかった。しかし今やイーベイで誰もが売り手にも買い手にもなれるようになった。スマートグリッドは、エネルギーの消費者がその生産者にも売り手にもなれる可能性を与えてくれるのである。

　ニュージーランドのパワーショップでは、ユーザーが「週末プラン」を選ぶと、平日には、週末に彼らが使った電源とは異なる様々な電源からの電力を使う事ができる。将来的には、スマートグリッドに繋がったユーザーは、日によってあるいは時間によって異なる電力供給者から電力を買うようになるだろう。ユーザーは優先順位を設定し、あとはスマートグリッドの機器がそれに対応してくれる。

　エネルギー貯蔵についても同じことが言える。私の持つデータのうちいくらかはマックやバックアップドライブに保存され、その他はインターネット上の「クラウド」にある。同様に、スマートグリッド「クラウド」上のエネルギー貯蔵を借りて、オフィスや家にも保存すると同時に、「外部のどこか」に貯蔵庫を持つことができる。アプリケーションを使って、在庫分を消費したり、在庫に加えたり、あるいは販売したりできる。

　イーベイや、アップルのiTunesによって何千もの人々が新ビジネスに参入できるようになったように、スマートグリッドによっ

て多くの人々がエネルギー市場に参加し、エネルギーを生産し、貯蔵し、販売することができるであろう。そしてエネルギー製造が拡張できるので自分で電力を生み出すことが出来、その大部分は太陽光によるものとなろう。

アプリケーション層の機会２─
スマートグリッドのＳＡＰ

　　米国の平均的「ロードファクター（負荷率）」は５５％である。別の言い方をすれば、電力産業の電気資産はその半分超の時間しか使われていないわけである。前章で述べたように、それ以外の時間では、生産能力は無駄になっているのである。今日の旧態然とした電力の資産インフラは数十億ドルの資本と数百万ドルの燃料からなるが、消費されていないにも関わらずそれを消費者が負担している。

　　米国（そして世界）の産業の多くは、過去数１０年間にわたって稼働率の向上に努めてきた。ウォルマート、デル、サウスウェスト航空などの企業はその産業を再定義し、他を凌駕してきたが、それは資産稼働率の上昇を通じてである。例えば、ウォルマートの在庫管理システムは、主要サプライヤーの生産現場や流通システムと密接に連携している。これによって、サプライヤーの工場では、ウォルマートの店舗で製品が売れるとほぼ同時に製品を生産し、店舗に再供給する。ウォルマートのサプライヤーにとっては、売れないものは在庫に持たないことを意味する。つまりウォルマートとサプライヤーの双方が、彼らの資産（工場、在庫、人）をさらに効率的に使うことができ、ひいてはこれが最終消費者にとっての低価格（かつ／またはサプライヤーとウォルマートにとっての利益増）につながるのである。またサプライヤーは需要の発生を予想できるので、資本投資についても良い決断ができる。正確な需要予測モデルを用い、機器、倉庫、原材料の購入と利用が可能になる。

　　このようなサプライ・チェーン・マネージメント（ＳＣＭ）は、エンタープライズ・リソース・マネージメント（ＥＲＰ）として知られるシステムの下部構造に当たる。販売、マーケティング、ファイナンス、その他のビジネス・プロセスにおいても同じようにすれば、

多くの無駄なしで資産と資源を使う、より効率的な会社になるであろう。

　　　ＥＲＰによって高度に効率化された企業には、確かにマイナス面も多い。そのような企業は資産を極めて効率的に使うことができるが、新製品やサービスを市場に送り出すために必要な創造性や敏捷性などの要素に欠けることがある。デルは高い効率性を持った会社だが、企業の存在価値は、効率的かどうかよりも、カスタマー志向であるかどうかであり、それを忘れた好例として引き合いに出される。しかし、電力事業者はデルのようになるには遥かに遠い位置にある。資源の５５％しか有効に使われていないシステムには多くの無駄がある。電力事業者の場合、この無駄は象徴的なものではない。（エネルギー貯蔵の章で見たように）これは文字通りのものなのである。石炭による汚染は、そこで作る電力がまったく浪費されていないから、文字通り何の目的もなく排水から川に流れ出し、煙突から吐き出されているのだ。

　　　「スマートグリッドのＳＡＰ」は、新しい発電能力を作るときの適切な資本投資判断や、現在のインフラのより効率的な運営を支援してくれる。インターネットは、経営統合業務ソフト（ＥＲＰ）を通じてソフトウェア産業を発展させた。ドイツのＳＡＰは、この市場を開拓して年間数１０億ドルのフランチャイズを作り出した。「スマートグリッドのＳＡＰ」が数兆ドルにも上るエネルギー・インフラ資産を効率化してくれることを待っている。

アプリケーション層の機会３─
スマートグリッドのオラクル

　　　この市場に関しシスコが早くから関心を示していることを述べたが、スマートグリッドは恐らく歴史上最も多くのデータを生み出す分野の一つになるだろう。データはリアルタイムで世界中を移動し、保存される必要がある。さらに重要なのは、このデータが意義あるものでなければならないことだ─これもリアルタイムで。

　　　このエネルギー・データを我々のために分析し、単純化し、それに対し行動できるよう支援してくれる企業には大きな市場機会が広がっている。イントウイット（Intuit）社のソフトウェア「クイッケン（Quiken）」が現在我々の金融資産管理を支援してくれて

いるように、エネルギーの資産、所得、支出に関する取引を記録してくれるクイッケンのような製品にはチャンスがあるだろう。グリッド運用者、エネルギー生産者、電力事業者、立法者、消費者には、それぞれみな異なる一揃えのツールが必要であり、それによって需要、供給、取引、運用、メンテナンス、資本投下の決定などが行える。

　ここでもインターネットとの類似性を考えると我を忘れるほど面白い。例えば、スマートグリッドのフェイスブックは可能か？スマートメーターのソーシャル・ネットワークはどうか？　たぶんノーだろう。（単純な人は同意しないだろうが、今世紀中に、知能を持った機械のための「ソーシャル・ネットワーク」ができると考えている人達がいる）。しかしオラクルのような会社は確実に必要だ。なぜならスマートグリッドはデータの保存や処理のアプリケーションなしには成功できないからだ。

　他方、スマートグリッドから今は想像もできない全く異なる機会が生まれてくるかも知れない。１９９６年にネットスケープが株式公開をした時点で、フェイスブック現象を予想した者はいなかった。ほんの１０数年前のできごとである！　自動車は単に馬の不要な馬車ではなく、テレビはラジオに映像を付けただけのものではなく、インターネットは郵便物を早く送るためだけのものではなく、ウェブは双方向テレビでも遠隔ショッピングでもない。インターネットを変えた「キラーアプリ」はウエブ・ブラウザーであった。最初はネットスケープによって人々に広がったが、ウエブ・ブラウザーは、我々がコンテンツを使ったり生み出したり、商取引を行なったり、通信したり、人と付き合ったりするやり方を変えた。こうした可能性が広がり、通信帯域が広がると、何百万、何千万を超える人々がウェブを使うことに真の利益を見出し、買い物をし、調査をし、写真やビデオを見（そして今は共有し）、そして人との付き合いに使うようになった。

　我々は依然としてスマートグリッドのキラーアプリが何なのかを知らない。今恐らく言えることは、スマートグリッドは多くの巨大な起業機会を提供するということだ―そのいくつかは本書で述べたが、いくつかは聞いたこともない領域で起きるだろう。

スマートグリッドー利点と欠点

　スマートグリッドが、それを作るコストをはるかに超える便益をもたらすことは間違いない。しかし、依然として、それが作られ広く採用されるのを妨げるいくつかの困難も待ち受けている。

　まず、便益から述べよう。

　電力研究所（ＥＰＲＩ）によると、米国で今後２０年間にスマートグリッドを構築するためのコストは１６５０億ドル、年間にすると８３億ドルとなる。通常シナリオでの設備投資額は年１８０億ドルであるので、これに加えて年８３億ドル多く必要となる。[326]しかし、スマートグリッドの便益はその２０年間で６３８０億ドル～８０２０億ドルとなる。つまり１ドルの投資で４～５ドルのリターンがある計算だ。

　次に困難について述べよう。

　ＥＰＲＩの予測は２００４年に出されたが、その後数年間、遅々として構築は進まなかった―その市場機会の大きさにも関わらずである。何が問題だったのか？　ベンチャー・キャピタリスト（ＶＣ）らが、クリーンテック・ベンチャーに投資せず、ウェブ２．０企業への投資に忙しかったからだろうか？　公益電力事業者が記録的な石油価格の高騰に対処するので手一杯だったからだろうか？　答えは簡単でない。しかしネットワークの本質を考えると、なぜシリコンバレーの普段は大胆な（かつ時に向こう見ずの）ＶＣ達が明らかに臆病であったのか、の説明がつくだろう。

　米国のグリッドはネットワークであり、３１００以上の公益電力事業者が１億３０００万人以上の顧客にサービスを提供し、２００３年には顧客は２４７０億ドルを支払っている。[327]この重要なポイントはグリッドがネットワークであるということだ―米国の場合３つのネットワークがあるが、基本は同じだ。グリッドがネットワークであるため、「ネットワーク効果」が生じる。ネットワークへの参加者は、他のメンバーが参加することによってネットワークに価値を生み出すので便益を受けるのである。インターネットや電話やフェイスブックを考えてみるとよい。メンバーが増えると対話のできる人が増えるし、より多くの開発者がコミュニケーションを促進するようなアプリケーションを開発する。メンバ

ーが増えるほどそのネットワークはより魅力的になる、という具合だ。経済学ではこれは「好循環」として知られている。

　しかしネットワークの問題は、多くの人々が参加するには「一定の量（クリティカル・マス）」を超えないといけないことだ。また便益は、必ずしも最初にリスクを取って投資をした人にもたらされるわけでもない（ネットスケープの結末はこの好例だ）。誰かがネットワークを起動させるために投資し、クリティカル・マスに達するのを支援しなければならない。インターネットはそれが世の中の主流になるまで、何１０年も政府が支えてきた。電話ネットワークも政府が１００年以上も独占を認め、ＡＴ＆Ｔが最大限の知恵を出し、そのネットワーク効果による便益を享受した。

　米国で、最終的にスマートグリッドをスタートさせた（我々はそう望んでいるが）ものは何なのか。先に述べたように、オバマ政権は就任早々、景気刺激策（米国経済回復再投資法: ＡＲＲＡ）の中で３９億ドルをスマートグリッド予算に振り向けた。[328]２００９年１０月、これも前に触れたが、大統領はその中から３４億ドルを支出することを発表した。この資金はマッチング・グラント、すなわち民間からの投資と同額にする形態である。結果として、６８億ドルがスマートグリッドの育成に向けたキックスタート投資となった。これはスマートグリッドを構築するに必要な金額の１桁も２桁も少ない額である。しかしスマートグリッド採用事業者の数をクリティカル・マスに増やし、ネットワークを起動するには十分だった。サプライヤーは製品開発に資金を投じ、公益電力事業者はそれを採用し、消費者はエネルギーを節約でき、経済は成長する―これがネットワーク成長の好循環を生む。スマートなやり方だ。

「時代が時には偉大な世代になることがある。あなたもその時代の一員となることができる。」

—ネルソン・マンデラ (Nelson Mandela)

「我々は、地球上のどの起業家や投資家にも世界を変革するチャンスがある、ということを確実にせねばならない。」

—アル・ゴア(Al Gore)

「我々がすることと出来ることの違いを知れば、世界の問題の多くを解決することができるだろう。」

—モハンダス・ガンジー(Mohandas Gandhi)

第十章

ギアを使わない太陽熱発電の起業家たち：生きたケーススタディ

シリコンバレーは、ヒューレットとパッカード、ジョブズとウォズニアック、ブリンとペイジらがガレージ、裏庭、あるいは学生寮の一室でビジネスを始めた場所である。これまで十分に繰り返されてきて定型といってよいのだが、物語は２人の男（あるいは女が）がピザやコーンチップで朝食をとりながら「次の大きなもの」を作っているところからスタートして、百万長者や、億万長者にすら成り上がるというものである。クリーンエネルギー時代のヒューレットパッカード、シスコ、グーグル、あるいはアップルをスタートしようとしているのは誰だろうか。

　私は、実際にガレージでベンチャーを立ち上げ、太陽エネルギーのみならず、すべてのエネルギー市場に大きなインパクトを与える可能性を持つ２人の男の物語をお話したい。私は自分の発明を基に起業した２人のガレージ男たちに雇われた、最初

のエクゼクティブクだった。私は開発担当副社長として、ビジネス
プランの作成、戦略の策定、資金の調達に関わり、世界中を飛び
回ってプラント開発者、政策立案者、そして多くの投資家に会い、
研究室からベータ版製品への開発に参加した。それはまた、私を
起業家、アドバイザー、教育者、そして技術戦略の講演者になる
という新しい方向にスタートさせてくれた。まだ始まりに過ぎない
が、私はこの物語は、成功するイノベーションの優れたケーススタ
ディであると思っている。チャンスを見つける彼らのやり方こそ、
私がクリーンテクの起業家に伝えたいたいものである。実際上、す
べての起業家にそれを伝えたいと思っている。
　　　ガレージの２人の男たち（あるいは女たち）が、エネルギー
分野で大きな変化を起こすことが出来るのである。これから、ピー
ト・チルダース(Peter Childers)とジョナサン・ブリッツ(Jonathan
Blitz)の起業化の旅について話すのでついてきてほしい。

光がみえた

　　　ジョナサン・ブリッツは、以前は刑事事件の弁護士であり、
いつもノースカロライナのダーハム(Durham)のごみだらけの裏
通りを、彼の臭いおんぼろのフォードＦ１５０ディーゼルトラッ
クに使う燃料用のグリース、すなわち、フライ料理などで使われる
油の廃棄物、を求めて歩き回っていた。２００３年の夏、ブリッツ
は食用油で走るようにトラックを改造した。２００６年に妻が彼
をピート・チルダースに紹介するまで、彼は食料油で６０，０００
マイル以上も走っている。自由な時間には、ブリッツはセラミック
および耐熱材料技術を研究していた。彼は、高温炉やパイプの溶
接や、加熱や冷却システムなどに関わるすべてのことを研究する
ことがが好きだった。ブリッツは彼のフォードトラックだけでなく
高温炉や加熱システムをディーゼル油や燃料油の代わりにバイ
オ燃料で稼動するように改造することに週末を使うのが常であっ
た。
　　　チルダースは、シカゴの米国大統領バラク・オバマの家か
ら２ブロック離れたハイデパーク(Hyde Park)の近くで育ち、人工
知能、認知科学、計算論をエール大学とその後デューク大学で学
んだ。彼は、当時最も成功していたソフトウエア会社、マイクロソ

フト、と激しく競っていた急速に成長しつつあるハイテク企業に雇われるまで、教育サービス部門で働いていた。彼は、レッドハット・ソフトウェア社（Red Hat Software）の訓練・検定部門の学習・オンライン戦略の副社長であった。この会社は、彼がゼロから始めたもので、最も売り上げの高い、最も利益率の高いビジネスラインを持つ会社に彼が仕上げたのである。チルダースは、この３０年間で米国の情報・通信企業が何を達成してきたかについて彼がどう考えたかを、２００５年にノースカロライナ州立大（ＮＣＳＵ）のセンテニアルパークにある会社の真新しい本社の彼のコーナーオフィスに腰掛けて、私に語ってくれた。それは３つあげるとすれば、ＰＣ、インターネット、携帯電話であった。それから、彼はこれらすべての成果を支えるインフラが崩壊しているという事実について考えた。彼は、壁コンセントの後ろにある、電気に関するすべての技術が、１９世紀の技術やアーキテクチャやビジネスモデルに頼っていることに気がついていた。

　　チルダースは、壁コンセントの後ろにある電気の技術を支えているいくつかの点（廃棄物、環境劣化、百年来の古い考え方とビジネス哲学）をつなぎ始めた時、いまの電力インフラが、現在および将来達成するであろう技術をサポート出来なくなるという心配につきまとわれそうだということ詳細に話してくれた。チルダースは残りの人生を高給とりの技術幹部として働くこともできたはずである。しかし、彼は米国が差し迫ったエネルギー危機に直面しており、それが残りの技術成果を消滅させかねないということに気づいたとき、それに対して何かをしなくてはならないと決めた。

　　彼らの妻から紹介を受けた後すぐに、チルダースとブリッツは、クリーンエネルギーへの情熱と化石燃料の世界から脱却しようとする意欲をお互いが共有していることに気がついた。彼らが出会ってからすぐに、化石燃料の代りになるものを開発する機会を探し始めた。

　　彼らはバイオ燃料で行こうと決めた。もっと正確には、藻からバイオ燃料を作ろうとしたのである。ブリッツはすでに数年にわたってバイオ燃料で仕事をしてきていたので、二人は彼のガレージを研究室にして、藻が代替燃料のソースになるかを研究し始めた。ブリッツはプロセスや収率をテストするための「光バイオ反応器」を作り、様々なバイオ燃料を「製造」した。彼はテキサス大学の

オンライン販売店から藻を取り寄せ、無菌培養システムの中で高脂質の種を培養した。ブリッツは、プラスチックのシートとポンプとＰＶＣ配管部品から、バイオ反応器を自分でデザインし作り上げたと私に言った。

　しかしながら、ブリッツが言うように、「藻の研究をしていると、バイオ燃料を作るためのエネルギーがバイオ燃料が作り出すエネルギーより大きいという事実が常に浮上してきた」。彼は、それは先の見えない技術であることに気付いた。「私は熱力学の第二法則に気がついた。すなわち、この生物システムを使って太陽光エネルギーを集めて、２％の効率で化学燃料に変換し、それを処理するために、さらなるエネルギーやそのほかの水や原料のような資源を使い、そして、その燃料を燃焼システムの中で燃やすのだが、よくても高々２０％の効率しかない。直接的な太陽熱発電システムを使えば、ネットベースで一桁大きなエネルギーが得られるのに、誰がこんな難しいことやるだろうか。」

　ブリッツはさらに計算してみて、現在の米国のガソリン消費をバイオ燃料に切り替えるためには、米国の大部分の農場で燃料穀物を栽培せねばならないことに気付いた。それはさらなる輸入や炭酸ガス産生を意味しており、望んだことと逆だった。

　ブリッツとチルダースは風力、太陽電池、地熱発電の報告書を熟読した。彼らはまもなく、これらのどれに本質的なインパクトを与えるにしても何百億ドルもの資金と大規模な研究者集団が必要であるという結論に達した。彼らはこれらの市場から退くことを決心した。その後、彼らの人生を変えることになる円グラフに出会った（図１０．１）。

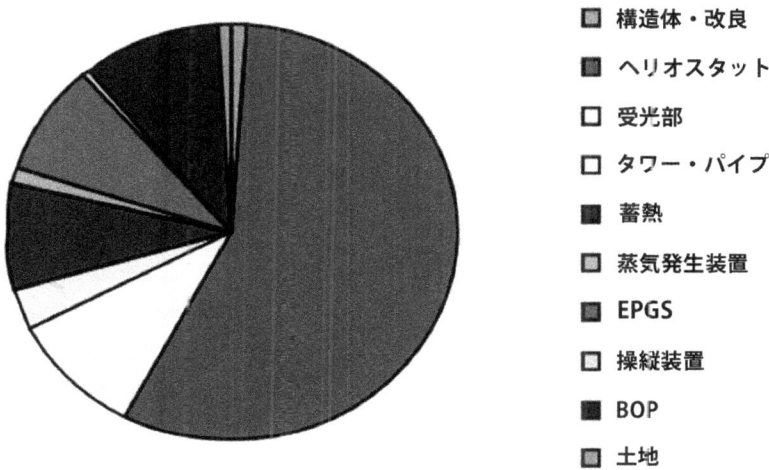

図１０．１　　１００MW太陽熱発電タワープラントのコスト構造
(出展　サンディア国立研究所)

　　　彼らは２００７年サンディアの**ヘリオスタットコスト削減研究**[329]とサージェントとランディ(Sargent and Lundy)らによる国立再生エネルギー研究所(National Renewable Energy Labs, NREL)の委託研究（２００３，２００５)の報告書[330]を読んだ。これらの研究によれば、集光型太陽熱発電(ＣＳＰ)タワーに不可欠な要素である追従システムに固定されている鏡、すなわち、ヘリオスタットが、ＣＳＰタワー建設コストのほとんどを占めているということであった。実際、タワー建設費の５５％を占めていた。
　　　ヘリオスタットが円グラフの広い領域を占めているように、一つの要素がコスト構造の中で多くを占めている時、それはマネジメントの、そして工学的な注意を惹かずにはおれない。円グラフのその他の部分をいくら削減してもプラント建設に要する全体費用を大きく変えることはできない。さらに、ヘリオスタットの費用は一番重要な数字に大きな影響を与える。それは均等化発電原価(Leverized Cost of Electricity, LCOE)である。
　　　もしヘリオスタットが１平米当たり３００ドルかかるなら、１ＫＷｈが１２セントの電力を作り出すことになる。私の２００９年１０月のＰＧ＆Ｅからの請求では１ＫＷｈあたり０．１１５５０ドル(１１から１２セントの間)であった。図１０．１の数字が正しく、太陽熱発電プラントを建設するためにヘリオスタットに

３００ドル／平米を支払わなくてはならないなら、ＰＧ＆Ｅは利益をあげることはできないことになる。彼らは１１．５５セント／ＫＷｈより低いＬＣＯＥを実現しなくてはならない。一方で、２００ドル／平米にまでコストを軽減できるならコストは８．７セント／ＫＷｈとなり、少し利益を作り出すことができる。さらに減らして１００ドル／平米にできれば、１００％以上の利益が可能となる。公益電力会社はこの可能性を却下することができようか。

ヘリオスタットのコスト (ドル/m²)	LCOE (¢/kWh)
$300	12.0 ¢/kWh
$200	8.7 ¢/kWh
$150	7.3 ¢/kWh
$100	5.9 ¢/kWh
$80	5.4 ¢/kWh

図１０．２ヘリオスタットのコストがどのように発電コストに影響するか
(出展　サンディア国立研究所[331])

　　　チルダースとブリッツは、ヘリオスタットのコストを削減することが、ＣＳＰを経済的に成立させ化石燃料と競争するための重要要素であることに気がついた。彼らは、主要な電力開発者たちがこの問題を解決できなかったことが信じられなかった。彼らは、多少の市場調査を行った。すなわち太陽熱発電企業や彼らへのサプライヤーにコンタクトして、ヘリオスタットがいくらで売られているかを調べることによって、この問題が実際のところ解決されているのかどうかを明らかにした。
　　　だれも語ろうとしなかった。あたかもヘリオスタットの値段は企業秘密であるかのようだった。ブリッツとチルダースは興味を持ち、ヘリオスタット問題をさらに詳しく検討することにした。彼らの物語の残りを語る前に、奇妙な一世紀にわたるヘリオスタットの物語をみてみよう。

太陽追跡の短い歴史

「ヘリオスタット（ヘリオスはギリシャ語で太陽を表す。また、スタットは静止していることを表す。）は太陽の動きを追跡する装置である。」[332]とウィキペディアは言う。ヘリオスタットは基本的には静止した、正確な方位システムの上に固定された鏡である。それは一日を通じて太陽を追跡するために水平にも垂直にも動いて、固定された軸に沿って、静止したターゲットや受光部に太陽光を集中させるものである。

図１０.３　バーストウ、カリフォルニアにあるソーラー・ツーの電力プラント
（出展　ウイキペディア）[333]

図１０.３に示すような太陽熱発電タワープラントは、数百あるいは数千の巨大なヘリオスタットを擁し、それらは太陽を追跡し、太陽光をタワーの頂点にある受光部に集中するために、自らの位置を正確に調整している。

ヘリオスタットには色々なサイズのものがある。ｅソーラーがカリフォルニアのランカスターにある５ＭＷのプラントで使っているヘリオスタットは１.２平米（１２.９平方フィート）である（すなわち１.１メートル（３.６フィート）角である）。ブライトソース（BrightSource）は１４.４平米（１５５平方フィート）のものを使っている。[334]それらはカリフォルニア・バーストウにあり、この技術がうまくいくことを証明したソーラー・ツーなどのパワープラントにあるものよりも１から２ケタ小さい。一方、セビルのＰＳ１０や

　ＰＳ２０などの、最も大きい商業ベースのプラントでは１２０平
米のヘリオスタットが使われている(１０ｍ×１２ｍ)。
　　我々が新しい技術について述べていると思うといけないの
で、米国やヨーロッパで見出される初期のヘリオスタットについて
述べておく。１９０１年版の「世界の仕事」(The World's Work)
には「太陽を利用する」という章があって、そこにはカリフォルニ
アで動いているあるヘリオスタットに関する記述がある。この「ソ
ーラーモーター」(Solar Motor)と呼ばれている装置は、水をくみ
上げ、粉を挽き、材木を切り、電気自動車を走らせることが当然の
こととされている。[335]電気自動車？太陽光エネルギーによって走
る？我々はなんと遠回りしてきたことか！
　　昔の写真(図１０.４)はカリフォルニア・パサデナのオスト
リッチ・ファーム(Ostrich Farm)で動いていたヘリオスタットを示
している。それは逆さにした傘の真中を切り取ったような形をして
いる。１２メーター(３５フィート)の高さで、ソーラーモーターに
は片面に７.５センチメートルから６０センチメートルの１８０
０個のガラス鏡が取り付けられている(円錐の底に近い円環にな
るほど鏡は小さくなっている。この時外周も小さくなっている)。驚
くべきことに、その章は蒸気と電力をいかにしてに作ることができ
るか、また１分あたり１４００ガロンの水ををいかにしててくみ
上げることができるかを説明している。

図１０.４　１９０１年のヘリオスタットあるいは "Solar Motor"
(出展　The World's Work)[336]

　　　このヘリオスタットは１５馬力（１１ＫＷ）で動き、「傘の上
部は固定され、ソーラーモーターは自動的にバランスしており、重
みは回転ベアリングに支えられている。」著者は「石炭は例外的に
高価であり、木材もほとんど手に入らない」と不平を言っている。
しかしながら、すぐに、広大な油田や炭田が発見され開拓される
ことによって価格は下落し、太陽熱発電の研究、開発、商業化は下
火になっていった。その後の８０年間はヘリオスタット開発に殆
ど何も起きなかった。

オイルショックとエネルギーの独立性

　　　１９７０年代の２度目のオイルショックが石油価格を天
井知らずにした後で、カーター政権は太陽熱エネルギー開発に投
資するために太陽熱エネルギー研究所を作り、３０億ドルの予算
を計上した。[337]ソーラー・ワンというパイロットプラントが米国エ
ネルギー省から委託され１９８１年に完成した。それは１０Ｍ
Ｗの能力を有し、１９８６年まで発電した。それはカリフォルニ
ア・バーストウの東１０マイルのところにあるダゲット(Dagett)の
モハベ・デザートタウン(Mojave Desert town)にあった。
　　　エネルギー省は７３０万ドルをヘリオスタット開発に予算
計上し、幾つかの数１０億ドル級の巨大企業にデザインを募っ
た。その中にはボーイング、マクドナル・ダグラス、ウェスティングハ
ウス、ハネウェルなどが含まれていた。選ばれたヘリオスタットは
マクドナル・ダグラスが開発した台座に載った構造物であった。ソー
ラー・ワンのヘリオスタットは４０平米(４３０平方フィート)の
１８１８個の鏡からなっておりその総面積は７２６５０平米(7
８２０００平方フィート)であった。アメリカはその時点で世界の
太陽熱発電市場の８０％を占めていた。[338]その後レーガン政権
は予算を大幅に削減した。そして、太陽熱エネルギー開発の予算
が枯渇し、ソーラーワンは１９８６年にその活動を中止した。
　　　最初の設計では、タワー受光部における熱交換媒体として
水を使用していた。これらのヘリオスタットはタワー頂点にある受
光部に焦点があったので、水は華氏９５０度(５００℃)にまで熱
せられた。この超高温蒸気はタービンを回し、発電するのに使わ
れた。そのうちのいくらかはタンクに蓄えられ、後で発電するのに

使われ、発電を間断なく行うようにしていた。太陽熱発電タワーは
役立つことが証明された。

　　セビルのＰＳ１０はソーラーワン(後のソーラーツー)が止
まったところで開始した。ＰＳ１０はソーラーツーの７２６５０
平米に対して７４８００平米の鏡を使っており、１１ＭＷの発
電能力を有している。これに対してソーラーツーは１０ＭＷであ
る。大きな違いの一つは、ＰＳ１０は少数のしかし大きい鏡を使
っている点である。ＰＳ１０の鏡はそれぞれ１２０平米でソーラ
ーツーの４０平米の３倍である。

図１０.５　アベンゴア・ソーラー（Abengoa Solar)のＰＳ１０ヘリオスタット
　　　　　フィールド、　セビル郊外(写真：トニーセバ)

　　マクドネル・ダグラスのような航空企業によって設計・構築
されたので、ヘリオスタットは期待通りに稼働した。目標はソーラ
ーツーのヘリオスタットの時間稼働率が９０％となることであっ
た。ところが実際には典型的なヘリオスタットの稼働率は８８％
から９４％の間で変動していた。[339]マクドナル・ダグラスのヘリオ
スタットはロケット科学の正確な装置で、コンピューター制御時計
のような正確さで太陽を追跡した。

しかしながら、宇宙ロケット技術は高価である。それらが相対的によく働いたからといって、ヘリオスタットは依然として太陽熱発電タワープラント建設費用の５０％以上を占めていた。それらのコストを低減することが太陽熱発電をより普及させるためには必要であった。

米国の政府組織であるサンディア国立研究所はヘリオスタットのコスト低減法の研究を委託した。それはヘリオスタットコスト低減研究と適切に命名され、米国エネルギー省によって予算化された。その報告には「米国、ヨーロッパ、オーストラリアの３０人以上のヘリオスタットおよび製造の専門家」とのインタビューが掲載されていた。[340]

その**研究**の結論は、ヘリオスタットコスト削減の一連の勧告を示している。そこでは、ヘリオスタットのサイズを大きくすること(長さあたりの単価を安くするため)、製造を中国にアウトソーシングすること(安価な労働力を活用するため)、量を大きくすること(製造のスケールメリットを活用するため)が勧告されている。到達するよりも実現する方が困難であるにしても、これらは多かれ少なかれ常識的な結論である。しかし、我々が今正に見ようとしているように、コスト低減イノベーションはしばしば前触れなしに現れる。

アーキテクチャイノベーション

多くのイノベーションは既存の製品カテゴリ、アーキテクチャ、あるいは枠組みの中で起きる。イノベーションはあなたの自動車に１０％よい燃費をもたらすかもしれない、ＰＣを１０％高速にするかもしれない、あるいは冷蔵庫の効率を５％上げるかもしれない。これらは顧客からもたらされるかもしれない。例えば、多数の顧客がより高速なインターネット接続を望んでいるなら、それがシスコ社に伝わりシスコは１０％だけ高速のルーターを作るかも知れないのである。イノベーションはまた、競争的な圧力の結果としてもたらされるかもしれない。メルセデス・ベンツやレキサスが同じことをするなら、ＢＭＷは燃費を良くするためにより軽い合金を使わなくてはならないかもしれない。

しかしながら、これらの持続的なイノベーションは重要ではあるのだが、それよりももっと急進的なイノベーションもある。それは、ＭＩＴのレベッカ・ヘンダーソン(Rebecca Henderson)とハーバードのキム・クラーク(Kim Clark)[341]が、**アーキテクチャイノベーション**と呼んだもので、既存の製品やビジネスを時代遅れにするくらい製品の部品を急進的に改良したり基本設計を変えたりするものである。

ディジタルカメラは卓越したアーキテクチャイノベーションである。コダックやフジのような企業は、光化学フィルム写真の領域で何１０億ドルもの売り上げの会社とビジネスエコシステムを作りだした。しかしながら、ディジタル技術は、フィルムというキイとなる要素を置き換えることにより写真を一変させた。ディジタルカメラはフィルムを使わない。フィルム技術へのいかなる投資もコダックやフジにとって役に立たなかった。フィルムの微細加工技術も助けにはならない。中国におけるフィルム製造やコスト削減をする大量生産も役には立たない。フィルムはコダックやフジのドル箱だったから、それを取り換えることは彼らのビジネスモデルを完全に転換させるものであった。フィルム開発ビジネスやインフラはディジタルカメラによって時代遅れとなってしまった。ちょうど、馬車製造ビジネスとインフラ(馬車預かり所、馬車の鞭、車輪製造人、鍛冶屋、その他)が自動車によって時代遅れになってしまったように。

この２〜３０年の間ほぼずっと、企業や研究所は既存のアーキテクチャの制約の中でヘリオスタットの価格／性能比を改善することにエネルギーを傾注してきた。例えば、アウトソーシング、サイズ変更、新材料の採用などである。それぞれの企業がそれぞれの成功を主張した。しかしながら、ヘリオスタットの価格性能を破壊的に変化させ太陽熱発電タワーを化石燃料電力と張り合えるようにすることはだれも実現していないのである。

太陽熱発電プラントを開発するために２億ドル近くを資金調達した、カリフォルニアのスタートアップ企業であるｅソーラーは、ヘリオスタットの小型化によって駆動装置の高価格化を回避した。[342]すなわち、１２０平米(１２９２平方フィート)の大きさで数トンの重量を持つヘリオスタットを駆動するために必要な大きくて高価な「トラックのようなトランスミッション」駆動装置の代わりに、おもちゃのような安い駆動装置を使うことができたのであ

る。彼らはそれまでハードウェアで実現していた正確な動作を達成するために、何百万ドルも投資してソフトウエアを開発することで実現したと主張している。よさそうに思われる。

　　ロサンゼルス郊外のランカスターは、２４０００個のヘリオスタットを持ち５ＭＷの能力を有する最初のパワータワープラントが設置された場所である。数字を比較すると、アベンゴアのＰＳ１０は３８分の１の数のヘリオスタット(全部で６２４個)を使うが、発電能力は２倍以上ある(１１ＭＷ)。最も大きな違いはＰＳ１０が使用するヘリオスタットの大きさである。それぞれのヘリオスタットは１２０平米でありランカスターのよりは１００倍大きい。

　　既存のアーキテクチャの枠組みの中でやっていく場合の問題は、全体が自らの重みで分解してしまうことである。例えばマイクロソフトのウインドウは非常に複雑になって多くの人が使えなくなっていると感じている。私が自分のＰＣにどれだけメモリを足しても、それは遅く、教えてくれなかったセキュリティ上の欠陥を持ち、毎日クラッシュする。おかげでこの本のいくつかの版を失ってしまった。マイクロソフトは何千万ドルもの費用を使って欠陥を修理し、クラッシュを防止し、ＯＳの多くのレイヤーの複雑さを管理している。時には、最も良い方法は立ち上げなおすことだったりする。(あるいは、マイクロソフトの場合は、すべてが問題ないと我々を安心させるために何１０億ドルもの金を使っている。)

　　もし、小さいヘリオスタットを使うなら、概念的には(物理的にも)ＣＳＰの複雑さを管理することは問題となりえる。２００９年２月、ｅソーラーは南カリフォルニアエディゾンとの間で２４５ＭＷのプラント建設に関する承認を勝ち取ったと宣言した。もし、彼らがランカスタープラントと同じサイズのヘリオスタットを使用したなら、百万個以上のヘリオスタットを必要としただろう。

　　また、マイクロソフト、グーグル、ヤフーなどの企業は彼らのデータセンターで数１０万台の安価な計算機を管理している。これらの企業はデータ処理やストレージを多くの計算機に同時に割当てられるように複雑なソフトウエアを書いてきた。その結果、そのうちの一つがクラッシュしたとしても、すべてを失わずにすむのである。これらの企業にとっては、故障した計算機を修理するよりは取り換えて捨ててしまう方が安く済むかもしれない。同じことがヘリオスタットにも言えるだろうか?同じようにヘリオスタットを

余分に用意して、非常に強靱で信頼性の高いシステムができるだろうか？

　おそらく、ｅソーラーは砂漠の中で何万ものヘリオスタットの動きを制御するためのソフトウェアとハードウエアを開発するために甚大な投資を行ってきただろう。何百万ものヘリオスタットへと規模を拡大するために、これらの企業は、暑くて埃だらけの嵐のような砂漠の真ん中で、グーグルが涼しくて制御されたデータセンターの環境の下でやっていることを実行しなくてはならなくなる。もし、ｅソーラーがこのような環境の下で何百万もの小型のヘリオスタットを管理しおせるなら、彼らの競争相手に対して技術的な優位を占めることになる。しかしながら、もし成功しないならヘリオスタットはウインドウビスタのようになる。すなわち、複雑すぎて管理不能で、始終クラッシュしてしまい、得られた利益がシステム維持や世界に大丈夫だと告知するために使われてしまう。

ギアを使わない技術革新

　鏡全部が占める面積としてのヘリオスタットフィールドのサイズは、たとえ個々の鏡のサイズが変化しても一定にすることができる。例えば、７５０００平米の鏡を選択した場合、それは１００平米のヘリオスタット７５０枚でもよいし、１平米の鏡７５０００枚でもよい。ただし、もし数を増やすならその管理の難しさは指数的に高まる。３７５０００枚のヘリオスタットを管理するのは３７５００枚よりも１０倍難しい。

　キイとなる問いは、技術革新によって、平米当たりのコストがより低い、大きなヘリオスタットを使って、より少数で済ませることができるようにすることである。どうやって平米あたり１５０ドルより低コストの７５００枚(５０万枚ではない)のヘリオスタットを入手できるかである。そうすれば発電コストを化石燃料レベルまで低減することができるのである。

　ヘリオスタットの改良に着手するとき、ピーター・チルダースとジョナサン・ブリッツは最も高価な要素である**駆動装置**の再設計に焦点を絞った。ヘリオスタットは太陽光を反射し、タワーの頂点にある受光部に光を収束させるために必要である。この理由から、ヘリオスタットはタワーを囲んで円環状に配置される(図１０

. 3)。内側の円環は集光部から約１００米（１１０ヤード）くらい
になる。一方、外側の円環は１キロ以内（８５０米、または０.５
マイル）くらい離れる場合もある。ターゲットから遠く離れれば離
れるほど軍隊の狙撃手がより正確な光学系を必要とするように、
外側の円環のヘリオスタットはより高い正確性を必要とする。そう
でないと貴重な反射太陽光がタワーから外れてしまう。単純な幾
何学である。半径が大きくなればなるほど誤差の許容度は小さく
なり、求められる正確性は高まる。

　大規模な太陽熱プラントのヘリオスタットは１ミリラジアン
の正確性を要求するかもしれない。ここで幾何学のちょっとした復
習をしよう。円は３６０度。太陽は昇って沈むまで１２時間の間に
１８０度動く（実際には、回るのは地球である。だけど誰も気にしな
いだろう。）。射撃法や追跡法の世界では、円弧の１度（あるいは１
秒）でも十分な精度とはいえないので、彼らは単位としてラジアン
を使う。一つの弓は約６４００ラジアン（３６０度に代わって）から
成る。１ミリラジアンは約１００分の５.６度である。[343]

　砂漠がたとえ通常の環境下でも非常に風が強いと考えてみ
よう。その時、ヘリオスタットは２０マイル／時（３２キロ米／時）ま
での風速の下で必要な精度を達成しなくてはならないことになる。
強い風のときは警戒を発し、ヘリオスタットは格納されなくてはな
らないかもしれない。つまり平らに横たえて風によるダメージを防
ぐのである。さらに、鏡を支えている構造は１２ｘ１２米（１４４
平米）であり、重さは２トンもある。これはテニスコートの半面の広
さに相当し、ＢＭＷの最大のセダンの重さに相当する。[344]

　ヘリオスタットの駆動装置が高価であることの一つの理由
はそれが複雑なギア機構を持っていることである。何百ものギア
がある。ボルボのトラック部門が作ったロレックスを考えてみよう。
込み入っていて、複雑で、正確で、堅牢であることが同時に満たさ
れているであろう。太陽熱プラント開発会社のオースラ（Ausra）
の共同設立者であるジョン・オドネル（John O'Donnell）は私のた
めにヘリオスタット設計へのチャレンジを要約してくれた。「二つ
の言葉で言い表すことができる」とオドネルは言った。「トルクと剛
性である」。１４４平米近くもある２トンの堅い鉄片を３０マイ
ル／時の風の中で動かさなくてはならない。その時、負荷を変え
ないで１ミリラジアンの精度を保たなくてはならない。「このチャ

レンジをやり遂げれば勝利を得ることができるだろう」と彼は言った。

新しい設計へのチャレンジ

　　アメリカで新しい公益電力会社スケールの太陽熱プラントを開発している発電事業者の多くは、その電力会社とのＰＰＡ(電力購入契約)に取り組んでいる。私がすでに説明したように、これは２０年から３０年の契約期間に生成した電力を固定価格で販売することを意味する。太陽熱は無料なので、均等化発電原価（ＬＣＯＥ）は操作と維持(Ｏ＆Ｍ)コストと資金の利子を合わせたものとなる。利率が一定だとするとＬＣＯＥも契約期間中は固定される。例えば、ヘリオスタットが３００ドル／平米だとＬＣＯＥが１２セント／ＫＷhである。電力会社が発電事業者から電力を買う価格を１５セント／ＫＷhと仮定しよう。これはうまいことに何１０年にもわたる３セント／ＫＷhの利益となる。

　　発電事業者が利益を増加させる主な方法はコストを削減することである。図１０.１の表が正しいとすると、ヘリオスタットのコストを１００ドルにまで低減することができればＬＣＯＥは５.９セント／ＫＷhにまで低下する。その差は１５マイナス５.９セント／ＫＷh、すなわち、**９.１セント／ＫＷh**である。このように利益は実質３倍になる。(ヨーロッパでは発電業者は大抵固定価格買い取り制度でやっているが、この場合も同じ結果になる。)

　　私が説明してきたように、コスト削減を達成することはチルダースとブリッツの設立デザインチームの最重要事項であった。それで彼らは単純で、安価で、効果的なヘリオスタットの大規模な製造コスト削減法を考えた。彼らの工学と製造の計算によれば、彼らが開発した設計は駆動装置のコストを８０％削減することができた。駆動装置はヘリオスタットのコストの５０％を占めることから、彼らは新しい駆動装置によってヘリオスタットのコストを３分の１にまで低減することに成功した。この論理に従うと、パワータワープラントの資本コスト(維持コスト)は２０％低下することが分かる。そして、電力価格は少なくも２０％低下する。このような成功例は多くの電源開発の企業家にとって傾聴する価値があるものである。小さな起業家にとっても同様である。

ＵＳＳによる解決法:空気に乗る

　　　ＵＳＳ社(Utility Scale Solar, Inc.)がこのようなコスト削減をどのようにして成し遂げることができると考えたのか。空気である。圧縮エアーバッグのセルが大きな力を発揮するのである。それは、地震で倒壊した建物の残骸を持ち上げ、鉄道や鉱山鉄道の線路を引き直し、ひっくり返った高速道路のトラックを元に戻すことに使われてきた。これらは何１０トンもある。エアーバッグは大きい平坦な重量物を持ち上げるだけでなく、正確に動かすことができるのだろうか。

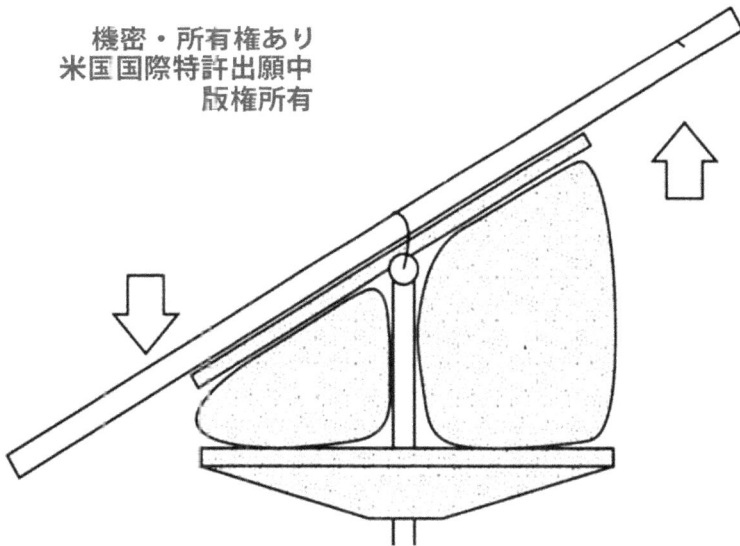

図１０.６　ＵＳＳ社ヘリオスタット装置の概念図
(出展　Utility Scale Solar, Inc.)

　　　図１０.６はチルダースとブリッツが作ったものの概念デザインである。２つの"液体セル"があり、物体を上げたり下げたりするために膨らんだり縮んだりする。(注意:物理学や工学では「液体」はあらゆる液体や気体を意味し、それには空気も含まれる。水を使ったＣＳＰシステムにおける熱交換液体を覚えているだろうか。それは液体から気体へと変化し、また元に戻ったりする。)　この基本的な２セルシステムは物体を一方向に動かすだろう。すなわち、それは太陽を東から西へ追跡する。さらに、太陽熱収束型の

最も普及したタイプであるパラボラトラフ(本書の前のほうで述べ
た)では１軸の追跡ができればよい。しかしながら、私が説明した
ように、パワータワーは２軸の追跡を必要としている。.
　　　あなたは２つのバッグの代わりにもっと多くのバッグを使
えばよいのではと考えるかもしれないが、平板な表面を同時に２
軸で動かすことができなくてはならないのである(図１０.７)。３
軸の動きが必要かもしれない!

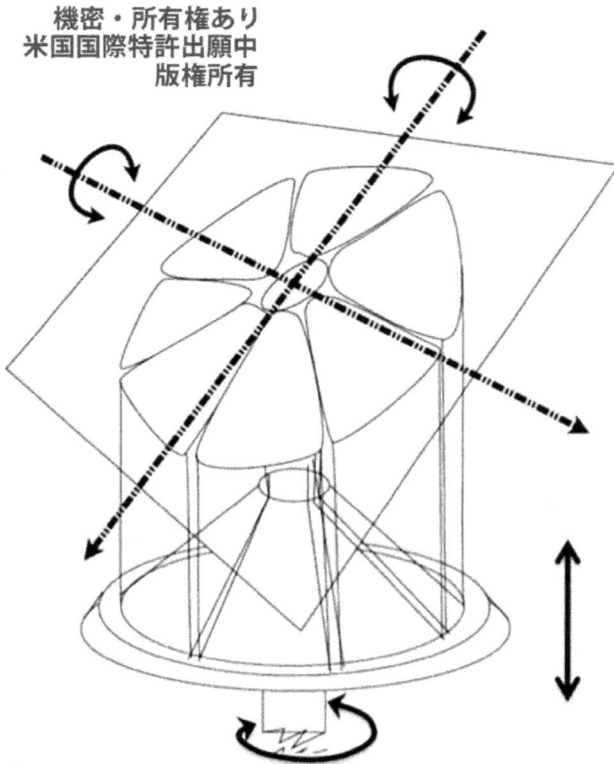

機密・所有権あり
米国国際特許出願中
版権所有

図１０.７　ＵＳＳ社ヘリオスタットの２軸駆動装置の概念図
(出展Utility Scale Solar, Inc.)

　　　チルダースとブリッツは彼らの発明を、アイデア装置の試作
品を安く作って、テストする必要があった。彼らは近くのホーム・デ
ポ(Home Depo)でホース、エアーバッグ、エアーポンプを買い、北
カリフォルニアのブリッツ宅の裏庭で週末をかけて彼らのアイデ
アに基づいた試作品を作った。エアーポンプを手作業で改良し、

エアーバッグを膨らませたりしぼませたりできるようにした。それで彼らはエアーが期待したとおりに働くことを確認した。アイデアはうまくいった。

　二人の男は早速会社を立ち上げ、Utility Scale Solar,Inc.(USS)と命名した。彼らはまたアメリカおよび国際特許を申請した。個人投資家たちから何百万ドルもの資金を最初に集めたあと、実際の製品を開発するために6人のエンジニアを雇った。目標は作るのにお金がかかり、設置が難しく、操作もやりにくいギア機構の正確な駆動装置を、安価で、設置が容易で、操作しやすい装置によって置き換えることだった。キイとなる問題は、精度がない、安価な既製部品を使って、要求される高いレベルの剛性、トルク、精度が作れるかということであった。

　答えはイエスであった。ＵＳＳ技術チームは、高トルクと事業化可能な太陽熱プラントに必要な精度を実現する2つのエアーバッグからなる「パイプ・イン・ドラム」駆動装置を発明し、それを特許化した。図１０．８は2つの駆動装置からなるヘリオスタットの3次元イラストである。一つは水平すなわち東西方向への動きで、もう一つは垂直すなわち上下動のためのものである。

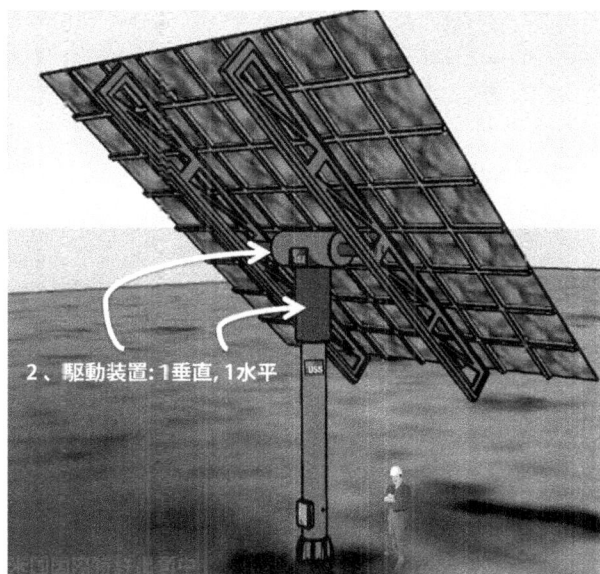

図１０．８　　ＵＳＳ社ヘリオスタットの概念設計図
(上展　Utility Scale Solar, Inc)

　ＵＳＳは精密なギア機構の代わりにエアーを使った。夥しい数の駆動部品をたったの５個で置き換えた。ガソリンやディーゼル動力の代わりに空気圧を使った。ギアモーターがどうしてエアーと張り合えるだろうか。写真撮影においてディジタルカメラが全く異なるアーキテクチャであったことと同様に、ＵＳＳチームは彼らの新しい駆動装置がヘリオスタットの新しいアーキテクチャを作り出す可能性を持っていることを信じていた。

　それが本当になるなら、あなたはおそらく太陽熱発電のコダックやフジにはなりたいと思わないだろう。資金的にも技術的にもコミットしてきたアーキテクチャーが、ある日突然にしかも修復できないほど時代遅れとなってしまうのだから。

　この本が印刷にまわさわれた頃、製品は試作品として製造され、滑らかな動作、トルク、動作範囲、ミリラジアン以下の精度、およびロボット制御が、すべて空気だけを使ってテストされた。この会社のエンジニアはヘリオスタットの制御機構を実現するソフトウエアの開発も行った(チルダースが人工知能を研究していたことを覚えているだろう)。

　ＵＳＳは彼らのヘリオスタットを使うことによってＣＳＰプラントの太陽熱発電のコストが３分の１にまで低減できることを保証している。その過程で、彼らは太陽熱発電を化石燃料と張り合えるほどにすることができたようだ。確かに天然ガスでは短期間に、石炭では２－３年で競合できるようだ。電力開発者は彼らの利幅を増やすことで利益を得、公益電力会社は次の太陽熱発電プラントのコストを削減することで利益を得、消費者はクリーンなエネルギーを低価格で手に入れることで利益を得ることが出来るのだ。

　投資家は私に次のように言った。「出来すぎているようにみえる。あなた方はその製品を世に送り出しテストして、これらの主張を証明しなくてはならないのでは。」。明らかに、技術革新の歴史をもっと学ぶ必要がある人にとっては、空気のようにありふれたものが、一つの産業を破壊しうることを信じるのは難しいだろう。多くの投資家がベンチャーキャピタルの「ベンチャー」の意味するところを忘れてしまっているのは悲しいことだ。

市場機会

　　USSチームは太陽熱発電のコストを低減できる新しいタイプの駆動装置を設計する会社をスタートさせた。この起業家チームを惹きつけた大きなチャンスは、太陽熱発電タワー(CSP)であった。

　　本書の第三章(砂漠のパワー)では、公益電力会社規模の太陽熱発電の設置基盤はテラワット(1兆ワット)の規模にまで到達するだろうと予測した。今日、太陽熱発電タワープラントのコストは1ワットあたり4から6ドルである。そのうちヘリオスタットのコストは50%を占める。ヘリオスタットメーカーの収入機会は1ワット当たり1から2ドルあたりになるだろう。

　　1から2ドル／ワットの利益と仮定しよう。アメリカだけで6GW(60億ワット)を超える太陽熱発電タワー能力が発表されている。低いほうの数字である1ドル／ワットを使うと、50億ドル程度の市場機会があることになる。それはスタートアップ企業にとっては非常によい市場機会であるといえるだろう。

　　それはだんだん良くなる。第三章で示したように、2050年までに太陽熱発電が、公益電力会社規模で開発され、テラワットレベルにまで到達すると仮定するなら、あなたは1兆ドルの市場機会を得ることになる。ちょっと考えてみてほしい。砂漠にあるすべての鏡が太陽を追跡しなくてはならないのである。1テラワットの公益電力会社スケールの太陽熱発電所のインフラは1兆ドルのヘリオスタットに相当する。USSは太陽熱発電タワーよりも大きい市場機会をみつけたのである。

　　発電タワー、パラボラトラフ、線形フレネル型、スターリングエンジンなどの全ての形の集光型太陽熱発電(CSP)方式は太陽を追跡しなくてはならない。集光型太陽光発電(CPV)も高精度で太陽を追跡する必要がある。太陽電池パネルがもし太陽を追跡できれば40%以上の発電量を上積みできる(屋根に据え付けられている状況からはかけ離れているが)。

　　それぞれの市場にはそれぞれに異なるニーズがあり、異なるタイプの太陽追跡技術が必要とされているが、追跡することに関しては同じである。追跡システムは、自動車の車輪やインターネットのルーターのように、太陽熱発電技術においては退屈な分野である。インフラの本質的な部分ではあるが、必ずしも太陽発

電以外の多くの投資家や起業家が注意を払っているわけではない。

　　全体のクリーンエネルギーや太陽熱発電マーケットのように、これは今起こっている物語であり、注目すべき魅了あることである。「ああ」と驚いた瞬間から始まって、上述した「メガヘリオン」ヘリオスタットのベータ版の完成まで、ＵＳＳチームの一員であり続けたことで、私は確信を持って次のように言うことができる。ガレージからスタートした二人の起業家は、まさにこのサンフランシスコの南でコンピュータのハードウェアやソフトウェアを革新したこれまでの二人組のように、太陽熱発電とクリーンエネルギーの分野において、莫大な革新をもたらしたのだと。

　　すべての側面において、ＵＳＳチームは製品設計の難関を見事に解決してきたと言えよう。彼らは、新しくよりよい世界へのドアを開ける手助けをしているのだ。

著者トニー・セバについて

トニー・セバ氏はシリコンバレーのシリアル・アントレプレニア(複数の起業経験者)であり、スタンフォード大学の起業とクリーンエネルギーの講師である。

セバ氏はエネルギーの将来、イノベーション、起業に関する、賞を受けたリーダーであり講師である。彼はインターアメリカン開発銀行、未来研究所、グーグル、シングラリティ大学、カリフォルニア州の市公務員役員研究所など、各地においてキイノートスピーカーとして講演を行っている。

セバ氏は、急速に成長するハイテクとクリーンテクビジネスにおいて２０年以上にわたって起業家や経営者として活躍してきた。彼はインターネットのリーダーであるシスコシステムズ社やＲＳＡデーターセキュリティ社の初期の頃の従業員であった。また、Ｂ２Ｂコンマースサイトのトップリーダーであるプリント・ネーション社の創業者、ＣＥＯであったし、Upside Hot 100や Forbes.comでベスト・オブ・ザ・ウエブにリストされた。セバ氏は著名なシリコンバレーのベンチャーファンドから３１００万ドル以上の資金を集め、１００人以上の従業員を含む完全なマネージメントチームを作り、世界のトップクラスの会社と戦略的協業を達成し経営した経験を持っている。
セバ氏は"Solar Trillions-7 Market and Investment Opportunities in the Emerging Clean-Energy Economy" および"Winner Takes All-9 Fundamental Rules of High Tech Strategy"という本の著者である。

ＭＩＴの計算機科学工学から学士を、スタンフォード大学ビジネス・スクールからＭＢＡを取得している。

編集・監修者松尾正人について

松尾正人氏は現在九州大学特任教授でありカリフォルニアオフィスの所長を務めている。もっぱら九州大学学生の国際化に注力しており、学生のシリコンバレー研修、遠隔授業、それに加えて英語研修と起業家精神教育を組み合わせた独自の4週間の研修プログラムを過去7年間行ってきている。年間100名を越す九州大学学生をシリコンバレーに連れて来てグローバル教育を行っておりその多大な効果が注目を集めている。

松尾正人氏は九州大学工学部応用化学科大学院を卒業以来、24年間日本の化学会社の米国駐在員としてニューヨークを中心に活躍した。1993年に日本本社に戻り事業企画部長、研究開発本部長を歴任し、1999年からシリコンバレーに在住している。2002年より九州大学諮問委員を委嘱され、2004年より九州大学カリフォルニアオフィスを創設し初代所長を務めている。

松尾正人氏のボランティア活動は、シリコンバレーの日本人勉強会ＳＶＩＦ(Silicon Valley Innovation Forum)の会長を5年間務め、現在副会長として会の運営に当っている。また、サラトガ市に1918年に作られた純日本庭園「箱根ガーデン」の支援活動にも取り組んでおり、箱根財団の理事長を3年間務め、2000年から12年間箱根支援の会の会長として30万ドルを越す資金を集めた。現在、シリコンバレーにある日本の大学拠点が作る連携ネットワーク、ＪＵＮＢＡ、の会長を務めている。

翻訳担当者

この本の各章の翻訳は米国カリフォルニア州のシリコンバレーにある日本人勉強会ＳＶＩＦ（Silicon Valley Innovation Forum）メンバーの有志の皆さんによるもので、それを松尾正人が監修しました。翻訳者の名前を下記します。

第１章　　青木睦子
第２章　　山舗智也
第３章　　内堀千尋
第４章　　川和まり
第５章　　水野真由己
第６章　　伊井恭子
第７章　　加藤晴洋
第８章　　長岡泰彦
第９章　　中島丈雄
第１０章　　西野智恵子

また、編集や校正に関しては九州大学農学部の姜益俊准教授に多くの時間を割いていただきました。

SVIF（Silicon Valley Innovation Forum）は日本人のビジネスマンやエンジニアによって１９９４年にシリコンバレーに設立された勉強会です。２ヶ月に一回くらいのペースで講演会を開いています。（www.svinnovationfcrum.org）

文献

1   "Will Germany Achieve 100% Solar Power by 2020?", August 6, 2012, TonySeba.com, http://tonyseba.com/cleanenergyeconomy/germany-100-solar-power-by-2020/

2   "Lots of Solar Power May Reduce, Not Increase, Electricity Prices", Renewable Energy World, May 14, 2012, http://www.renewable-energyworld.com/rea/blog/post/2012/05/lots-of-solar-power-may-reduce-not-increase-electricity-prices

3   Renewable Analytics: "Effects of PV Electricity Generation on Wholesale Power Prices - Analysis March – July 2012"

4   "Solar Power in Germany", Wikipedia, http://en.wikipedia.org/wiki/Solar_power_in_Germany

5   "Electricity Production from Solar and Wind in 2012", Frauhofer Institute for Solar Energy Systems ISE, January 8, 2013, http://www.ise.fraunhofer.de/en/downloads-englisch/pdf-files-englisch/news/electricity-production-from-solar-and-wind-in-germany-in-2012.pdf

6   Renewable Analytics - "German Case Study Grid Adaptation to Intermittent Power Sources", presentation at Solar Exchange West, August 2012

7   "The World's First Baseload (24/7) Solar Power Plant", June 22, 2011, TonySeba.com, http://tonyseba.com/large-scale-solar/the-worlds-first-baseload-247-solar-power-plant/

8   "Major Solar Projects List", Solar Energy Indutries Association, February 2013, http://www.seia.org/research-resources/major-solar-projects-list

9   "Gehrlicher Solar España signed with the governemnt of Extremadura the agreement for the construction of a 250 MW solar PV plant without any kind of economic incentive in the municipality of Talavan, Cáceres." March 29, 2012, Gehrlicher website, http://www.gehrlicher.com/en/home/press/details/article/gehrlicher-solar-espana-signed-with-the-government-of-extremadura-the-agreement-for-the-constructio/

10 "Saudi Arabia Plans $109 Billion Boost for Solar Power", Bloomberg, May 11, 2012, http://www.bloomberg.com/news/2012-05-10/saudi-arabia-plans-109-billion-boost-for-solar-power.html

11 "Fukushima $137 Billion Cost Has Tepco Seeking More Aid", Bloomberg, Nov 7, 2012, http://www.bloomberg.com/news/2012-11-07/fukushima-137-billion-cost-has-tepco-seeking-more-aid.html

12 Report URL: http://www.bee-ev.de/_downloads/publikationen/studien/2011/110511_BEE-Studie_Versicherungsforen_KKW.pdf

13 "Nuclear Power in Italy", Wikipedia, http://en.wikipedia.org/wiki/Nuclear_power_in_Italy

14 "It's Time for a Solar Revolution", U.S. Senator Bernie Sanders, February 12, 2010, http://www.huffingtonpost.com/rep-bernie-sanders/its-time-for-a-solar-revo_b_460195.html

15 "Interview: First Solar CEO James Hughes", December 13, 2012, http://reneweconomy.com.au/2012/interview-first-solar-ceo-james-hughes-72086

16 "Reconsidering the Economics of PV Power", Bloomberg New Energy Finance, September 5, 2012, http://votesolar.org/wp-content/uploads/2012/09/bnef_ppt_2012-09-04.pdf

17 "Perspectives for Concentrating Solar Power in Coastal Areas of Mediterranean Sea,"

18 2007 Residential electricity consumption in San Francisco county: 1.451 TWh. Source: The California Energy Commission, Energy Consumption Data Management System: http://ecdms.energy.ca.gov/elecbycounty.asp#results

19 "Solar Trough Systems," SunLab Snapshot, U.S. Department of Energy DOC/GO-10097-395, April 1998, www.nrel.gov/docs/legosti/fy98/22589.pdf

20 Gene Berdichevsky et al., "The Tesla Roadster Battery System," August 16, 2006, in http://www.teslamotors.com/learn_more/white_papers.php

21 "Average Retail Price of Electricity," Energy Information Agency, at http://www.eia.doe.gov/aer/txt/ptb0810.html

22 "Goldman Sachs subsidiary buys Mojave solar plants," February 27, 2009, http://www.sustainablebusiness.com/index.cfm/go/news.display/id/17753

23 "Green-tech VC jumps nearly 40 percent in 2008," CNET, January 9, 2009, http://news.cnet.com/8301-11128_3-10132411-54.html

24   "Arizona to Build 280 MW solar power Plant in Arizona," Cleantech Group, February 21 2008, http://cleantech.com/news/2488/abengoa-to-build-280-mw-solar-power-plant-in-arizona

25   "Environmental Impact of Coal Power," Union of Concerned Scientists, http://www.ucsusa.org/clean_energy/coalvswind/c02c.html

26   Picture original in "Egyptian Gazette" in *The Power of Light*, Frank Kryza, McGraw-Hill, 2003

27   "The Dow Jones Industrial Average History" originally published in *The Dow Jones Averages 1885–1995*, edited by Phyllis S. Pierce with a foreword by John A. Prestbo, Editor, Dow Jones Indexes, in www.djindexes.com/mdsidx/downloads/DJIA_Hist_Comp.pdf

28   *Social Trends in America, vol. 1, Employment Trends*: Data Presentation, http://social.jrank.org/pages/849/Employment-Trends-Data-Presentation.html

29   "Utility Scale Solar Heating Up," *Energy and Capital*, July 3, 2009, http://www.energyandcapital.com/articles/utility-scale-solar-heating-up/905 accessed July 9, 2009

30   "Tennessee Ash Flood Larger Than Initial Estimate," *New York Times*, December 26, 2008, in http://www.nytimes.com/2008/12/27/us/27sludge.html

31   "Mercury Found in Every Fish Tested, Scientists say," *New York Times*, August 19, 2009, http://www.nytimes.com/2009/08/20/science/earth/20brfs-MERCURYFOUND_BRF.html?_r=1

32   International Energy Agency, June 6, 2008, at http://www.iea.org/Textbase/press/pressdetail.asp?PRESS_REL_ID=263

33   Ted Turner and T. Boone Pickens, "New Priorities for our Energy Future," *The Wall Street Journal*, August 16, 2009, http://online.wsj.com/article/SB10001424052970203863204574348432504983734.html

34   "Assessment of Parabolic Trough and Power Tower Technology and Performance Forecasts," Sargent & Lundy, 2003

35   Frank Van Mierlo, Wikipedia http://en.wikipedia.org/wiki/File:World_Energy_consumption.png

36   http://www.nytimes.com/2008/11/25/world/25climate.html?pagewanted=2&hp

37   Daniel Nocera, "On the Future of Global Energy," *Daedalus*, 22 Sept 2006, American Academy of Sciences

38   Daniel Nocera, "On the Future of Global Energy," *Daedalus*, 22 Sept 2006, American Academy of Sciences

39 "U.S. Dependence on Oil in 2008: Facts, Figures, and Context," Andrew Grove, Robert Burgelman, and Debra Schifrin, Stanford Graduate School of Business, Research Paper No. 1997, August 2008

40 "U.S. Dependence on Oil in 2008: Facts, Figures, and Context," Andrew Grove, Robert Burgelman, and Debra Schifrin, Stanford Graduate School of Business, Research Paper No. 1997, August 2008

41 "The Top 10 Highest Paid CEOs of 2008: Pay Hits the Gas Pedal as the Economy Hits the Brakes," *The Corporate Library*, 2009, at http://www.corporatelibrary.com

42 Central Intelligence Agency, *The World Factbook 2008*, https://www.cia.gov/library/publications/the-world-factbook/rankorder/2038rank.html

43 "The Truth About America's Energy: Big Oil Stockpiles Supplies and Pockets Profits," *A Special Report by the Committee on Natural Resources Majority Staff*," U.S. House of Representatives, Committee on Natural Resources, Rep Nick J. Hall – Chairman, June 2008

44 ABB website: http://www.abb.com/cawp/seitp202/82b4ae72c448bdab48257042000020779.aspx

45 "Top Ten Utility Solar Integration Rankings," Solar Electric Power Association (SEPA), Report #05-09

46 "Wood Pellets Catch Fire as Renewable Energy Source," *The Wall Street Journal*, July 7, 2009

47 "Wood Pellets Catch Fire as Renewable Energy Source," *The Wall Street Journal*, July 7, 2009

48 "Wind Power in Denmark," Wikipedia, http://en.wikipedia.org/wiki/Wind_power_in_Denmark

49 World Wind Energy Report 2008, February 2009, by World Wind Energy Association, Bonn, Germany, at www.wwindea.org

50 "Wind versus biofuels for addressing climate, health, and energy," Professor Mark Z. Jacobson, Department of Civil and Environmental Engineering, Stanford University, Jan 31, 2007

51 *World Wind Energy Report 2008*, February 2009, by World Wind Energy Association, Bonn, Germany, at www.wwindea.org

52 "Basic Principles of Wind Energy Evaluation," American Wind Energy Association, http://www.awea.org/faq/basicwr.html

53 "Liberty Wind Brochure," Clipper Windpower Corp., at http://www.clipperwind.com/productline.html

54 Geothermal Energy in Iceland, Wikipedia, http://en.wikipedia.org/wiki/Geothermal_power_in_Iceland

55 "The Geysers," Calpine Corp, at http://www.geysers.com/

56 *The Future of Geothermal Energy*, Massachusetts Institute of Technology, 2006, ISBN: 0-615-13438-6

57 "Geothermal FAQs," U.S. Department of Energy, http://www1.eere.energy.gov/geothermal/faqs.html

58 "Geothermal FAQs," U.S. Department of Energy, http://www1.eere.energy.gov/geothermal/faqs.html

59 "Geothermal Power—A Hot Way to Produce Electricity," Alameda Municipal Power, http://www.alamedamp.com/electricity/geothermal.html

60 *The Future of Geothermal Energy*, Massachusetts Institute of Technology, 2006, ISBN: 0-615-13438-6

61 Nathan Lewis, "Challenges for Global Energy" KITP Public Lectures, http://online.itp.ucsb.edu/plecture/lewis/rm/flash.html

62 "Hydropower—A Key to Prosperity in a Growing World," International Energy Agency brochure

63 "Hydro-Electric Power's Dirty Secrets Revealed," *New Scientist*, February 24, 2005, http://www.newscientist.com/article/dn7046

64 Kaua'i Island Utility Cooperative Renewable Energy Technology Assessments, Black & Veatch, March 2005

65 "Levelized Cost of New Generating Technologies," Energy Information Administration, Annual Energy Outlook 2009 (revised), April 2009, SR-OIAF/2009-03

66 "The World Commission on Dams Framework – An Introduction," International Rivers, Feb 29, 2008, at http://www.internationalrivers.org/en/way-forward/world-commission-dams/world-commission-dams-framework-brief-introduction

67 "Hydroelectric Power Water Use," United States Geological Services (USGS) at http://ga.water.usgs.gov/edu/wuhy.html

68 "Hydroelectric Power Water Use," United States Geological Services (USGS) at http://ga.water.usgs.gov/edu/wuhy.html

69 Timothy Searchinger et al, "Use of U.S. Croplands for Biofuels Increases Greenhouse Gases Through Emissions from Land-Use Change," *Science Magazine*, February 2008, in http://www.sciencemag.org/cgi/content/abstract/1151861

70 "Energy versus Water – Solving Both Crises Together," *Scientific American*, October 2008, http://www.sciam.com/article.cfm?id=the-future-of-fuel&page=3

71   "Review of Solutions to Global Warming, Air Pollution, and Energy
     Security," Prof. Mark Jacobson, The Energy Seminar, Stanford
     University, October 1, 2008

72   David Pimentel and Tad W. Patzek, "Ethanol Production Using Corn,
     Switchgrass, and Wood; Biodiesel Production Using Soybean and
     Sunflower," *Natural Resources Research*, Vol 14, No. 1, March 2005,
     No. 1, @2005 DOI: 10:1007/s11053.005-4679-8

73   Marc Jaboson, "Review of Solutions to Global Warming, Air Pollution,
     and Energy Security" The Energy Seminar, Stanford University,
     October 1, 2008

74   Winnie Gerbens-Leenesa,1, Arjen Y. Hoekstraa, and Theo H. van
     der Meer, 'The Water Footprint of Bioenergy," Department of
     Water Engineering and Management and Laboratory of Thermal
     Engineering, University of Twente, Enschede, The Netherlands April
     2, 2009

75   "Fulcrum BioEnergy Squeezes Fuel from Garbage," VentureBeat,
     Sept 3, 2009, http://green.venturebeat.com/2009/09/03/fulcrum-
     bioenergy-squeezes-fuel-from-garbage/

76   Energy Information Administration, Petroleum Basic Statistics—2008,
     http://www.eia.doe.gov/basics/quickoil.html

77   "Ford Nucleon," Wikipedia, The Free Encyclopedia., retrieved Aug 19,
     2009, at http://en.wikipedia.org/wiki/Ford_Nucleon

78   "New Wave of Nuclear Plants Faces High Costs," *The Wall
     Street Journal*, May 12, 2008, http://online.wsj.com/article/
     SB121055252677483933.html?mod=hpp_us_whats_
     news#articleTabs%3Darticle

79   Professor Stephen Ansolabehere et al, *The Future of Nuclear Energy*,
     Massachusetts Institute of Technology, 2003. ISBN 0-615-12420-8

80   Craig Severance, "Business Risks and Costs of Nuclear Plants", January
     2, 2009, Grand Junction, Colorado

81   Seabrook Station Nuclear Power Plant. (2008, December 11). In
     Wikipedia, The Free Encyclopedia. Retrieved February 24, 2009,
     from http://en.wikipedia.org/w/index.php?title=Seabrook_Station_
     Nuclear_Power_Plant&oldid=257213510

82   "New Wave of Nuclear Plants Faces High Costs," *The Wall
     Street Journal*, May 12, 2008, http://online.wsj.com/article/
     SB121055252677483933.html?mod=hpp_us_whats_
     news#articleTabs%3Darticle

83   "Business Risks and Costs of New Nuclear Power," Craig Severance,
     Grand Junction, Colorado

84   "Progress Energy Florida Projects a 31% increase in 2009," *Tampa Bay Business Journal*, August 28, 2009, http://tampabay.bizjournals.com/tampabay/stories/2008/08/25/daily64.html

85   Joe Romn, "The Self-Limiting Future of Nuclear Power," Center For American Progress, June 2008

86   "21st Anniversary of the Chernobyl Disaster," History of the Chernobyl Disaster, accessed July 17, 2009, http://www.chernobyl.org.uk/chernobyl.html

87   "Tenessee Ash Flood Larger Than Initial Estimate," *The New York Times*, December 26, 2008, http://www.nytimes.com/2008/12/27/us/27sludge.html?_r=1&scp=1&sq=fly%20ash&st=cse

88   "Coal Ash Revives Issue of Its Hazards," *The New York Times*, December 24, 2008, http://www.nytimes.com/2008/12/25/us/25sludge.html?_r=1&th&emc=th

89   Union of Concerned Scientists, http://www.ucsusa.org/clean_energy/coalvswind/c02d.html

90   "Coal Ash is more Radioactive than Nuclear Waste," *Scientific American*, December 13, 2007, at http://www.sciam.com/article.cfm?id=coal-ash-is-more-radioactive-than-nuclear-waste

91   "The Illusion of Clean Coal, *The Economist*, March 5 2009, http://www.economist.com/opinion/displaystory.cfm?story_id=13235041

92   "Solar Energy: A New Dawning, Silicon Valley Rising," *Nature – International Journal of Science*, September 6, 2006, http://www.nature.com/nature/journal/v443/n7107/full/443019a.html

93   Franz Trieb et al, "AQUA-CSP—Concentrating Solar Power for Water Desalination," Final Report, German Aerospace Center, DLR, Institute of Technical Thermodynamics, Stuttgart, Germany, November 2007

94   "The Truth About America's Energy: Big Oil Stockpiles Supplies and Pockets Profits," *A Special Report by the Committee on Natural Resources Majority Staff*," U.S. House of Representatives, Committee on Natural Resources, Rep Nick J. Hall – Chairman, June 2008

95   "Archivo General de Indias," Dec 16, 2008, in Wikipedia: http://en.wikipedia.org/wiki/Archivo_general_de_indias

96   "El Sistema Eléctrico Español – Avance del Informe 2008," Red Eléctrica de España, December 19, 2008 (p.5)

97   "20 20 by 2020 – Europe's Climate Change Opportunity," Commission of the European Communities, Brussels, January 23, 2008

98   "Power in the Desert: Solar Towers Will Harness Sunshine of Southern Spain, *The Guardian* (UK), November 24, 2008, http://

www.guardian.co.uk/environment/2008/nov/24/andalucia-spain-renewable-energy-technology

99   "Spain leads global solar production targeting 25GW by 2020: Report," *Platt's Electric Power News*, April 29, 2009, in http://www.platts.com/Electric%20Power/News/8525919.xml?src=Electric%20Powerrssheadlines1

100 Donald Worster, "Environmental History: The view and the Grand Canyon," http://www.nps.gov/history/history/hisnps/NPSHistory/environmentalhistory.htm

101 "Solar Thermal Projects Gather Steam – and Opposition," *The Los Angeles Times*, Dec 3, 2008, in http://www.latimes.com/business/la-fi-bigsolar3-2008dec03,0,4276063,full.story

102 "World's Biggest Solar Power Farm To Be Set Up In Kutch Desert," *The Times of India*, Aug 5, 2009, at http://epaper.timesofindia.com/Repository/ml.asp?Ref=VE9JQS8yMDA5LzA4LzA1I0FyMDAxMDA=&Mode=HTML&Locale=english-skin-custom

103 Greg Kolb et al, "Heliostat Cost Reduction Study," Sandia National Laboratories, Report SAND2007-3293, June 2007

104 Source: Brightsource website: http://www.brightsourceenergy.com/technology/faqs

105 "Carnot cycle." Wikipedia, http://en.wikipedia.org/wiki/Carnot_cycle

106 "Holy Desertec: $555B Solar Saharan Project Finds a Dozen Backers," *Earth2Tec*, July 13, 2009, http://earth2tech.com/2009/07/13/holy-desertec-555b-solar-saharan-project-finds-a-dozen-backers/

107 "Red Paper – An Overview of the Desertec Concept," Desertec Foundation,

108 "National Solar Plan," Government of India, Final Draft, April 29, 2009

109 Craig Severance, "Business Risks and Costs of Nuclear Plants," January 2, 2009, Grand Junction, Colorado

110 "The Writing on The Wall," *The Economist*, May 7, 2009, http://www.economist.com/world/unitedstates/displaystory.cfm?story_id=13611471

111 "The Clean Energy Scam," Michael Grunwald, *Time Magazine*, May 27, 2008, http://www.time.com/time/magazine/article/0,9171,1725975-2,00.html

112 "Citing Need for Assessments, U.S. Freezes Solar Energy Projects", *The New York Times*, June 27, 2008, http://www.nytimes.com/2008/06/27/us/27solar.html?_r=1,

113   "The Truth About America's Energy: Big Oil Stockpiles Supplies and Pockets Profits," A Special Report by the Committee on Natural Resources Majority Staff, U.S. House of Representatives, Committee on Natural Resources, Rep Nick J. Hall – Chairman, June 2008

114   "BLM to Continue Accepting Solar Energy Applications," Bureau of Land Management Press Release, July 2, 2008, http://www.blm.gov/wo/st/en/info/newsroom/2008/July/NR_07_02_2008.html

115   "AT&T: Our History," December 16, 2008, in http://www.att.jobs/history.aspx

116   Brighsource website, accessed July 30, 2009, http://www.brightsourceenergy.com/projects

117   "Monday, June 12 Proves Strongest Day Yet for Yahoo! Fifa World Cup Site Visitation with 226 Million Page Views and More Than 5 Million Visitors Worldwide," Comscore Press Release, at http://www.comscore.com/press/release.asp?press=915

118   "Google's Data Center Spend and Save," Manish Vachharajani, *The Fastlane*, http://blog.manish.vachharajani.com/2008/11/googles-datacenter-spend-and-save.html

119   "Data Center Power Consumption by the Numbers," Greentech Media, June 2008, http://greenlight.greentechmedia.com/2008/06/26/data-center-power-consumption-by-the-numbers-341/

120   "Data Center Energy Forecast Report – 2008," Silicon Valley Leadership Group, July 29, 2008, http://svlg.net/campaigns/datacenter/

121   "List of Countries by GDP (nominal)," in Wikipedia, The Free Encyclopedia, December 6, 2009, in http://en.wikipedia.org/wiki/List_of_countries_by_GDP_(nominal)

122   "Reduce energy consumption—IBM Software for a Greener World," International Business Machine, October 2008 http://www-01.ibm.com/software/info/getcatalog/index.html?src=itke_TIC

123   "Green Grid Metrics – Describing Data Center Power Efficiencies," Feb 20, 2007, The Green Grid, http://www.thegreengrid.org/gg_content/

124   "Basic Research Needs for Solar Energy Utilization – Report of the Basic Energy Sciences Workshop on Solar Energy Utilization—April 18-21, 2005," Office of Science, U.S. Department of Energy, revisions Sept 2005.

125   "Basic Research Needs for Solar Energy Utilization – Report of the Basic Energy Sciences Workshop on Solar Energy Utilization—April

18-21, 2005," Office of Science, U.S. Department of Energy, revisions Sept 2005.

126   "Save Energy Now in Your Process Heating Systems," *Best Practices: Process Heating*, U.S. Department of Energy, Industrial Technologies Program, DOE/GO-102006-2274, January 2006 , DOE/GO-102006-2274

127   Frito-Lay's company website: http://www. Frito-Lay.com/our-planet/ snacks-made-with-the-help-of-the-sun.html

128   Source: Frito-Lay's website at http://www. Frito-Lay.com/our-planet/ snacks-made-with-the-help-of-the-sun.html

129   Industrial Technologies Program, Presentation to States Energy Advisory Board, U.S. Department of Energy, July 26 2006

130   "Energy Intensive Industries," U.S. Department of Energy, at http://www1.eere.energy.gov/industry/program_areas/industries.html

131   Industrial Technologies Program, Presentation to States Energy Advisory Board, U.S. Department of Energy, July 26 2006

132   "Solar Industrial Process Heat – State of the Art," European Solar Thermal Industry Federation, WP3, Task 3.5, Contract EIE/04/204/ S07.38607

133   "Solar Industrial Process Heat – State of the Art," European Solar Thermal Industry Federation, WP3, Task 3.5, Contract EIE/04/204/ S07.38607

134   "Understanding Electricity Prices in Ireland," 2008 Report, Sustainable Energy Ireland, Energy Policy Statistical Support Unit, Table 7, page 15.

135   "Solar Industrial Process Heat – State of the Art," European Solar Thermal Industry Federation, WP3, Task 3.5, Contract EIE/04/204/ S07.38607, Table 1, page 8

136   "Save Energy Now in Your Process Heating Systems," Best Practices: Process Heating, U.S. Department of Energy, Industrial Technologies Program, DOE/GO-102006-2274, January 2006 , DOE/GO-102006-2274

137   Figure from: "Improving Process Heating System Performance: a Sourcebook for Industry," U.S. Department of Energy, 2nd edition, 2007.

138   "The Life and Influence of Frank Shuman," Profiles in Tacony History, in http://www.historictacony.org/hist_profiles/vol4.html

139   Picture from *The Power of Light*, Frank Kryza, McGraw-Hill, 2003

140   "Start Mission to Egypt," Michael Geyer, editor, International Energy
       Agency (IEA) Solar Power and Chemical Energy Systems, February
       1996

141   "Catching Some Rays," Amr A. Mohsen, *Business Today Egypt*,
       May 2005, at http://www.businesstodayegypt.com/article.
       aspx?ArticleID=4990

142

143   "Solar Heating and Cooling for a Sustainable Energy Future in
       Europe," European Solar Thermal Industry Federation, Sixth EU
       Framework Programme for Research and Technological Development,
       FP6 (Contract Number TREN/07/FP6EN/S07.68874/038604)

144   Franz Trieb et al, "AQUA-CSP—Concentrating Solar Power for Water
       Desalination," Final Report, German Aerospace Center, DLR, Institute
       of Technical Thermodynamics, Stuttgart, Germany, November 2007

145   "Assessment of Parabolic Trough and Power Tower Technology and
       Performance Forecasts," Sargent & Lundy, 2003

146   "Obama's Energy Policy Will Increase our Dependence on Foreign
       Oil," *American Thinker*, accessed July 17, 2009, http://www.
       americanthinker.com/2009/03/obamas_energy_policy_will_incr.html

147   "Data Center Power Consumption by the Numbers," *Greentech Media*,
       June 2008, http://greenlight.greentechmedia.com/2008/06/26/data-
       center-power-consumption-by-the-numbers-341/

148   "Learn more about YPG—Yuma Proving Ground," http://www.yuma.
       army.mil/chub_what.shtml accessed July 6, 2009

149   "Data Center Energy Forecast Report – 2008," Silicon Valley
       Leadership Group, July 29, 2008, http://svlg.net/campaigns/
       datacenter/

150   Energy Information Administration – Official Statistics for the United
       States Government – Data for 2007 at http://tonto.eia.doe.gov/ask/
       electricity_faqs.asp

151   "Marshall Islands," *National Geographic*, http://travel.
       nationalgeographic.com/places/countries/country_marshallislands.
       html

152   "Marshall Islands declares 'economic emergency' over energy
       crisis," AFP, July 3, 2008, http://afp.google.com/article/
       ALeqM5ikBtl6qL61WolgUgiOLRl146WAbg

153   Arizona Public Service Company, Resource Alternative Planning,
       Stakeholder Meeting Report, March 7, 2008, Docket No.
       E-01345A-08-0010

154 "Southwest sees Fuel Hedges' Pesky Sides," *Business Week*, Oct 16, 2008, at http://bx.businessweek.com/airline-industry/view?url=http%3A%2F%2Fc.moreover.com%2Fclick%2Fhere.pl%3Fr1647948122%26f%3D9791

155 Ten-day moving average. Dollars per barrel for NYMEX sweet light crude WTI. Source: Wikipedia, http://en.wikipedia.org/wiki/File:WTI_price_96_09.svg, accessed July 2, 2009

156 "An Economic Assessment of Renewable Energy Options for Rural Electrification in Pacific Island Countries," Alison Woodruff, *SOPAC Technical Report* 397, February 2007

157 "Solar-charged LED light," Inventor of the Week, Lemelson-MIT Program, http://web.mit.edu/invent/iow/walsh.html

158 "American Lights up Lives with Solar Lamps," *Shenzhen Daily*, May 19, 2009, http://paper.sznews.com/szdaily/20090519/ca2913434.htm

159 "Average Electric Rates for Hawaiian Electric Co., Maui Electric Co. and Hawaii Electric Light Co.," Hawaiian Electric Company, http://www.heco.com/portal/site/heco/menuitem.508576f78baa14340b4c0610c510b1ca/?vgnextoid=692e5e658e0fc010VgnVCM1000008119ea9RCRD&vgnextchannel=10629349798b4110VgnVCM1000005c011bacRCRD&vgnextfmt=defau&vgnextrefresh=1&level=0&ct=article

160 Picture source: Wikipedia: http://en.wikipedia.org/wiki/File:EuroDishSBP_front.jpg

161 "US military energy consumption- facts and figures," Energy Bulletin, Sohbet Karbuz, May 21, 2007, http://www.energybulletin.net/node/29925

162 ARPANET, Wikipedia, http://en.wikipedia.org/wiki/ARPANET

163 Robert Redlinger, "Throwing Away the Crystal Ball—Thriving in an Uncertain Energy Future," Chevron Energy Solutions presentation, August 7, 2006

164 "Powering America's Defense: Energy and the Risks to National Security," Center for Naval Analyses (CNA) Military Advisory Board, May 2009, accessed at http://www.cna.org/nationalsecurity/energy/

165 "Obama Shines Light on Air Force's Super Solar Array," *Wired*, May 27, 2009, http://www.wired.com/dangerroom/2009/05/obama-shines-light-on-air-forces-super-solar-array/

166 "Army Launches New Energy Initiatives, Test Projects," Army. Mil News Release, Oct 6 2008, http://www.army.mil/-newsreleases/2008/10/06/13073-army-launches-new-energy-initiatives-test-projects-at-posts/

167　"Lockheed, Starwood Team up to Provide Solar Thermal Power in Arizona," Cleantech Group, May 22, 2009, http://cleantech.com/news/4492/starwood-energy-lockheed-team-provi

168　Lockheed-Martin Corporation, 2008 Annual Report

169　"List of United States Military Bases," http://en.wikipedia.org/wiki/List_of_United_States_military_bases

170　"Base Structure Report – Fiscal Year 2008 Baseline," United States Department of Defense

171　"Fluor Wins contract for eSolar 46 MW CSP Plant," RenewableEnergy.com, August 27, 2009, accessed from http://www.renewableenergyworld.com/rea/news/article/2009/08/fluor-wins-contract-for-46-mw-esolar-csp-plant

172　"Military Budget of The United States," in Wikipedia, http://en.wikipedia.org/wiki/Military_budget_of_the_United_States

173　Photo by: Michael Kaufman, Feb 9, 2008, Copyright permission: http://en.wikipedia.org/wiki/File:KKP_Auslauf.jpg

174　"District Heating". In Wikipedia, http://en.wikipedia.org/wiki/District_heating

175　"District Heating," University of Rochester Energy Library, accessed July 20, 2009 at http://www.energy.rochester.edu/dh/

176　"New York City steam system." Wikipedia, 11 Jul 2009, http://en.wikipedia.org/wiki/New_York_City_steam_system

177　Source: http://en.wikipedia.org/wiki/File:Steam_Rising_from_New_York_City_Streets.JPG

178　Patrick Lamers, "Strategies for the Deployment of District Cooling," Euroheat & Power Conference June 5, 2008

179　"Cooling with Solar Heat – Growing Interest in Solar Air Conditioning," *The Solar Server*, Dec 2008, http://www.solarserver.de/solarmagazin/artikeljuni2002-e.html

180　"Thermally Activated Technologies: Absorption Heat Pumps," *Distributed Energy Resources*, U.S. Department of Energy

181　"Thermally Activated Technologies: Absorption Heat Pumps," *Distributed Energy Resources*, U.S. Department of Energy

182　"District Heating and Cooling – A Vision Towards 2020—2030—2050," *DHC+ Technology Platform*, May 2009, at www.dhcplus.eu

183　"Chiller Market Grows, Diversifies," *The ACHR News*, Feb 18, 2008, http://www.achrnews.com/Articles/Feature_Article/BNP_GUID_9-5-2006_A_1000000000000000263347

184 "Electricity Rate Comparison State by State" for July 2008, Nebraska Energy Office, (updated Oct 2008) http://www.neo.ne.gov/statshtml/115.htm

185 "Average Electric Rates for Hawaiian Electric Co., Maui Electric Co. and Hawaii Electric Light Co.," Hawaiian Electric Company, http://www.heco.com/portal/site/heco/menuitem.508576f78baa14340b4c0610c510b1ca/?vgnextoid=692e5e658e0fc010VgnVCM1000008119fea9RCRD&vgnextchannel=10629349798b4110VgnVCM1000005c011bacRCRD&vgnextfmt=defau&vgnextrefresh=1&level=0&ct=article

186 Energy Information Administration – Official Energy Statistics from the U.S. Government, http://tonto.eia.doe.gov/state/state_energy_profiles.cfm?sid=HI

187 "Average Electric Rates for Hawaiian Electric Co., Maui Electric Co. and Hawaii Electric Light Co.," Hawaiian Electric Company, http://www.heco.com/portal/site/heco/menuitem.508576f78baa14340b4c0610c510b1ca/?vgnextoid=692e5e658e0fc010VgnVCM1000008119fea9RCRD&vgnextchannel=10629349798b4110VgnVCM1000005c011bacRCRD&vgnextfmt=defau&vgnextrefresh=1&level=0&ct=article

188 United Nations Education Scientific and Cultural Organization (UNESCO) World Water Assessment Programme http://www.unesco.org/water/wwap/facts_figures/water_energy.shtml

189 "China's Growing Cell Phone Market," PC World, May 29, 2009, at http://www.pcworld.com/article/132307/chinas_growing_cell_phone_market.html

190 "Banking for the Poor," Grameen Bank, http://www.grameen-info.org/index.php?option=com_content&task=view&id=177&Itemid=182

191 "Muhammad Yunnus: MicroCredit Missionary," Business Week, December 20, 2005, at http://www.nextbillion.net/news/microcredit-missionary

192 "Muhammad Yunnus: MicroCredit Missionary," Business Week, December 20, 2005, at http://www.nextbillion.net/news/microcredit-missionary

193 "The Nobel Peace Price for 2006" The Nobel Foundation. NobelPrize.com , http://nobelprize.org/nobel_prizes/peace/laureates/2006/press.html

194 Grameen Shakti, http://www.gshakti.org/chart/2.html

195 Grameen Shakti 'At A Glance March 2009," http://www.gshakti.org/glance.html

196 "Grameen Shakti Brings Sustainable Development Closer to Reality in Bangladesh" , GreenBiz.com, January 21, 2009, http://www.greenbiz.com/blog/2009/01/21/grameen-shakti

197   Grameen Shakti "At A Glance March 2009," http://www.gshakti.org/
      glance.html

198   United Nations Education Scientific and Cultural Organization
      (UNESCO) World Water Assessment Programme http://www.unesco.
      org/water/wwap/facts_figures/water_energy.shtml

199   Grameen Shakti "At A Glance March 2009," http://www.gshakti.org/
      glance.html

200   "Zayed Future Energy Prize Recognizes Dipal C. Barua," Reuters,
      January 19, 2009, http://www.reuters.com/article/pressRelease/
      idUS154081+19-Jan-2009+PRN20090119

201   "GE Plunges into Solar Water Heater Market," *Contractor Magazine*,
      accessed July 16, 2009 at http://contractormag.com/green-
      contracting/ge_plunges_solar/

202   "90% Of Israeli Homes Have Solar Water Heaters," Environmental
      News Network, July 7, 2008, http://www.enn.com/energy/
      article/37584

203   "The Residential Water Heater Market 2006," *Kema Report* #E06-158,
      July13, 2006

204   "Mars Exploration Rover." Wikipedia,18 Jul 2009, http://en.wikipedia.
      org/wiki/Mars_Exploration_Rover

205   U.S. Department of Energy, "Light and the PV Cell," http://www1.
      eere.energy.gov/solar/printable_versions/pv_cell_light.html

206   U.S. Department of Energy, "Light and the PV Cell," http://www1.
      eere.energy.gov/solar/printable_versions/pv_cell_light.html

207   Tony Seba, *Winners Take All – 9 Fundamental Rules of High Tech
      Strategy*, 2006

208   "Lightening The Load," *The Wall Street Journal*, October 6, 2008,
      http://online.wsj.com/article/SB122305854616202945.html

209   "So Much for 'Energy Independence'," Robert Bryce, *The Wall Street
      Journal*, July 7, 2009

210   "The Economics of Climate Change," *Stern Review* http://webarchive.
      nationalarchives.gov.uk/+/http://www.hm-treasury.gov.uk/
      independent_reviews/stern_review_economics_climate_change/stern_
      review_report.cfm

211   "Global PV Market Perspective," *Solar&Energy*, June 1, 2009 (http://
      www.solarnenergy.com/eng/intro/)

212   "Photovoltaics." Wikipedia, accessed 31 Jul 2009, at http://
      en.wikipedia.org/wiki/Photovoltaics

213   "Global PV Market Perspective," *Solar&Energy*, June 1, 2009

214   "High Growth Reported for the Global Photovoltaic Industry,"
      Reuters Press Release, accessed July 11, 2009, http://www.reuters.
      com/article/pressRelease/idUS171170+03-Mar-2009+BW20090303

215   "High Growth Reported for the Global Photovoltaic Industry,"
      Reuters Press Release, accessed July 11, 2009, http://www.reuters.
      com/article/pressRelease/idUS171170+03-Mar-2009+BW20090303

216   PV Solar Electricity –A Future Major Technology," Dr.
      Winfried Hoffmann, presentation at Semicon 2007, July
      17th, 2007, San Francisco, accessed dom.semi.org/web/.../2-
      WinfriedHoffmannKeynote2007071.pdf

217   "Solar Generation — Solar Generation for Over One Billion People
      and Two Million Jobs by 2020," European Photovoltaics Association
      and Greenpeace, Sept 2006

218   "Bringing Sunlight Inside," Science Daily, May 1, 2007, Retrieved from
      http://www.sciencedaily.com/videos/2007/0507-bringing_sunlight_
      inside.htm

219   "Global PV Market Perspective," Solar&Energy, June 1, 2009

220   Nick Hodge, "Solar Energy Technology – Investing in BIPV
      Companies," SeekinAlpha.com, at http://seekingalpha.com/
      article/65138-solar-energy-technology-investing-in-bipv-companies

221   "Outside summer, inside winter: Indoor Dubai resort lets you ski
      when," Deseret News (Salt Lake City), July 23, 2009, at http://
      findarticles.com/p/articles/mi_qn4188/is_20090723/ai_n32182597/

222   "World air conditioner market continued to expand in 2006,"
      Refrige.com, February 15, 2007, accessed July 31, 2009 at http://www.
      refrige.com/february-2007/world-air-conditioner-market-continued-
      to-expand-in-2006/menu-id-2637.html

223   "Central Air Conditioners: Full Report," ConsumerSearch.com, April
      2008, http://www.consumersearch.com/central-air-conditioners/
      central-ac-pricing

224   "Facilities and energy management company reveals secrets of success
      at new trade show in Dubai," AMInfo, April 18, 2006, http://www.
      ameinfo.com/83347.html

225   "President Obama touts solar plant in Central Florida," Miami Herald,
      October 28, 2009, http://www.miamiherald.com/news/florida/
      story/1304127.html

226   "How long can you survive without water?," Survival Topics, at http://
      www.survivaltopics.com/survival/how-long-can-you-survive-without-
      water/

227　"Ogallala Aquifer." Wikipedia, accessed 13 Apr 2009
　　　http://en.wikipedia.org/w/index.php?title=Ogallala_
　　　Aquifer&oldid=282311646

228　"Water," Appalachian Center for the Economy and the Environment,
　　　http://www.appalachian-center.org/issues/water/index.html

229　"China Water Crisis," (2009, August 7). In Wikipedia, retrieved from
　　　http://en.wikipedia.org/wiki/China_water_crisis#World_Bank_
　　　forecasts

230　"Ogallala Aquifer." Wikipedia, accessed 13 Apr 2009
　　　http://en.wikipedia.org/w/index.php?title=Ogallala_
　　　Aquifer&oldid=282311646

231　*Scientific American*, October 2008 Special Issue, "Energy versus
　　　Water: Solving Both Crises Together," http://www.sciam.com/article.
　　　cfm?id=the-future-of-fuel

232　"California's Water – Energy Relationship," California Energy
　　　Commission, Final Staff Report, CEC-700-2005-011-SF, November
　　　2005

233　Smarter Water Use on Your Farm or Ranch," Sustainable Agriculture
　　　Research and Education, http://www.sare.org/publications/water/
　　　index.htm

234　"Atacama Desert," (2009, May 12). In Wikipedia, accessed 20:32, May
　　　13, 2009, from http://en.wikipedia.org/w/index.php?title=Atacama_
　　　Desert&oldid=289463540

235　Laurie Stone, "Clean Water from the Sun," 1993, at http://www.
　　　ibiblio.org/london/renewable-energy/solar/general-info/msg00383.
　　　html

236　Peter Gleick, *The World's Water 2008-2009 – The Biennial Report on
　　　Freshwater Resources*, Data-Table 22, Island Press, 2009

237　"Australia Rice Production Hits 80-year low," May 23, 2008, *Oryza*,
　　　http://oryza.com/Asia-Pacific/Australia-Market/8561.html

238　"Australia's Dry Run," *National Geographic*, April 2009

239　Arjen Hoekstra, "A Comprehensive Introduction to Water Footprints,"
　　　Water Footprint Network, at http://www.waterfootprint.org

240　"Sucking California Dry," *The Science Monitor*, March 7, 2003, at
　　　http://www.encyclopedia.com/doc/1G1-98541298.html

241　"California Rice Statistics and Related National and International
　　　Data," Statistical Report, California Rice Commission, Oct 2, 2007

242　"California's Contaminated Groundwater: Is the State minding the
　　　Store?," Natural Resources Defense Council, retrieved June 28, 2009,
　　　from http://www.nrdc.org/water/pollution/ccg/execsum.asp

243 "Desalination Plant is Approved," *The New York Times*, May 14, 2009, http://www.nytimes.com/2009/05/14/science/earth/14aquifer.html?_r=1&scp=3&sq=desalination&st=cse

244 World Bank, "Seawater and Brackish Water Desalination in the Middle East North Africa and Central Asia," Final Report, December 2004

245 Union of Concerned Scientists, http://www.ucsusa.org/clean_energy/coalvswind/c02d.html

246 Franz Trieb et al, "AQUA-CSP - Concentrating Solar Power for Water Desalination," Final Report, German Aerospace Center, DLR, Institute of Technical Thermodynamics, Stuttgart, Germany, November 2007

247 "Perth Metropolitan Desalination Proposal – Water Quality Management, Change to Implementation Conditions." Environmental Protection Authority, Perth, Western Australia Report 1327 May 2009

248 "Tapping The Oceans," *The Economist Technology Quarterly*, June 7, 2008

249 Al Shindagah, "Modernity and Tradition in Dubain Architecture," Luiza Karim, Sept 1999, from http://www.alshindagah.com/september99/architecture.htm

250 "Dubai demand increase outstrips desalination supply.," *Desalination and Water ReUse*, March 31, 2009, http://www.desalination.biz/news/news_story.asp?id=4806

251 Dubai 2008 Report, Oxford Business Group, http://www.oxfordbusinessgroup.com/publication.asp?country=16

252 World Bank, "Seawater and Brackish Water Desalination in the Middle East North Africa and Central Asia," Final Report, December 2004

253 Franz Trieb et al, "AQUA-CSP - Concentrating Solar Power for Water Desalination," Final Report, German Aerospace Center, DLR, Institute of Technical Thermodynamics, Stuttgart, Germany, November 2007

254 "How much water is there on earth?," How Stuff Works, at http://science.howstuffworks.com/question157.htm

255 International Water Management Institute, Annual Report 2006/2007, http://www.iwmi.cgiar.org/About_IWMI/Strategic_Documents/Annual_Reports/2006_2007/theme1.html

256 Franz Trieb et al, "AQUA-CSP - Concentrating Solar Power for Water Desalination," Final Report, German Aerospace Center, DLR, Institute of Technical Thermodynamics, Stuttgart, Germany, November 2007

257 "Seawater Desalination with the power of CSP," CSP Today, May 20, 2009, http://social.csptoday.com/content/depth-seawater-desalination-with-power-csp

258 "Thermal Energy Conversion of Nuclear Fuels," U.S. Energy Information Administration (EIA), http://www.eia.doe.gov/cneaf/nuclear/page/uran_enrich_fuel/convert.html

259 "Coal to Electricity Energy Transfer," U.S. Department of Energy, Ask A Scientist ©, Environmental Earth Science Archive, at http://www.newton.dep.anl.gov/askasci/eng99/eng99187.htm

260 "The Connection: Water and Energy Security," Institute for the Analysis of Energy Security, http://www.iags.org/n0813043.htm, accessed July 6th, 2009

261 "The World Water Crisis," World Water Day 2009, http://www.worldwaterday.net/index.cfm?objectid=E39A970B-F1F6-6035-B9F75093B863ED13, accessed June 4th, 2009

262 "The World Water Crisis," World Water Day 2009, http://www.worldwaterday.net/index.cfm?objectid=E39A970B-F1F6-6035-B9F75093B863ED13, accessed June 4th, 2009

263 "CNN Innovators – Susan Murcott," MIT Tech TV , at http://techtv.mit.edu/collections/h2o-1b/videos/469-cnn-innovators---susan-murcott , accessed June 4th, 2009

264 "Ultraviolet Germicidal Irradiation," Wikipedia, http://en.wikipedia.org/w/index.php?title=Ultraviolet_Germicidal_Irradiation&oldid=75437165, accessed June 4, 2009

265 "Ultraviolet Germicidal Irradiation," Wikipedia, http://en.wikipedia.org/w/index.php?title=Ultraviolet_Germicidal_Irradiation&oldid=75437165, accessed June 4, 2009

266 Source: Solvatten website: http://www.solvatten.se/SOLVATTEN/Start.html (Copyright Solvatten).

267 "Sana'a." Wikipedia, retrieved July 28, 2009, at http://en.wikipedia.org/wiki/Sana'a

268 "Water for Sana'a and Taiz'z from Solar Desalination at the Red Sea," prepared by the Trans-Mediterranean Renewable Energy Cooperation (TREC), Sana'a/Hamburg, November 20th, 2006

269 "China Faces a Water Crisis," Business Week, April 15, 2009, http://www.businessweek.com/globalbiz/content/apr2009/gb20090415_032220.htm

270 "China Water Crisis" Wikipedia, retrieved from http://en.wikipedia.org/wiki/China_water_crisis#World_Bank_forecasts

271 "Concentrating Solar Power for Water Desalination," Franz Trieb, German Aerospace Center DLR, Stuttgart, Germany

272   "Israel's Desalination Plants Make Up Water Shortages," *Israel New
      Tech*, accessed Aug 5, 2009, http://www.israelnewtech.gov.il/?Categor
      yID=166&ArticleID=31&sng=1

273   "El Sistema Eléctrico Español – Avance del Informe 2008," Red
      Eléctrica de España, December 19, 2008

274   "El Sistema Eléctrico Español – Avance del Informe 2008," Red
      Eléctrica de España, December 19, 2008 (p.4)

275   "Today's Outlook,' California Independent Systems Operator, http://
      www.caiso.com/outlook/outlook.html retrieved June 21, 2009.
      Copyright California ISO @2009.

276   Tennesse Valley Authority, Hydro-electric Power, http://www.tva.gov/
      power/pumpstorart.htm , accessed June 4, 2009

277   "Pumped Storage Hydroelectricity," Wikipedia, http://en.wikipedia.
      org/wiki/Pumped_storage, accessed June 4, 2009

278   "Pumped Storage Hydroelectricity," Wikipedia, http://en.wikipedia.
      org/wiki/Pumped_storage, accessed June 4, 2009

279   U.S. Energy Information Agency, *Annual Energy Review*, 2007, p. 226

280   "10 Years, 430 Dams," *The New York Times*—Editorial, July 7, 2009,
      http://www.nytimes.com/2009/07/04/opinion/04sat3.html

281   The Solar Project, Wikipedia, , http://en.wikipedia.org/wiki/Solar_
      Two

282   "Solar Power and Salt Batteries," *Energy Matters*, December 29, 2008,
      http://www.energymatters.com.au/index.php?main_page=news_
      article&article_id=263

283   Potassium Nitrate, Wikipedia, http://en.wikipedia.org/wiki/
      Potassium_nitrate , retrieved June 21, 2009

284   Photo from Wikipedia: http://en.wikipedia.org/wiki/The_Solar_
      Project#Solar_One

285   Ignacio Ortega et al, "Central Receiver System (CRS) Solar Power
      Plant Using Molten Salt as Heat Transfer Fluid." in *The Journal of Solar
      Energy Engineering*, May 2008, http://scitation.aip.org/getabs/servlet/
      GetabsServlet?prog=normal&id=JSEEDO000130000002024501000
      001&idtype=cvips&gifs=yes

286   "Wind Turbine Design Cost and Scaling Model," National Renewable
      Energy Laboratory, Technical Report, NREL/TP-500-40566,
      December 2006

287   "Best Buy to Sell Green Vehicles," *The Wall Street Journal*, July 6,
      2009.

288　"The Truth about Cars," *Market Share*, June 2008, http://www. thetruthaboutcars.com/june-2008-market-share/

289　"Grid 2030 – A National Vision for Electricity's Second 100 Years," U.S. Department of Energy – Office of Electric Transmission and Distribution, July 2003

290　"For a Smart Grid Look to Smart States," Jesse Berst, *Solar Today*, May 2009.

291　"Grid 2030 – A National Vision for Electricity's Second 100 years," U.S. Department of Energy – Office of Electric Transmission and Distribution, July 2003

292　"Detroitosaurus Wreck – The Decline and Fall of GM," *The Economist*, June 4, 2009, at http://www.economist.com/opinion/displaystory. cfm?story_id=13783014 , accessed on June 6, 2009

293　"King Coal losing its power" in *China Daily*, http://www2.chinadaily. com.cn/bizchina/2009-02/16/content_7478767.htm , accessed June 6, 2009

294　Energy Information Administration – Official Statistics for the United States Government – Data for 2007 at http://tonto.eia.doe.gov/ask/ electricity_faqs.asp

295　"Tesla Roadster," Wikipedia, The Free Encyclopedia, http:// en.wikipedia.org/wiki/Tesla_Roadster

296　"How it Works: The Drivetrain," *Popular Mechanics*, December 2004, at http://www.popularmechanics.com/automotive/new_ cars/1302716.html?page=1

297　"Quels seront les carburants de demain pour nos voitures?," *NaturaVox.com*, February 9, 2009, at http://www.naturavox.fr/Quels-seront-les-carburants-de-demain-pour-nos-voitures,5568.html

298　"ElectricVehicle," Wikpedia, http://en.wikipedia.org/wiki/Electric_ vehicle

299　"Developing World's Energy Needs Set Stage for Fight," *The Washington Post*, Sept 8, 2009, at http://www.washingtonpost. com/wp-dyn/content/article/2009/09/08/AR2009090804019. html?hpid=topnews

300　"Rolling Blackout," Wikipedia, http://en.wikipedia.org/wiki/Rolling_ blackout#India

301　Powershop website: http://www.powershop.co.nz

302　"Mobile Phones," Wikipedia, http://en.wikipedia.org/wiki/Mobile_ phone retrieved June 21, 2009

303 "The Smart Grid – An Introduction," prepared for the U.S. Department of Energy by Litos Strategic Communication under contract No. DE-AC26-04NT41817, Subtask 560.01.04

304 Automobile. (2008, December 16). In Wikipedia, Retrieved 02:19, December 16, 2008, from http://en.wikipedia.org/w/index.php?title= Automobile&oldid=258241770

305 "George B. Selden.," in Wikipedia, http://en.wikipedia.org/wiki/ George_Baldwin_Selden , December 15, 2008

306 "IBM Working on Battery Breakthrough," ComputerWorld, June 23, 2009, http://www.computerworld.com/action/article.do?command=v iewArticleBasic&articleId=9134731

307 "The Smart Grid – An Emerging Option," Joe Miller, Modern Grid Team, Funded by Department of Energy, Conducted by National Energy Technology Laboratory, Dec 10, 2008

308 "The 2003 Northeast Blackout—Five Years Later," Scientific American, August 13, 2008, accessed at http://www.sciam.com/article. cfm?id=2003-blackout-five-years-later

309 The Green Grid: Energy Savings and Carbon Emissions Reductions Enabled by a Smart Grid. EPRI, Palo Alto, CA: 2008. 1016905

310 "Understanding the Smart Grid," Joe Miller, Modern Grid Team, Funded by Department of Energy, Conducted by National Energy Technology Laboratory, July 15, 2008

311 "Grid 2030 – A National Vision for Electricity's Second 100 years," U.S. Department of Energy – Office of Electric Transmission and Distribution, July 2003

312 "What's Wrong with the Electric Grid," The Industrial Physicist, October/November 2003, at http://www.aip.org/tip/INPHFA/vol-9/ iss-5/p8.html

313 "Utility investment in grid remains strong," Utilities Online, July 7th, 2009, http://uaelp.pennnet.com/display_article/365971/22/ARTCL/ none/none/1/Study:-Utility-investment-in-smart-grid-remains-strong/

314 "The Electricity Economy—New Opportunities from the Transformation of the Electric Power Sector," Global Environment Fund, August 2008

315 "Options Choices Decision – Understanding The Options for Making Decisions about New Zealand's Electricity Future," Meridian Energy, Strategy Directorate

316 "Trans-Mediterranean Interconnection for Concentrating Solar Power" Final Report, German Aerospace Center (DLR), Institute of Technical Thermodynamics, Section Systems Analysis and Technology Assessment, April 2006

317 "Trans-Mediterranean Interconnection for Concentrating Solar Power" Final Report, German Aerospace Center (DLR), Institute of Technical Thermodynamics, Section Systems Analysis and Technology Assessment, April 2006

318 Trans-Mediterranean Interconnection for Concentrating Solar Power" Final Report, German Aerospace Center (DLR), Institute of Technical Thermodynamics, Section Systems Analysis and Technology Assessment, April 2006

319 "FPL, Miami-Dade County Announce $200M Smart Grid Project," *Environmental Leader*, http://www.environmentalleader. com/2009/04/21/fpl-miami-dade-county-announce-200m-smart-grid-project/

320 "BGE proposes smart grid initiative," *The Baltimore Sun*, July 13, 2009, accessed July 13th 2009, http://www.baltimoresun.com/business/bal-bge0713,0,1976055.story

321 David Leeds, "The Smart Grid in 2010: Market Segments, Applications, and Industry Players," July 13, 2009, *Greentech Media*, at http://www.gtmresearch.com/report/smart-grid-in-2010

322 "Miami Smart-Grid Project Powers Expectations For Clean Energy," CNBC.com, April 20, 2009, http://www.cnbc.com/id/30307227

323 "GE Sees $4B Potential in Smart Grids," *Environmental Leader*, April 28, 2009, http://www.environmentalleader.com/2009/04/28/ge-sees-4b-potential-in-smart-grids/

324 "Miami Smart-Grid Project Powers Expectations For Clean Energy," CNBC.com, April 20, 2009, http://www.cnbc.com/id/30307227

325 "Cisco Adding Brains to Power System's Brawn," Cisco 'Feature Story' and Q&A, May 18, 2009, http://newsroom.cisco.com/dlls/2009/ts_051809.html

326 "The Smart Grid – An Emerging Option," Joe Miller, Modern Grid Team, Funded by Department of Energy, Conducted by National Energy Technology Laboratory, Dec 10, 2008

327 "Grid 2030 – A National Vision for Electricity's second 100 years," U.S. Department of Energy – Office of Electric Transmission and Distribution," July 2003

328 "DOE Issues Rules for $3.9B in Smart Grid Stimulus Grants," *Greentech Media*, June 25, 2009, http://www.greentechmedia.com/articles/read/doe-issues-rules-for-3.9b-in-smart-grid-stimulus-grants/

329 Greg Kolb et al, "Heliostat Cost Reduction Study," Sandia National Laboratories, Report SAND2007-3293, June 2007, p. 24

330 "Assessment of Parabolic Trough and Power Tower Technology and Performance Forecasts," Sargent & Lundy, 2003

331 Greg Kolb et al, "Heliostat Cost Reduction Study," Sandia National Laboratories, Report SAND2007-3293, June 2007, p. 24

332 Wikipedia, http://en.wikipedia.org/wiki/Heliostat, Dec 6, 2008.

333 Photo from Wikipedia: http://en.wikipedia.org/wiki/The_Solar_Project#Solar_One

334 "How LPT Works," from Brightsource Energy's website at http://www.brightsourceenergy.com/technology/how_lpt_works#heliostats

335 "Harnessing the Sun" in Walter Hines Page et al., *The World's Work – A History of Our Time*, Volume I, November 1900 – April 1901, Doubleday, Page, and Company, New York

336 "Harnessing the Sun" in Walter Hines Page et al., *The World's Work – A History of Our Time*, Volume I, November 1900 – April 1901, Doubleday, Page, and Company, New York

337 Travis Bradford, *Solar Revolution – The Economic Transformation of the Global Energy Industry*, The MIT Press, 2006

338 Travis Bradford, Solar Revolution – *The Economic Transformation of the Global Energy Industry*, The MIT Press, 2006

339 James Pacheco et al, "Summary of Solar Two Test Evaluation Programs," Sandia National Laboratories, Albuquerque, NM, February 2000

340 Greg Kolb et al, "Heliostat Cost Reduction Study," Sandia National Laboratories, Report SAND2007-3293, June 2007

341 Rebecca Henderson and Kim B. Clark, "Architectural Innovation: The Reconfiguration Of Existing Product Technologies and the Failure of Established Firms," *Administrative Science Quarterly*, Mar 1990

342 eSolar website: http://www.esolar.com/solution.html

343 "Radian," Wikipedia, http://en.wikipedia.org/wiki/Radian

344 BMW Website: http://www.bmw.com/com/en/newvehicles/7series/sedan/2008/allfacts/design/exterieur.html

索引

www.ingramcontent.com/pod-product-compliance
Lightning Source LLC
Chambersburg PA
CBHW060329200326
41519CB00011BA/1875